Gerhard Proß

HÖREN – WAGEN – STAUNEN

Gerhard Proß

HÖREN – WAGEN STAUNEN

Vom Abenteuer,
sich auf die Führung Gottes
einzulassen

GGE verlag
Geistliche Gemeinde-Erneuerung
in der Evangelischen Kirche

PATRIS VERLAG

Impressum

GGE-Verlag,
Geistliche Gemeinde-Erneuerung in der Evangelischen Kirche e. V.
Schlesierplatz 16, 34346 Hann. Münden

Patris Verlag – Schönstatt Patres e. V.
Höhrer Str. 109, 56179 Vallendar

Umschlaggestaltung und Satz: Common Room, Hamburg
Umschlagfoto: Anita Krämer, Esslingen
Druck: Finidr, CZ
Printed in the EU

ISBN 978-3-9818340-4-8 (GGE Verlag)
ISBN 978-3-946982-21-0 (Patris Verlag)

Dieses Buch widme ich meiner Frau Margarete,
die sich auf das gemeinsame Abenteuer der Führung Gottes
eingelassen hat und mir das wichtigste Gegenüber
in allen Höhen und Tiefen dieser
Lebensreise ist.

Einleitung

HÖREN-WAGEN-STAUNEN
Vom Abenteuer, sich auf die Führung Gottes einzulassen

Mit diesem Buch lade ich dazu ein, sich mit mir auf das Abenteuer einer spannenden Reise einzulassen. Von den ersten zaghaften Versuchen, den Willen Gottes für mein Leben zu verstehen, bis hin zu sehr klaren Führungen Gottes, möchte ich den Leser auf eine Reise mitnehmen. Sie möchte Mut machen, die kleinen und die größeren Fingerzeige Gottes im eigenen Leben zu verstehen.

Ich kann nur staunen über die Führungen Gottes. Er führte mich zu einem Leben mit einer Reichweite und Kompetenz, wie ich mir dies in den kühnsten Träumen nicht ausgedacht hätte. Mit Worten aus Psalm 18 kann ich sagen. „Er führte mich hinaus ins Weite!" (Ps 18,20) Dabei habe ich gelernt, eigene Vorstellungen, Pläne und Beschränkungen loszulassen, auch Karriere-Absichten hintenan zu stellen, um Gott ganz zur Verfügung zu stehen. Auch wenn ich auf manches verzichte, komme ich nicht zu kurz, sondern mein Leben kommt zur optimalen Entfaltung.

Ich werde sehr offen schildern, welche inneren Haltungen auf dieser abenteuerlichen Reise gefragt sein werden: Gott zu vertrauen, die Bereitschaft, auf seine Stimme zu hören und dem Gehörten (nach Prüfung) zu vertrauen, Mut, Gehorsam, Hingabe und Freiheit. Doch trotz aller Herausforderungen, die damit verbunden sind, wird mir immer mehr deutlich, dass die Gnade Gottes das Entscheidende ist.

Auf dieser spannenden Reise sind mir manche Erkenntnisse zugewachsen, die vor allem in der zweiten Hälfte des Buches im

Blick auf das Thema Einheit unter Christen entfaltet werden. In diesen für unsere Kirche und Gesellschaft herausfordernden Erkenntnissen scheinen mir Umrisse einer künftigen Gestalt der Kirche sichtbar zu werden.

Es ist meine Hoffnung, dass der Funke überspringt und die Leserinnen und Leser inspiriert werden, für das eigene Leben der Führung Gottes zu vertrauen, die Stimme des guten Hirten zu hören und es immer neu zu wagen, sich darauf einzulassen. Deshalb berichte ich von den tastenden Schritten des Anfangs, von der Entfaltung der Hörfähigkeit im Laufe der Jahre, den eigenen kritischen Fragen und der stets neuen Reflexion.

Esslingen, im Dezember 2021. Gerhard Proß.

Inhalt

Einleitung 7
Vorwort 13
Prolog 17

I. Tastende Schritte

1. Der erste Ruf 21
2. Verkaufe alles, was du hast... 25
3. Durch Gottes Augen geleitet 30
4. Den Verstand gebrauchen 32
5. Gott lässt Erschütterungen zu 33

II. Herausgefordert

1. Der Lernprozess 41
2. Überrascht vom Heiligen Geist 45

III. Impulse der Hoffnung

1. „Neigt eure Ohren her und kommt her zu mir!" 53
2. Hoffnung für die Stadt – Das Reden Gottes im politischen Bereich 58
3. Multiplikation – Die Hörfähigkeit weitergeben, zur Leiterschaft befähigen 62

IV. Gott führt in die Weite

1. Rebuild my Church 71
2. Gerhard, ich habe mit dir zu reden 74
3. Du hast richtig gehört – Der Ruf nach Indien 78
4. Karriere oder Gehorsam – Ganz nahe zu Jesus – und mit ihm in die Weite 85

5. Flieg, Adler, flieg – Loslassen, um aufzubrechen – Europa, Südamerika, Indien 91

V. Der Hörvorgang

1. Lernen, auf die Stimme Gottes zu hören 115
2. Verschiedene Weisen des Redens Gottes............... 119
3. Die Prüfung und Bestätigung des Gehörten............ 130
4. Zehn Hinweise zum Umgang mit empfangenen Eindrücken 134
5. Der Hörvorgang bei mir persönlich 137
6. Was hindert das Hören auf die Stimme Gottes? 144

VI. Hürdenlauf

1. Wachsen durch Krisen – Die Infragestellung der Leiterschaft 151
2. Eine große Perspektive und viele Hindernisse 156

VII. Der Ruf zur Einheit

1. Die Partitur wird im Himmel geschrieben 169
2. Gott akustisch hören? 180
3. Erkenntnisse und Reflexionen auf dem Weg zur Einheit 186
4. Ökumene der Herzen 196
5. Früchte der Einheit 200
6. Fünf Schlüssel zur Einheit 206
7. Gott schreibt Geschichte – Die unüberwindbare Wand . 210

VIII. Am Puls der Zeit – Gott führt ins Neue

1. „Hören, was der Geist den Gemeinden sagt“ 229
2. Gott lässt nicht locker 233

3. „Kommt zusammen, sucht mich gemeinsam!“ – Die Entstehung des Christlichen Convents Deutschland 236
4. Notre-Dame brennt – Hören, erkennen, deuten 240

IX. Schaffe eine Atmosphäre des Glaubens

.... 249

X. Ich habe die Umrisse einer neuen Gestalt der Kirche gesehen

1. Flottenverband 271
2. „Baut Zions!“ – Orte der Gegenwart Gottes 274
3. Netz statt Hierarchie 277
4. Freundschaft – Ein Grundelement der neuen Gestalt der Kirche 280
5. Bereit zum Aufbruch – Das Volk Gottes ordnet sich neu 285
6. Veränderte Ausdrucksformen 288
7. Von der „Partitur des Himmels“ zum Klang der Musik des Künftigen 291

XI. Staunen

.... 293

Dank 299
Personenregister 303
Anmerkungen 309
Über den Autor 315

Vorwort

Gerhard Proß hat uns mit „hören – wagen – staunen“ ein sehr persönliches und zugleich ein abenteuerliches Buch geschenkt. Was er beschreibt, ist ein Abenteuer der eigenen Art, das Abenteuer der Führung Gottes.

Von Führungen Gottes zu sprechen, mag manchen Leser misstrauisch machen. Doch was Gerhard Proß aus seinem Leben erzählt sind keine spektakulären Ereignisse und keine absonderliche Mystik. Ähnliches kann jeder Christ, der stille wird, in sich und in die Zeit hineinhorcht, leise oder auch deutlicher erfahren, und als Führung Gottes verstehen, wenn er diese Erfahrung im Licht der Bibel deutet, sie im Gespräch mit anderen prüft und dabei auch den Verstand zu Wort kommen lässt. Was Gerhard Proß erzählt, steht in bester evangelikal-protestantischer Tradition und ist auch katholische Tradition. Papst Franziskus empfiehlt sie im Anschluss an Ignatius von Loyola, wenn er rät zu hören, was der Geist Gottes den Gemeinden sagt (Offb 2,6 u. a.). In diesem Sinn kann Karl Rahner sagen: „Der Christ der Zukunft wird ein Mystiker sein oder er wird nicht sein.“

Gerhard Proß lässt uns hineinschauen in seine persönliche Lebens- und Abenteurergeschichte im Christlichen Verein junger Menschen (CVJM), ein Bund von weltweit über 60 Millionen junger Menschen, der aus der protestantisch evangelikalen Erweckungsbewegung des 19. Jahrhunderts kommt. Je mehr ich mich damit befasste, habe ich erstaunliche Parallelen entdeckt mit der Nachblüte der etwa 100 Jahre späteren katholischer Jugendbewegung, in die ich nach dem Zweiten Weltkrieg im Bund Neudeutschland hineingewachsen bin. Das Logo mit dem Christusmonogramm ist fast identisch, und die ganzheitliche neue Lebensgestaltung in Christus war und ist auch für uns das maßgebende Lebens-Programm. Jesus Christus ist „der Weg, die Wahrheit und das Leben“ (Joh 14,6).

So war es kein Zufall, sondern Fügung und Führung, dass evangelische Gemeinschaften und Bewegungen mit den nach dem Zweiten Vatikanischen Konzil entstandenen neueren katholischen Geistlichen Bewegungen geschwisterlich zusammenfanden und die Bewegung *Miteinander für Europa* ins Leben riefen. In diesem Kontext durfte ich Gerhard Proß kennen und schätzen lernen. Ich kam mehr von der Theologie und von der Erfahrung theologischer ökumenischer Dialoge her. Sie müssen sein, wenn Ökumene ehrlich sein will. Aber voran kommt Ökumene nur, wenn die Dialogpartner von der Einheit, die sie schon jetzt in Christus verbindet, Zeugnis geben und wenn sie innerlich vom Feuer dieser Einheit brennen. Solche geistliche Ökumene ist das Herz aller Ökumene.

Die unterschiedlichen Frömmigkeitsstile, die sich da begegnen, können sich gegenseitig bereichern, und sie tun es gerade dann, wenn sie nicht zu einem Einheitsbrei zusammengebraut werden. Gerhard Proß zitiert Chiara Lubich: „Die Partitur wird im Himmel geschrieben." Doch schon jetzt klingt von der Partitur des Himmels Musik des Künftigen. So begibt sich Gerhard Proß in den spannenden Schlusskapiteln auf Spurensuche einer künftigen Gestalt der Kirche. Dass wir in einem tiefgreifenden Wandel der Zeit leben, in dem sich vieles, auch viele Ausdrucksformen des Glaubens, ändern, ist schon heute mit Händen zu greifen. Doch ein ausgetüfteltes Strategieprogramm kann niemand vorlegen. Die künftige Gestalt der Kirche zeigt sich erst in Umrissen. Was Gott vorhat ist weit mehr und wohl auch recht verschieden von dem, was wir uns in unseren Kirchenträumen ausmalen können.

Überzeugend fand ich vor allem die unlösbare spannungsvolle Einheit von Institution und Charisma. Beide sind kein Gegensatz, denn auch der durch Handauflegung und Gebet begründeten Institution eignet eine charismatische Dimension. Es geht um ein Zusammenspiel aller Charismen, das von keiner Stelle, sei es zentralistisch oder einer selbst ernannten Basis, eigenmächtig in die Hand genommen werden kann. Die Regie führt der Geist Gottes. Ansprechend fand ich darum das biblische Bild der Kirche als einem Netz mit vielen untereinander verbundenen Knoten. Das könnte, so auch mein Traum, das Bild der künftigen ökumenischen Einheit sein.

Wirklichkeit wird dieser Traum nur werden, wenn wir mit dem ernst machen, was Gerhard Proß unter der Überschrift „Baut Zions!“ beschreibt: Die Kirche als Ort der Gegenwart Gottes und Haus des Gebets. Wenn wir Kirche so verstehen, dann werden wir erleben: Das Abenteuer und die Überraschungen sind nicht zu Ende. Wir werden uns immer wieder die Augen reiben und staunen, was der Herr Wunderbares unter uns tut, damit alle eins seien (Joh 17,21).

Gerhard Proß sei herzlicher Dank dafür, dass er uns seine durch Höhen und Tiefen gehende Hoffnungsgeschichte erzählt und uns eingeladen hat, trotz allem Zuversicht und Mut zu haben, mitzumachen, zu hören, zu wagen und zu staunen, was in unserer Adventssituation schon heute und morgen bei Gott möglich ist.

Rom, im Advent 2021. Kardinal Walter Kasper.

Prolog

„Flieg, Adler, flieg!“

„Flieg, Adler, flieg!“ Mitten im Gebetsabend eines Leiterwochenendes des CVJM Esslingen bekam ein Mitglied des Teams diesen prophetischen Impuls. Es war ein Ruf an mich, der meinem Leben eine völlig neue Perspektive gab.

Doch zunächst standen diese wenigen Worte, als deutliche Aufforderung formuliert, einfach markant im Raum. Verbunden wurden sie mit der Erklärung, dass meine Heimat nach wie vor im CVJM Esslingen sein sollte, mein Dienst mich jedoch in die Weite führen würde und Esslingen nicht mehr mein Aufgabenfeld wäre. Wir als CVJM-Gemeinschaft tasteten uns an dieses Wort heran. Mir war klar, dass darin eine gewaltige Dynamik liegen konnte, die meinem Dienst eine neue Richtung geben würde, wenn es denn wirklich ein prophetisches Wort als Ausdruck des Willens Gottes war.

Zu diesem Zeitpunkt war ich 57 Jahre alt, und zusammen mit den Verantwortlichen des CVJM Esslingen lagen genügend Perspektiven und Aufgaben für die nächsten Jahre vor uns. Dazu kamen die deutschland- und europaweiten Aufgaben.

War dieser Ruf erneut eine Aufforderung, das Bisherige zu lassen und die Segel neu zu setzen, um zu neuen Ufern aufzubrechen? Schon oft wurde mein Leben durch solche Worte gelenkt. Schon oft ließ ich mich von Gott rufen und locken, mutig in neues Land zu gehen.

Doch diesmal zögerte ich. Der Ruf, ins Weite zu gehen, schreckte mich nicht. Im Gegenteil. Ich liebe das Abenteuer und gehe gern mutig in Neues. Außerdem war das Neue nicht so neu. Nahezu 50 % meiner Zeit investierte ich bereits in die Dienste vieler christlicher Netzwerke und geistlicher Bewegungen. Aber war es richtig, die Aufgaben in Esslingen zum jetzigen Zeitpunkt loszulassen und mich ganz auf die andere Ebene zu konzentrieren? Wir waren mitten in dem Prozess, ein großes, neues Gebäude für den CVJM zu planen und damit eine neue Phase im CVJM zu gestalten. War es richtig, zu diesem Zeitpunkt weiterzugehen? Und wer sollte künftig meinen Dienst finanzieren?

Im Nachdenken und Beten leuchteten verschiedene Stationen meines Lebens vor meinem inneren Auge auf. Ich konnte nur staunen über die Wegführung Gottes in meinem Leben. Manchmal war sie sehr deutlich und klar, manchmal eher zart anklopfend, und ich hatte tastend und suchend nach dem Weg gefragt. Schon oft mutete mir Gott zu, Dinge loszulassen und ganz auf ihn zu vertrauen. War es nicht immer so, dass mein Leben dadurch reicher und weiter wurde? Warum nur zögerte ich dieses Mal?

Ich werde exemplarisch einige Stationen der spannenden Geschichte von Gottes Führungen bis zu diesem Zeitpunkt beschreiben, um dann diese Frage zu beantworten und anschließend die Leserinnen und Leser in den dadurch eingeleiteten neuen Abschnitt des Abenteuers der Führung Gottes in meinem Leben hineinzunehmen.

I. Tastende Schritte

1. Der erste Ruf

Ob ich im Konfirmandenunterricht alles erfasste, wage ich zu bezweifeln. Pfarrer Spellenberg aus Neubulach verstand es jedenfalls, nicht nur Inhalte zu vermitteln, sondern zu uns eine Beziehung aufzubauen und uns einen Bezug zum Glauben zu vermitteln. So wurde für mich die Konfirmation wirklich zu einer Confirmatio, zu einem Festmachen und Befestigen des Glaubens.

Eine Konfirmandenstunde sollte jedoch für mein Leben eine besondere Bedeutung erhalten. An diesem Tag war ein Indianermissionar im Unterricht und erzählte von seiner Arbeit. Ich weiß nicht mehr, was er erzählte, aber ich erfuhr in dieser Stunde einen Ruf Gottes, einen Ruf in die Mission. So tief wie dieser Ruf in mein Herz fiel, war es mit Sicherheit nicht nur Karl-May-Romantik eines 13-jährigen. Über dieses innere Erleben sprach ich mit niemandem, und doch wusste ich in meinem Herzen und mit meinem Verstand sehr klar und nachhaltig um diesen Ruf Gottes.

Doch wie sollte die missionarische Berufung ins Leben kommen? Zwei Jahre später wurde in der Kirchengemeinde ein Jungscharleiter gesucht, weil der bisherige zur Bundeswehr gehen musste. Mein gleichaltriger Freund wurde angefragt und erzählte mir davon. Sofort war die Frage in mir, ob das nicht eine gute Chance wäre, die missionarische Berufung im heimatlichen Umfeld auszuprobieren. So erklärte auch ich meine Bereitschaft, und zusammen mit einem weiteren Freund starteten wir zu dritt. Meinen beiden Freunden war die Sache nach wenigen Wochen zu anstrengend, und plötzlich war ich allein als Jungscharleiter.

Vermutlich war ich trotz Mitarbeiterschulung kein wirklich geeigneter Jungscharleiter. Auf jeden Fall fühlte ich mich häufig überfordert. Und dennoch staune ich, welche Beziehung selbst über Jahrzehnte zu einer ganzen Reihe dieser Jungscharler geblieben ist. So manch einer hat mir im Laufe der Jahre versichert, wie wichtig diese Jungschar-Zeit für ihn und seinen Glauben gewesen ist.

Die Mitarbeit in der Jugendarbeit wurde für mich neben meinem Engagement im Posaunenchor zu einer tragenden Säule meiner Jugendzeit. Nachdem ich die Jungschar eine längere Zeit allein geleitet hatte, kam Karl-Heinz als zweiter Mitarbeiter hinzu. Jeden Freitagabend trafen wir uns mit anderen Gruppenleitern zu einem Jugend- bzw. Mitarbeiterkreis. Im Anschluss wurde das Wochenende gemeinsam geplant und verbracht. Die Leitung der Jungschar am Sonntagnachmittag wurde für mich mit der Zeit jedoch zu einer zunehmenden Belastung, zumal mir mit 18 Jahren, den Führerschein in der Tasche und ein eigenes Auto besitzend, die Welt offenstand und ich am Sonntagnachmittag eher Lust auf Ausflüge hatte.

Nach meiner kaufmännischen Lehre war ich zwei Jahre lang im Verkauf tätig und führte die Lohnbuchhaltung der Firma. Eine Kollegin mit Erfahrung und Weitblick riet mir, dass es jetzt für mich gut wäre, das Dorf im Schwarzwald zu verlassen, um berufliche Erfahrungen zu sammeln und meinen Horizont zu weiten. Das leuchtete mir ein, und so schaute ich mich nach einer neuen Stelle um.

Eine Parkettfabrik in Bodelshausen bei Tübingen suchte einen Kaufmann. Ich wurde zu einem ersten Vorstellungsgespräch eingeladen. Das Gespräch mit dem Prokuristen und einem weiteren Mitarbeiter der Firma verlief erfolgversprechend. Nach Beendigung des offiziellen Gesprächs fragte mich der Mitarbeiter, ob wir uns nicht kennen. Sehr rasch fanden wir heraus, dass wir beide bei einer landesweiten Jungschar-Mitarbeiterschulung gewesen waren. Neben der fachlichen Seite öffnete sich so bereits beim ersten Bewerbungsgespräch eine persönliche Tür.

Zwei Wochen später wurde ich zum finalen Gespräch mit dem Chef der Firma eingeladen, konnte meine Gehaltsvorstellungen realisieren und durfte mit der Unterstützung der Firma bei der Zimmersuche rechnen.

Nicht schlecht gestaunt habe ich jedoch über die Schlussfrage in diesem Anstellungsgespräch: ob ich bereit wäre, im örtlichen CVJM in der Jugendarbeit mitzuwirken. Mein Ja war durchaus verhalten. Nach drei bis vier Jahren Jungschar-Arbeit und der damit verbundenen Last sah ich in dem beruflichen Wechsel durchaus auch die Chance, diese Aufgabe mit einem triftigen Grund abgeben zu können. Ich war in einer Lebensphase, in der ich die Welt erobern wollte und durchaus die eine oder andere kritische Frage im Blick auf meinen Glauben in mir aufgestiegen war.

Die Jungschar in Neubulach konnte ich abgeben, aber Gott ließ mich nicht los. Im Gegenteil. Ich wurde in einen sehr lebendigen CVJM hineingenommen, mein Glaube erhielt neuen Schwung und so manche Vertiefung. Die Woche über war ich in den Bezügen des CVJM in Bodelshausen verankert und am Wochenende mit den Freunden aus Neubulach unterwegs. Bis zu diesem Zeitpunkt kannte ich die CVJM-Arbeit nicht. Sie überzeugte mich und vor allem meinen Freund Robert Rentschler jedoch sehr. Deshalb entstand nach einiger Zeit der Gedanke, in unserem Heimatort Neubulach ebenfalls einen CVJM zu gründen. Gespräche mit dem Pfarrer, mit Kirchengemeinderäten und mit den Mitarbeitenden in der Jugendarbeit wurden geführt. Die junge Generation war dafür und die Älteren unterstützten die CVJM-Gründung wohlwollend und auch ganz praktisch.

Doch in all den Jahren ist der Ruf aus dem Konfirmandenunterricht, dass ich in die Mission gehen sollte, stets in meinem Bewusstsein geblieben. Dieser Impuls hatte mir zwar den Weg in die evangelische Jugendarbeit geebnet, aber einen Weg in die

Mission konnte ich nicht erkennen. Dabei gab es in unmittelbarer Nähe von meinem Heimatort die Liebenzeller Mission. Ich wusste darum und war als Kind viele Jahre in einer Jungschar, die von ihr betreut wurde. So dankbar ich für die Erfahrungen dieser Jungschar war, so wenig hatte es mich als Jugendlichen dorthin gezogen; der Frömmigkeitsstil war nicht der meine. Ich liebte die intellektuelle Auseinandersetzung. Für mein Denken war es kein Problem, den biblischen Schöpfungsbericht und die Evolutionstheorie zusammenzubringen. Ein derartiger Brückenschlag war zur damaligen Zeit dort jedoch nicht denkbar und deshalb ist mir der Gedanke, auf die Missionsschule in Bad Liebenzell zu gehen, überhaupt nicht in den Sinn gekommen.

Aber der Ruf Gottes hatte sich tief in mein Herz und in meine Gedanken eingegraben. Deshalb blieb ich innerlich auf der Suche nach offenen Türen, um diesem Ruf entsprechen zu können. Weil sich das Bild des Missionars in mir nicht verdichtete, gingen meine Gedanken eher in Richtung Entwicklungshelfer. Ich schaute bei den entsprechenden Organisationen, ob ich mit meiner beruflichen Qualifikation dafür geeignet wäre. Doch leider suchten sie keine Kaufleute, wohl aber Personen mit einem Studium der Betriebswirtschaft. Mein Freund Emil war nebenberuflich dabei, an der Verwaltungs- und Wirtschaftsakademie in Tübingen Betriebswirtschaft zu studieren. Ich hatte nicht so sehr das Bedürfnis, Betriebswirtschaft zu studieren, aber wenn dies der Weg war, um dem Ruf Gottes entsprechen zu können, war ich durchaus bereit dazu. Also bewarb ich mich ebenfalls um einen Studienplatz, wurde angenommen und studierte an drei Abenden und samstags Betriebswirtschaft – neben Beruf, Posaunenchor und Jungenschaft im CVJM. Je mehr ich mich in das Studium vertiefte, desto mehr Freude machte es mir.

2. Verkaufe alles, was du hast...

Meine kaufmännische Arbeit im Vertrieb der Parkettfirma machte mir Freude. Die Beziehungen zu den Kolleginnen und Kollegen waren gut. Aber ein neues Produkt bereitete Schwierigkeiten. Die Firma versuchte beim Fertigparkett die Nase vorn zu haben und entwickelte sehr schöne Produkte. Allerdings waren sie technisch nicht vollständig ausgereift, weshalb es immer wieder Reklamationen gab. Meist waren es Verlegefehler, die dazu führten, dass der Parkettboden sich hob. Meine Aufgabe war es dann, Parkettlegern und Hobby-Heimwerkern zu erklären, wie man ihn richtig verlegt und dass nicht das Parkett das Problem war, sondern ihre mangelnde Sorgfalt. Das konnte ich auch mit einer gewissen Überzeugung tun, denn ich hatte bei mir zu Hause, bei Freunden und Bekannten, genügend dieser Parkettböden selbst verlegt, ohne dass einer Probleme bereitet hätte.

Was mir jedoch Probleme bereitete war die Tatsache, dass der Chef bei Großhändlern kulant war und große Mengen zurücknahm, die ich dann wieder an einzelne Parkettleger verkaufen durfte. Je länger dieser Zustand andauerte, desto unzufriedener wurde ich. Die Atmosphäre zwischen Belegschaft und Chef verschlechterte sich deutlich. So beschloss ich, weiterzuziehen und mir eine neue Firma zu suchen, idealerweise direkt in Tübingen, um die Fahrt zum Studium zu verkürzen.

Ich wurde fündig und fand eine interessante Firma in der Holzbranche. Auch meine Gehaltsvorstellungen mit einer 50-prozentigen Steigerung gegenüber dem bisherigen Gehalt konnte ich realisieren. Eigentlich war im Vorstellungsgespräch alles klar, und ich bin nicht der Mann des langen Zögerns. Doch diesmal erbat ich mir eine Woche Bedenkzeit. Warum, wurde mir erst später klar.

Ich fuhr zurück zu meinem Freund und Kollegen Emil. Ihn

wollte ich als ersten informieren und mit ihm auch den Übergang in der Jugendarbeit besprechen. Emil hörte zu, besann sich einen Moment und fragte mich dann: „Gerhard, das hört sich sehr stimmig an. Aber könnte es sein, dass du Hauptamtlicher in der Jugendarbeit werden solltest und dein Weg ins Johanneum nach Wuppertal führt?"

Die Frage überraschte und verblüffte mich. Daran hatte ich mit keinem Gedanken gedacht. Der Jugendreferent im Bezirk Tübingen kam vom Johanneum. Ich schätzte ihn und seine gute theologische Fundierung sehr. Die Frage stieß also sehr wohl auf positive Resonanz, obwohl ich noch viel zu wenig über diese Ausbildungsstätte wusste. Ich versprach, diese Frage ernsthaft zu prüfen und machte mich umgehend an die Klärung.

Informationen über das Johanneum (eine seminaristisch theologische Ausbildungsstätte in Wuppertal[1]) zu erhalten war nicht schwierig. Ein Gespräch mit dem Jugendreferenten war Mut machend. Außerdem sprach ich mit Freunden und war an jenem Wochenende im Bernhäuser Forst, einem Bildungszentrum des Evangelischen Jugendwerks in Württemberg. Dort traf ich Fritz Gaiser, einen früheren Dozenten im Johanneum und damals für das Bildungszentrum zuständig. Alle Gespräche waren positiv, keiner riet mir ab, aber alle waren zurückhaltend und betonten, dass ich selbst Klarheit erhalten sollte. Das war für mich sehr einleuchtend, doch wie konnte ich zur persönlichen Klarheit kommen? Gab es einen Hinweis von Gott? Ich konnte keinen erkennen. Natürlich erinnerte ich mich sofort an den Ruf im Konfirmandenunterricht. Nur weil dieser Ruf so lebendig in mir war, fiel der Vorschlag mit dem Johanneum in mir auf ein offenes Herz. Allerdings sprach ich mit den Freunden und Beratern nicht über diese Berufungserfahrung, denn darin ging es ja um einen Ruf in die Mission, und hier ging es um Jugendarbeit in Deutschland.

Wie konnte ich den Willen Gottes und seine Absicht für mein Leben erkennen? Ich wusste es nicht. Keiner konnte es mir sagen. Es blieb ein letzter Abend, bevor die Woche Bedenkzeit vorbei war. Ich nahm mir vor, diesen Abend fragend und hörend im Gebet zu verbringen und hoffte, dass in mir am Ende des Abends Klarheit entstehen würde. Ich versicherte Gott meine Bereitschaft, seinen Willen zu tun, ganz gleich ob in der hauptamtlichen Jugendarbeit oder im kaufmännischen Bereich oder in der Entwicklungshilfe. Dann bat ich Gott, mir seinen Willen zu zeigen. Ich hatte jedoch keine Ahnung, wie das funktionieren sollte. Also betete ich, Gott möge mich beim Aufschlagen der Bibel so führen, dass ich Klarheit über seine Führung erhalten würde. Ich schlug die Bibel auf und landete bei 1. Samuel 9, der Geschichte von Saul, der die Eselin seines Vaters sucht und dabei von Samuel zum König gesalbt wird. Bei mir machte es sofort „klick". In der Jungschar hatten wir ein Bibelquiz mit der Frage: Wer suchte eine Eselin und fand ein Königreich? Sofort musste ich denken: Diese Bibelstelle passt haargenau auf meine Frage. Ich suche eine neue Stelle und erhalte stattdessen ein „Königreich", ich darf im Reich Gottes arbeiten.

Nach einigen Minuten des Überlegens war mir jedoch klar, dass die Bibelstelle zwar Positives in mir ausgelöst hatte und als Antwort auf meine Frage gedeutet werden konnte, aber ich wusste auch, dass dies allein nicht durchtragen würde. Also sagte ich dem himmlischen Vater, dass er mich ja sehr gut kennt und weiß, dass mein kritischer Verstand dies als Zufall einsortieren wird. Ich bat erneut um eine klare und deutliche Bestätigung, öffnete die Bibel erneut und landete bei der Geschichte vom reichen Jüngling. Diesmal hat es nicht „klick" gemacht, sondern ich spürte, dass mich dieser Text auf einer sehr tiefen Ebene berührte und zu mir sprach. „Eins fehlt dir. Verkaufe alles, was du hast … und komm, folge mir nach!" (Mk 10,21).

Ich hatte nicht viel zu verkaufen. Und doch waren die Finanzen ein entscheidender Knackpunkt. Für mich war immer klar, dass ich eines Tages eine eigene Firma betreiben wollte, gemäß dem Motto, das einer meiner Kollegen mir immer wieder sagte: „Und ist der Handel noch so klein, er bringt doch mehr als Arbeit ein". Gut zu verdienen war mir wichtig, und das jetzt vorliegende Angebot mit einer 50-prozentigen Gehaltssteigerung machte es mir nicht leicht, drei Jahre ganz auf Gehalt zu verzichten. Mir war auch sehr schnell klar, dass die mühsam angesparten 5.000,– DM nur mit einem sparsamen Lebensstil zur Finanzierung der Ausbildung und der nächsten drei Jahre reichen würden. Auch hatte ich von keiner Seite finanzielle Unterstützung zu erwarten, denn mein Vater war bereits verstorben, und die kleine Rente meiner Mutter reichte nicht weit.

In der Kopfebene liefen die ganz praktischen Fragen der Finanzierung ab. Aber auf der Herzebene hatte mich dieses Wort als Reden Gottes sehr persönlich getroffen. Ich wusste mit großer innerer Gewissheit, was ich zu tun hatte. Deshalb brauchte ich keine weiteren Überlegungen mehr, sondern sagte am nächsten Tag die neue Stelle ab. Meine Frage zu Beginn des Abends war, welches der Wille Gottes sei. Als dieser für mich klar war, war es keine Frage, dass ich ihn auch umsetzen wollte. Ich habe an jenem Abend den Text sicherlich nicht in der Tiefe erfasst, wenn es dort von dem reichen jungen Mann heißt: „Jesus sah ihn an und gewann ihn lieb" (Mk 10,21). Aber ich spürte etwas von dem Blick und der Liebe Jesu und ich wollte meine persönliche Lebensgeschichte anders weiterschreiben als der reiche Jüngling, der betrübt davon ging.

Nachdem die innere Entscheidung gefallen war, galt es die äußeren Schritte zu gehen. Der Jugendreferent war erfreut über meine Entscheidung und nahm mich mit zu einem Vorstellungsgespräch ins Johanneum. Vom Inneren her war für mich alles klar, aber äußerlich gab es eine Herausforderung. Die Entscheidung über eine Aufnahme ins Johanneum fällten Vorstand und Mitgliederversammlung jeweils im Mai. Da das Studium jedoch bereits im September begann und ich ein Vierteljahr Kündigungszeit zum Quartalsende hatte, musste ich bis zum 31. März kündigen. Was wäre, wenn die Verantwortlichen im Johanneum bei mir keine Berufung in den hauptamtlichen Verkündigungsdienst erkennen würden? Im Vertrauen, mich nicht verhört zu haben, kündigte ich meine Arbeitsstelle und stellte alle Weichen Richtung theologische Ausbildung. Die Freude war groß, als die Zusage aus dem Johanneum eintraf. „Verkaufe, was du hast“, bedeutete bei mir dann in erster Linie, mein Auto zu verkaufen, dessen Unterhalt für mich im Johanneum zu teuer gewesen wäre. Überrascht wurde ich von einer Spende aus dem Kirchengemeinderat, der meine Entscheidung auf diesem Weg unterstützte. So erlebte ich eine völlig unerwartete Versorgung, die später von der Bundesregierung noch getoppt wurde: In der Mitte der Ausbildung beschloss die damalige sozialliberale Koalition das BAföG, und so war meine Finanzierung gesichert. Ich musste nur einen Teil des Ersparten in die Ausbildung investieren und staunte, wie sehr mich Gott versorgte. Für mich wurde deutlich: Gott ist gut und sorgt für mich.

Es folgten drei Jahre der theologischen Ausbildung im Johanneum, die mir sehr viel bedeuten und die ich auf keinen Fall missen möchte. Hier erhielt ich eine fundierte theologische Ausbildung, die mir das Handwerkszeug für die kommenden Jahrzehnte an die Hand gab. Doch nicht nur der Intellekt wurde betont; es ging um eine ganzheitliche Ausbildung, die auch den persönlichen Glauben vertiefte und den Charakter durch das gemeinsame Leben reifen ließ.

Die Fülle positiver Erfahrungen und Erkenntnisse im Johanneum kann an dieser Stelle nicht entfaltet werden. Aber eine kleine Erkenntnis am Einsegnungswochenende möchte ich doch noch schildern. Über dem Ordinationswochenende stand die Losung aus Lukas 9,62. „Jesus aber sprach zu ihm: Wer die Hand an den Pflug legt und sieht zurück, der ist nicht geschickt für das Reich Gottes." So mancher Redner griff das Wort auf und schlug einen „theologischen Salto", um zu rechtfertigen, trotz dieses Satzes auf die Jahre der theologischen Ausbildung zurückblicken zu dürfen. Für mich erschloss sich dieses Wort in einer völlig anderen, viel tieferen Ebene. Ich sah mich gegen Ende der Ausbildung immer wieder vor der Zeitung sitzen und die Stellenanzeigen im betriebswirtschaftlichen Bereich studieren. Eigentlich war mein Blick ja nach vorn gerichtet, und ich freute mich auf die Stelle im CVJM Kirchheim/Teck. Und doch blickte ich immer wieder zurück und schaute mit einem Auge auf die Gehaltsvorstellungen, die ich jetzt als Betriebswirt hätte. So wurde dieses Wort für mich zu einer sehr dichten Predigt, ohne dass auch nur einer der Redner darauf eingegangen wäre, nicht zurückzublicken zum alten Beruf und zu fragen, was geworden wäre, wenn …

3. Durch Gottes Augen geleitet

Feierliche Klänge begleiteten uns in die Kirche. Der Posaunenchor umrahmte den Gottesdienst in der Stadtkirche in Neubulach mit strahlenden Klängen. Meine Frau Margarete und ich saßen voller Freude vor dem Traualtar und warteten freudig darauf, einander vor Gott und der Gemeinde das Ja-Wort zu geben und Gottes Segen für unsere Ehe zu empfangen. Als Trauspruch wählten wir Psalm 32,8: „Ich will dich unterweisen und dir den Weg zeigen, den du gehen sollst; ich will dich mit meinen Augen leiten."

Dieser Trauspruch war Ausdruck unserer Haltung und unserer Bitte. Wir wollten unseren gemeinsamen Lebensweg dem Willen Gottes entsprechend führen. Wir waren bereit, seinen Weg zu gehen und baten darum, dass er uns führt und leitet und dass wir seine Führung verstehen und begreifen. Das Bild von der „Augenleitung“ hatte uns in besonderer Weise angesprochen. Als Verliebte wussten wir sehr genau, was es bedeutet, durch die Augen des anderen geleitet zu werden, die Wünsche von den Augen abzulesen und schon durch den Blickkontakt Freude zu empfinden. Natürlich war uns bewusst, dass die Augenleitung Gottes anders aussehen würde als die eines verliebten Paares. Aber wir wollten gerne in „Blickkontakt“ mit Gott kommen und bei unseren Entscheidungen bewusst nach seinem Willen und seinen Weisungen fragen. Dass wir in der Bibel Antwort finden würden, das war unsere Überzeugung und unsere Erfahrung und sollte auch für die Zukunft unser Orientierungsrahmen sein.

Pfarrer Spellenberg entfaltete unsern Trauspruch in schöner Weise. Sicherlich wäre die Traupredigt bei mir längst in Vergessenheit geraten, wenn er lediglich diesen Vers ausgelegt hätte. Doch dann sprach er plötzlich auch über den folgenden Vers: „Seid nicht wie Rosse und Maultiere, denen man den Zaum ins Gebiss legen muss“. Trotz Hochzeitsaufregung ging mir dieser Vers unter die Haut. Hatten wir uns bei der Auswahl des Trautextes nur auf den einen Vers konzentriert und nicht weiter gelesen? Jedenfalls war mitten in der schönen Hochzeitszeremonie eine ernsthafte Ermahnung zu hören, die ich nicht vergessen sollte.

Uns war klar, dass das Fragen nach den Weisungen Gottes stets all unsere Sinne in Anspruch nehmen würde. Wir erwarteten kein Schriftstück vom Himmel mit den Weisungen für die nächsten Schritte. In der Fülle der täglichen Entscheidungen waren unser Verstand und die Orientierung an den Ordnungen Gottes gefragt.

4. Den Verstand gebrauchen

Besonders bei Weichenstellungen und an Weggabelungen war es uns wichtig, auf die Weisungen Gottes zu achten und unseren Verstand zu gebrauchen. Wo konnten wir Spuren entdecken, die uns Orientierung gaben, um der Spur Gottes für unser Leben zu folgen? Bei der Entscheidung für meine erste Stelle nach der theologischen Ausbildung verdichteten sich die Überlegungen und die Spuren Gottes in Richtung CVJM Kirchheim/Teck. Anhand einer Reihe von Kriterien, die mir für meinen Dienst wichtig waren, und Faktoren, die einen gemeinsamen Wohn- und Arbeitsort zusammen mit Margarete und ihren beruflichen Schritten ermöglichten, fiel die Wahl auf Kirchheim. Es war, als ob wir nur 1 + 1 zusammenzählen müssten und das Ergebnis lag auf der Hand. Es folgten fünf sehr schöne Jahre mit einer erstaunlich positiven Entwicklung in der Jugendarbeit, der Geburt unseres Sohnes und einem tragfähigen Beziehungsnetz im CVJM und im Kirchenbezirk.

Eines Tages erreichte mich die Anfrage, in den Kirchenbezirk Tübingen zu wechseln und dort die Jugendarbeit zu verantworten. Wie sollte ich mit dieser Anfrage umgehen? Es ging mir sehr gut in Kirchheim/Teck und ich durfte Früchte meiner Arbeit sehen. Es bestand also kein Anlass für einen Stellenwechsel. Doch auch die neue Aufgabe lockte mich. Welche Prüfkriterien konnten mir helfen? Wie konnte die „Augenleitung" Gottes, die uns in der Traupredigt zugesagt wurde, jetzt konkret aussehen? Ich versuchte den Blickkontakt zu Gott herzustellen, aber weder mit meinen Augen noch mit meinen Ohren oder anderen Sinnen konnte ich eine Weisung Gottes erkennen.

Nach längerem Überlegen und Beten wurde mir deutlich, dass ich jetzt einfach meinen Verstand zu gebrauchen hatte. Ich wog die Vor- und Nachteile ab, meine Frau Margarete und ich überlegten und beteten gemeinsam und kamen schließlich zu einer 60:40 Entscheidung für Tübingen – sehr zur Enttäuschung der Freunde und Wegbegleiter in Kirchheim. Doch wir hatten inneren Frieden über dieser Entscheidung, die wir nach bestem Wissen und Gewissen gefällt hatten.

5. Gott lässt Erschütterungen zu

Ich hatte große Pläne für die nächste Phase der Jugendarbeit im Kirchenbezirk Tübingen. Es war leicht, ehrenamtliche Mitarbeiterinnen und Mitarbeiter zu gewinnen, die Schulungen erfreuten sich großer Beliebtheit, die Freizeitarbeit florierte und der gemeinsame Ausbau eines älteren Hotels am Wörthersee zu einem Freizeitzentrum brachte einen großen Schub an Motivation und Möglichkeiten für Freizeit- und Schulungsarbeit. Darüber hinaus arbeitete ich mit bei Leiterschaftsschulungen im christlichen Lebens- und Schulungszentrum Wörnersberger Anker. Mir war es wichtig, Leiterinnen und Leiter der nächsten Generation für die Zukunft zu gewinnen, zu trainieren und zu begleiten.

Zusammen mit zwei jungen Ehepaaren, die beide in der evangelischen Jugendarbeit engagiert waren, machten wir uns mit unseren beiden Kindern auf den Weg, gemeinsames Leben einzuüben. Wir waren überzeugt, dass darin eine große Chance lag, Nachfolge konkret zu leben. Ein größeres Anwesen stand zum Verkauf, und wir waren kurz vor dem Abschluss der Vertragsvereinbarung. Zeiten des persönlichen und des gemeinsamen Gebetes begleiteten unsere Planungen. Wir waren überzeugt, in der Spur Gottes zu sein und wollten die Sache mutig angehen.

Der Tag der Entscheidung rückte heran, doch der Verkäufer hatte entgegen vorheriger Signale eine Preiserwartung, die wir nicht erfüllen konnten. In einer Krisensitzung verabschiedeten wir uns von diesem Projekt. In mir löste diese Entscheidung jedoch eine gewaltige innere Erschütterung aus. Ich war in meinen Gedanken und Gefühlen völlig aufgewühlt. Ich konnte mich an keinen Zeitpunkt erinnern, an dem ich in einem solchen inneren Zustand gewesen war. Am tiefsten bewegte mich die Frage: Konnte es sein, dass wir uns geistlich so verhört hatten? Wir hatten doch gefragt und geprüft. Wie sollte ich Gottes Wegführung künftig verstehen können?

Am nächsten Tag trafen sich die jüngeren Absolventen der Johanneumsgemeinschaft freiwillig, aber verbindlich, zu einem monatlichen Tag der Gemeinschaft und Fortbildung. Ein hochklassiger theologischer Vormittag mit Fritz Gaiser stand auf dem Programm, dazu Begegnung und Austausch unter den Kollegen. Normalerweise tat ich alles, um mir diese Tage nicht entgehen zu lassen. An diesem Morgen jedoch fühlte ich mich nicht in der Lage, teilzunehmen. Gedanken und Gefühle drehten sich nach wie vor im Kreis. Ich sagte zu Margarete, dass ich heute nicht gehen würde, weil ich sowieso nicht vernünftig denken könne und mir deshalb dieser Tag nichts bringen werde. Sie ermutigte mich jedoch sehr, hinzufahren. Vielleicht würde mir der Tag ja helfen, mich neu zu sortieren. Also fuhr ich auf ihr Anraten hin, aber meine Hoffnung war gleich null, dass sich angesichts meiner Grundstimmung durch diesen Tag etwas verändern würde. In der Mittagspause fragte mich Horst Rauscher, der Leitende Referent des CVJM Esslingen, ob ich mit ihm eine kleine Runde spazieren gehen würde. Gerne willigte ich ein. Sehr schnell ging er auf seine Motivation für dieses Gespräch ein. Er würde ins Pfarramt wechseln und fragte sich deshalb, wer sein Nachfolger werden könne. Dabei hätte ich ihm in der morgendlichen Gebetszeit vor Augen gestanden, und deshalb wolle er mit mir ins Gespräch kommen.

Von jetzt auf gleich veränderte sich mein Denken und Fühlen völlig. Der Zustand der Konfusion und Anfechtung war wie weggeblasen. Ein tiefer Friede und innere Gewissheit stellten sich ein. Ich war echt verblüfft, was in mir und mit mir vorgegangen war. Offensichtlich hatte Gott diese Erschütterung zugelassen, damit ich für seinen Ruf und seine Wegführung offen wurde. Hätte mich Horst Rauscher zwei Tage vorher gefragt, hätte ich mich bedankt und höflich abgelehnt, denn ich war überzeugt, in Tübingen gebraucht zu werden, hatte Perspektiven und Aufgaben. Außerdem hätten die Pläne des gemeinsamen Lebens einen Wechsel nach Esslingen zum damaligen Zeitpunkt unmöglich gemacht.

Im Nachhinein zeigte sich, dass die Anfrage an mich aus anstellungstechnischen Gründen viel zu früh erfolgte. Es gab noch eine monatelange Verzögerung. Aber wäre der CVJM Esslingen erst nach Klärung aller anstellungsrechtlichen Fragen mit mir ins Gespräch gekommen, wäre die Tür bei mir längst zu gewesen. In dieser Situation erfuhr ich deutlich, dass es einen Kairos (Zeitpunkt) Gottes gibt. Dennoch bewegte mich die Frage, warum Gott diesen Weg mit mir gehen musste. War ich so wenig hörbereit, weil ich zu sehr in das Projekt Gemeinsames Leben verliebt war?

Ich musste an unsere Traupredigt denken, vor allem an den Vers: „Seid nicht wie Rosse und Maultiere, denen man den Zaum ins Gebiss legen muss.“ (Ps 32,9) Musste Gott mir den Zaum ins Gebiss legen? Auf jeden Fall musste er mich erschüttern, sonst hätte ich seinen Ruf nach Esslingen nicht hören können, weil mein Kopf und mein Herz nicht hörbereit waren.

Nach fünf Jahren in Tübingen begann für mich mit dem Wechsel nach Esslingen im Herbst 1984 eine neue Phase in meinem Dienst. Leitung wahrzunehmen und Dinge zu gestalten fielen mir nicht schwer. Doch zunächst war es wichtig, diesen CVJM, seine Geschichte und Ausprägung kennenzulernen. Es galt, Vertrauen aufzubauen und gemeinsam eine Vision und Perspektiven zu gewinnen. Denn sehr schnell fiel mir auf, dass es eine Fülle von Aktivitäten und eine pulsierende Jugendarbeit gab, aber eine gemeinsame geistliche Mitte fehlte, obwohl sich viele danach sehnten. Die einige Jahre zuvor gegründete Mitarbeitergemeinschaft hatte ihren ersten Schwung verloren, erreichte nur den kleineren Teil der Mitarbeiterschaft und strahlte nicht gerade viel Hoffnung aus.

Nach dem ersten Vierteljahr des Kennenlernens diente mir die Geschichte von Nehemia im Alten Testament als Blaupause. Ich analysierte Schwachstellen und nahm mir Zeit zum Nachdenken und Beten. In dieser Zeit entstand in mir eine Vision für den CVJM Esslingen. Als mir das innere Bild der Zukunft klar war, lud ich den geschäftsführenden Vorstand zusätzlich zu den gewohnten Treffen zu einem außerordentlichen Abend bei mir zu Hause ein. Mein Ziel war, aus der persönlichen Vision eine gemeinschaftliche werden zu lassen. In der Mitte dieser Vision stand eine Mitarbeitergemeinschaft, in der die Mitarbeitenden geistlich beheimatet sind, Vertiefung im Glauben erfahren, Freundschaft erleben und Impulse für ihre praktische Arbeit erhalten. Im geschäftsführenden Vorstand traf diese Vision auf offene Herzen, und wir beschlossen, im darauffolgenden Frühjahr in einer Klausur des Leitungsgremiums (Hauptausschuss) diese Vision zu teilen, sie gegebenenfalls zu modifizieren und in der Folge konkrete Ziele und Schritte zu vereinbaren. So kam es; nun ging es um die Realisierung.

Ein erster wesentlicher Schritt bestand darin, alle Kolleginnen und Kollegen mit einzubeziehen. Wir machten uns auf den Weg, mehr und mehr von einer Dienstgemeinschaft zu einer geistlichen Gemeinschaft zu werden. Gemeinsam mit dem Leiterkreis arbeiteten wir daran, dass in der Mitarbeitergemeinschaft eine neue Atmosphäre des Miteinanders, der Freude und Hoffnung entstand. Beim Mitarbeiterwochenende im Herbst 1985 durften wir an dieser Stelle einen Durchbruch erfahren. Wir erlebten die Gnade der Umkehr. Alte Querelen wurden beendet; ein Abend der Versöhnung eröffnete Perspektiven nach vorn. Wir beschlossen neue Strukturen für die Jugend-Mitarbeiterkreise, so dass ein Schwerpunkt auf lebendiger Gemeinschaft und Vertiefung des Glaubens lag. Die Kriterien für die Mitgliedschaft wurden überarbeitet und der Lebenswelt junger Menschen angepasst. Damit war ein Durchbruch gelungen, der in den folgenden Jahren Schritt für Schritt dazu führte, dass junge Mitarbeiter in eine geistliche Gemeinschaft eingeführt wurden und dort Heimat fanden.

II. Herausgefordert

1. Der Lernprozess

„Da hat sich etwas dämonisiert", hörte ich meinen Kollegen Helmut Nicklas vom CVJM München sagen. Wir waren in einer kleinen Gruppe von leitenden CVJM-Referenten zur kollegialen Beratung zusammen. Ich hatte eben eine Situation in der seelsorgerlichen Begleitung junger Menschen geschildert, die mir rätselhaft war und bei der ich nicht so richtig wusste, welche nächsten Schritte angebracht wären. Was war der Hintergrund?

Ich leitete im Sommer 1985 eine Freizeit mit 40 jungen Erwachsenen im damaligen Jugoslawien. Mit einem Schiff fuhren wir in der Adria von Insel zu Insel. Die Stimmung war klasse. Ein Hauch von Abenteuer war mit dabei, wenn wir nicht wussten, auf welcher Insel wir als nächstes übernachten würden. Beim Aussteigen aus dem Schiff verknackste sich Sabine, eine Teilnehmerin (Name geändert), den Knöchel. Es war schmerzhaft, aber nichts Ernsthaftes. Doch einen Tag später ging es Sabine psychisch sehr schlecht. Sie schien wie von jetzt auf gleich in eine Depression gefallen zu sein. Unsere Gesprächsversuche erreichten sie nicht. Nachdem sich auch am nächsten Tag an ihrem Zustand nichts verändert hatte, schlug ich dem Mitarbeiter-Team vor, dass wir uns einen ruhigen Ort zum Gebet suchen und für sie beten sollten. Wir kamen vom Gebet zurück und Sabine, die von unserem Gebet nichts wusste, war wie verwandelt: fröhlich, entspannt, alles in bester Ordnung. Wir waren verblüfft. Ich erinnere mich nicht, schon einmal so eine prompte Gebetserhörung erfahren zu haben. Doch leider hielt die Veränderung nur drei Tage an, danach verschlechterte sich ihr psychischer Zustand wieder.

Nach der Freizeit begleiteten meine Frau und ich Sabine seelsorgerlich. Stück für Stück öffnete sie sich, erzählte von ihren nächtlichen Albträumen und dass sie kaum mehr in der Lage sei, ihre Schule fortzusetzen, weil sie tagsüber müde und völlig „von der Rolle“ wäre, nachts jedoch aufgrund der Albträume nicht schlafen könne. Nach und nach gelang es, den Ängsten zu begegnen und die darunterliegenden Erlebnisse ans Licht zu holen. Der jahrelange sexuelle Missbrauch durch den Vater, den sie aus ihrem Bewusstsein verdrängt hatte, kam im Laufe des Seelsorgeprozesses immer deutlicher zutage. Wie tiefgreifend sexueller Missbrauch die Seele eines Menschen zerstört, wurde in erschreckender Weise deutlich.

Doch trotz der intensiven seelsorgerlichen, therapeutischen Begleitung wurde sie Nacht für Nacht von schrecklichen Fratzen bedroht und war am Ende ihrer seelischen Kräfte. Deshalb suchte ich Hilfe und brachte dieses Beispiel in die kollegiale Beratung ein. Die Antwort „da hat sich etwas dämonisiert“ war für mich jedoch nur sehr bedingt hilfreich. Damit wollte ich nichts zu tun haben. Ganz zu schweigen davon, dass allein die Begriffswahl „dämonisiert“ mit meinem Weltbild kollidierte. Aber wenn die Freunde in München damit Erfahrung hatten, war ich bereit, Brücken zu bauen. Kurze Zeit später besuchte das Mitarbeiter-Team des CVJM Jugendhauses den CVJM München. Sabine konnte mitfahren, und ich hoffte, dass telefonische Vorgespräche dazu helfen würden, dass die Freunde im CVJM München mit ihr in dieser Angelegenheit beten konnten. Leider ließ das Programm dann doch keinen Raum dafür, und so waren wir in Esslingen wieder gefragt. Auf der Suche, wer uns bei dieser Thematik helfen könnte, wurde ich an Willem van Dam verwiesen, einen holländischen Theologen und Seelsorger, der von Zeit zu Zeit für seelsorgerliche Gebete im Raum Stuttgart unterwegs war. Er war auf Gebet spezialisiert, das dämonischen Mächten Einhalt gebietet. Deshalb suchte ich bei ihm nach Terminen. Mehrfach fuhr ich mit Sabine zu ihm. Sabine hatte stets den Eindruck, dass dabei innerlich etwas in Gang kam, aber es gab keine nachhaltigen Fortschritte.

Immer mehr verdichtete sich bei uns der Eindruck, dass wir

selbst gefragt seien und uns in der Gebetsseelsorge diesem Themengebiet zu stellen hätten. Wolfram Kopfermann hatte einiges zum Thema „Innere Heilung“ geschrieben, was uns sehr half, Versöhnungsprozesse zu verstehen. Im Gebet um Befreiung betraten wir für uns jedoch Neuland. Ich war sehr dankbar für einen Kollegen, der mir die Augen dafür öffnete und mich Schritt für Schritt anleitete, wie ein solches Gebet ganz praktisch aussehen könnte. Zusammen mit einem kleinen Team von Mitarbeitern beteten wir mit Sabine so manchen Abend. Bald wurden Gebetsnächte daraus.

Mir selbst wurde immer deutlicher, dass mich Gott in einen Lernprozess hineinnahm und mir die Augen für die unsichtbare Welt öffnete. Gleichzeitig wurde mir auch die Grenze meiner Kompetenz und insbesondere der geistlichen Vollmacht bewusst. Die Sehnsucht nach einer tiefen Erfüllung mit dem Heiligen Geist und auch nach der Gabe des Sprachengebets (siehe z. B. 1. Kor 12,10 + 30; 14,14 + 26-28) wurde in mir immer stärker. Allzu schnell gingen mir die Worte beim Gebet aus. Was sollte man auch eine halbe Nacht lang beten?

Endlich frei! Nach vielen Nächten des Gebetes, in denen sich zwar manches bewegte, aber keine nachhaltige Befreiung erfolgte, durfte Sabine endlich einen heilsamen Durchbruch erleben. Die dämonischen Kräfte und Mächte in ihr mussten weichen. Die einzelnen Schritte zu beschreiben, würde den Rahmen dieses Buches sprengen. Sie spürte einen eklatanten Unterschied zwischen der Situation davor und danach. Sie konnte aufatmen, durchatmen und wieder schlafen, befreit von den dunklen Schatten. Der Durchbruch in ihrem Innern geschah schrittweise, aber er war gewaltig. Sie konnte jubeln, und wir haben voller Dankbarkeit in diesen Jubel mit eingestimmt. Die innere Freiheit war das eine, Schritte ins Leben zu gehen, war das andere. Es wurde deutlich, dass sie einen Schutz- und Lernraum benötigte, damit ihr Leben zur Entfaltung kommen konnte. Glücklicherweise konnten wir als CVJM sie als Mitarbeiterin in unserer Mitte integrieren. In dieser Zeit konnte sie sich stabilisieren und beruflich neu ausrichten.

Das Thema Befreiungsdienst ist seit jenem Lernprozess Teil meines Dienstes. Mir wurden die Augen geöffnet für die unsichtbare Welt, aber auch dafür, wie viele lebensfeindliche Aspekte, Haltungen oder auch Mächte die Entfaltung des Lebens behindern können. In mir entstand eine richtige Leidenschaft für das Leben. Gott ist ein Liebhaber des Lebens. Menschen zu segnen, um ihr Leben zur Entfaltung zu bringen, aber sie auch von allem zu lösen, was sie an diesem Leben hindert, wurde mir ein tiefes Anliegen und veränderte meinen Dienst.

Nachdem mir die Augen für innere Abhängigkeiten geöffnet waren, konnte ich manche Dinge im seelsorgerlichen Gespräch ansprechen und mit den Betreffenden darüber beten. Sie waren oft erstaunt, welche innere Freiheit sie nach solch einem Gebet gewannen.

Viele Gebete werden gesprochen, ohne dass wir je sehen können, was daraus entsteht. Bei diesen Gebeten war es ganz anders, weil häufig eine Reaktion im Inneren der Menschen zu erkennen war. Dies löste in mir eine gewaltige Freude aus. Mutig betete ich für weitere Menschen, bei denen ich innere Blockaden wahrnahm. Nach einem solchen Gebet für eine Person, die von dauernden Kopfschmerzen und manch anderem frei geworden war, hörte ich sehr deutlich die Mahnung von Jesus: „Darüber freut euch nicht, dass euch die Geister untertan sind. Freut euch aber, dass eure Namen im Himmel geschrieben sind“ (Lk 10,20). Diese Ermahnung nahm ich mir zu Herzen, um beim Zentrum des Evangeliums zu bleiben und den Bereich des Dämonischen nicht zu sehr zu betonen.

Einige Jahre später, mit genügend Abstand und Reflexionszeit, konnten wir mit der ganzen Mitarbeitergemeinschaft über einen längeren Zeitraum sehr intensiv an dieser Thematik arbeiten. Ich stellte systematisch die Fülle neutestamentlicher Texte zusammen, die sich damit befassten. Wir arbeiteten an Fragen der verschiedenen Weltbilder, insbesondere im Blick auf die unsichtbare Welt. Die Fülle an neutestamentlichen Texten zeigte uns, dass die Thematik nicht so nebensächlich ist, wie sie im Mainstream der Theologie behandelt wird. Doch das Zentrum des Evangeliums bleibt die Erlösungstat durch Jesus Christus. Je mehr die dunklen Realitäten in dieser Welt sichtbar werden, desto heller leuchtet sie.

2. Überrascht vom Heiligen Geist

Weil ich Sehnsucht nach tieferer Erfüllung mit dem Heiligen Geist hatte, bat ich die beiden Mitarbeiter, die die Gebetsnächte mit uns gestalteten und Erfahrungen mit dem Sprachengebet hatten, für mich um diese Gabe zu beten. Doch trotz meines Wunsches und meiner Bereitschaft, diese Gabe zu empfangen, geschah nichts. Es war, als ob ich in diesem Bereich zubetoniert wäre. Kaum kam eine Silbe über meine Lippen, bremste mein Verstand mich wieder aus. Wäre die Not bei Sabine nicht so groß gewesen, hätte ich längst aufgegeben, um das Sprachengebet zu bitten. Doch ich litt darunter, dass mir beim Gebet die Worte ausgingen, und gleichzeitig war es so offensichtlich, dass die Gebete bei Sabine etwas bewirkten. Ohne Gebet war sie den dämonischen Angriffen, den Fratzen und Albträumen ausgeliefert. Wenn wir beteten, bildete sich so etwas wie ein Schutzraum um sie. Also beteten wir weiter, und Stück für Stück traute ich mich, die Silben zuzulassen, die über meine Lippen kamen und die ich selber nicht verstand.

Noch bevor Sabine Befreiung erlebte, durfte ich gleich mehrere neue Erfahrungen mit dem Heiligen Geist machen. Wir führten in jenen Gebetsnächten Kreuzesmeditationen durch, indem wir uns bewusst machten, dass Jesus unser Leiden auf sich genommen hat. Der „Tausch“ am Kreuz wurde zu einem Schlüssel. Das Bibelwort „Fürwahr, er trug unsere Krankheit und lud auf sich unsere Schmerzen“ (Jes 53,4) stand immer wieder im Mittelpunkt, wenn Sabine ihre Schmerzen am Kreuz ablud und Jesus um Heilung bat. Uns wurde in jenen Nächten sehr greifbar, wie Jesus mit Sabine mitlitt, Demütigung und Entwürdigung erfuhr und die zerstörerischen Mächte und Kräfte auf sich lud.

Als Folge der Kreuzesmeditationen erfuhr ich in jenen Gebetsnächten die Taufe mit dem Heiligen Geist. Plötzlich war der Heilige Geist spürbar da. Und doch war es etwas, das tiefer war als meine Gefühle. Die Gewissheit seiner Präsenz in meinem Innern war von einer neuen Qualität. Später formulierte ich, dass es das Zeugnis des Heiligen Geistes in meinem Geist war, wie es Paulus in Römer 8,16 beschreibt: „Der Geist selbst gibt Zeugnis unserem Geist, dass wir Gottes Kinder sind.“ Es war eine Erfahrung, die so viel tiefer als die meiner Gefühls- und Verstandeswelt war. Gleichzeitig bedeutete die Erfüllung mit dem Heiligen Geist für mich die Integration meiner Gefühlswelt in den Glauben. Bis zu diesem Zeitpunkt war mein Glaube vor allem von Verstand und Willen geprägt. Für Gefühle gab es nicht viel Raum. Der Empfang des Heiligen Geistes in dieser Weise berührte jedoch auch meine Gefühlswelt und half mir, Verstand, Wille und Gefühle in eine gute Balance zu bringen. Allerdings ist es mir bis heute wichtig, den Heiligen Geist nicht mit unseren Gefühlen zu verwechseln.

Jene Gebetsnächte veränderten mich. Es war mir, als ob mir Jesus das Du angeboten hätte, obwohl ich ihn doch nie in der Sie-Form angesprochen hatte. Die Nähe zu Jesus und die Erkenntnis dessen, was er für mich und für alle Menschen am Kreuz getan hat, war so überwältigend, dass ich vollständig von ihm erfüllt wurde. Immer wenn ich versuche, diese Erfahrung in Worte zu fassen, spreche ich davon, dass die Taufe im Heiligen Geist in mir Intimität und Power bewirkt hat, eine ganz tiefe Intimität zu Jesus und eine neue Ausrüstung mit Vollmacht. In der Folgezeit spürte ich über viele Jahre die ständige Präsenz des Heiligen Geistes bei Tag und Nacht in mir. Es war, als ob der Heilige Geist selbst in mir betet und mich ständig zu Jesus und zum Vater zieht.

Mehr und mehr konnte ich die innere Blockade gegenüber dem Sprachengebet überwinden und wurde freier, den ungewohnten Silben und Worten in meinen Gebeten Raum zu geben. Dabei war es zu Beginn wichtig, den Mund aufzumachen und auch den Ton dazu zu geben und nicht passiv zu erwarten, dass dies automatisch geschieht. Neben dieser Form des Sprachengebets lebt in mir noch eine andere, die einen weit größeren Raum einnimmt. Es ist das ständige Gebet des Heiligen Geistes in mir als stilles Sprachengebet, bei dem sich nur innerlich etwas bewegt. Durch dieses innere Sprachengebet entsteht eine große Nähe und Unmittelbarkeit zu Jesus, weil ich fortwährend mit ihm in Kontakt bin.

Diese tiefe Erfahrung mit dem Heiligen Geist veränderte mein theologisches Denken und meine Praxis. Der Heilige Geist war aber längst vor dieser Erfahrung in meinem Leben wirksam. Schon oft durfte ich Menschen den Zugang zum Glauben eröffnen und durch meine Verkündigung trösten und ermutigen. Auch der Bereich der Heilung war mir nicht fremd. Fünf Jahre zuvor hatte ich selbst ein Heilungswunder bei einer Form des Hautkrebses erlebt. Als er zum ersten Mal auftauchte, ging ich selbstverständlich in die Klinik und wurde operiert. Beim zweiten Mal war ich zuvor auf einer charismatischen Konferenz von „Jugend mit einer Mission" und als das Karzinom zu erkennen war, wurde mir sehr konkret der Glaube geschenkt, für Heilung zu beten. Innerhalb von wenigen Tagen war der Krebs verschwunden.

Und doch war diese Erfüllung mit dem Heiligen Geist, wie ich sie in jenen Gebetsnächten erleben durfte, von einer völlig anderen Qualität. Eine theologische Reflexion der Erfahrung war angesagt. Mein theologisches Denken wurde modifiziert. Während meiner theologischen Ausbildung hatte ich mir erlaubt, in meiner Bibel bei Apostelgeschichte 8 ein dickes Fragezeichen zu machen, ebenso in Kapitel 10 und 19. In allen drei Geschichten geht es um eine tiefe Erfahrung mit dem Heiligen Geist, die als „Fallen" des Geistes auf die Menschen bezeichnet wird. In 1. Korinther 12,3 schreibt Paulus, dass niemand Jesus seinen Herrn nennen kann ohne den Heiligen Geist. Auch sonst betont er an vielen Stellen, dass der Heilige Geist uns gegeben wurde. Wie konnte es dann sein, dass die Menschen in Samaria zum Glauben gekommen waren und der Heilige Geist erst später ausgegossen wurde, als die Apostel die Hände auflegten? Mit meinen Fragezeichen hatte ich markiert, dass ich mit diesen Stellen und womöglich auch mit einer solchen Theologie meine Mühe hatte. Die persönliche Erfahrung der Taufe im Heiligen Geist löste diese Fragezeichen-Stellen in meiner Bibel – und in meinem Kopf – auf. Der Heilige Geist ist natürlich am Werk, wenn wir zum Glauben kommen, und er begleitet uns auf unserem Glaubensweg. Dennoch war diese Erfahrung wie ein Quantensprung in meinem Leben und seitdem durfte ich bei sehr vielen Menschen erleben, dass durch die Taufe im Heiligen Geist eine Erfahrbarkeit im Glauben geschenkt wird, die Freude, Intimität mit Gott, Hingabe und Vollmacht auslöst.

Die Taufe im Heiligen Geist kündigt Jesus selbst an, und die Jünger erfuhren sie an Pfingsten. Als das Evangelium nach Samaria kam (Apg 8) oder Menschen anderer Volksgruppen erreichte (Apg 10), kommt es zu dieser pfingstlichen Erfahrung mit dem Heiligen Geist. Doch es bleibt nicht bei der Ersterfahrung. Apostelgeschichte 4,29 beschreibt, wie die Jünger, nachdem ihnen die Predigt von Jesus Christus durch den Hohen Rat untersagt worden war, um neuen Mut beteten. Die Folge war eine neue Erfüllung mit dem Heiligen Geist (Apg 4,31). Deshalb bin ich überzeugt, dass wir immer wieder aufs Neue um die Erfüllung mit dem Heiligen Geist bitten dürfen, und mache Mut, immer wieder in das Wasser des Heiligen Geistes einzutauchen, ganz gleich, ob es sich dabei um eine erste Taufe im Geist oder um eine erneute Erfüllung handelt. Der Heilige Geist ist die Erfahrbarkeit Gottes. Genau diese Erfahrbarkeit Gottes benötigen wir so dringend.

Ein bildhafter Vergleich hat mir sehr geholfen. Mit dem Heiligen Geist ist es wie mit einem Stück Würfelzucker im Kaffee. Erst wenn wir umrühren, wird der ganze Kaffee süß. So ist der Heilige Geist seit der Taufe in uns. Aber die Erfüllung mit dem Heiligen Geist ist wie dieses „Umrühren", so dass er uns ganz und vollständig durchdringen kann.

Die innere Auseinandersetzung mit dem Thema Heiliger Geist, aber auch die Schattenseite der positiven Erfahrung konnte ich an meinem eigenen theologischen Denken und meinen Fragen und Bedenken erkennen. Jede Betonung der guten Erfahrungen in mir löste sofort die Frage aus, ob denn das Bisherige nicht genügen würde, ob ich denn bisher ohne Heiligen Geist gewesen wäre und ohne Vollmacht. Deshalb ging ich sehr sorgfältig mit dem Reden über meine Erfahrung um. Gleichzeitig war mir natürlich klar, welche Kraft in diesem Vorgang liegt und wie sehr wir als CVJM und als Kirche genau diese Erfahrung der Erfüllung mit dem Heiligen Geist benötigen.

So machte ich mich als verantwortlicher Leiter mit unserer Gemeinschaft sensibel und doch mutig auf einen langen Weg der geistlichen Erneuerung. Zunächst führte ich persönliche Gespräche im Leitungsteam und mit einzelnen Mitarbeitenden, dann gab ich Impulse im erweiterten Leitungsteam. Referenten von außen teilten ihre geistlichen Erfahrungen mit uns. Drei Jahre später führten wir in unserem Leiterkreis mit ca. 20 Personen das „Leben im Geist-Seminar" der Katholischen Charismatischen Erneuerung durch. Einige ließen sich bereitwillig darauf ein, andere mussten deutlich längere Wege gehen. Aber die Bereitschaft, sich auf einen Weg einzulassen, war geweckt. Ein Jahr später konnten wir mit der ganzen Mitarbeitergemeinschaft (ca. 100 Personen) ein Wochenende dem Thema „Heiliger Geist" widmen. Es war mir wichtig, die großen Linien zu lehren, genügend Raum zum vertiefenden Gespräch zu lassen und einen Gebetsabend zu gestalten, an dem einzelne Mitarbeiterinnen und Mitarbeiter sehr persönliche Schritte im Gebet gehen und sich (neu) mit dem Heiligen Geist erfüllen lassen konnten. Die Gebetsabende auf unseren Tagungen wurden in den folgenden Jahren zu einem der Schlüssel für unseren geistlichen Weg.

Als ich Jahre später den Alpha-Kurs, einen aus der anglikanischen Kirche stammenden Glaubensgrundkurs, kennenlernte, staunte ich nicht schlecht über die Fülle an theologischen Parallelen zwischen meinem Referat beim Mitarbeiterwochenende 1990 und den Vorlagen von Alpha zum Thema Heiliger Geist. Für mich war diese Parallelität eine starke Ermutigung, zeigte sie doch denselben theologischen Duktus anhand der Heiligen Schrift.

III. Impulse der Hoffnung

1. „Neigt eure Ohren her und kommt her zu mir!“

Zu Beginn meiner Tätigkeit im CVJM Esslingen wollten wir möglichst niederschwellig viele Mitarbeitende für die Mitarbeitergemeinschaft gewinnen. Nach einigen Jahren gehörte der überwiegende Teil bereits dazu. Deshalb bewegte mich die Frage sehr, wie wir wieder zu mehr Tiefgang finden konnten. Als Verantwortliche planten wir deshalb zum Jahreswechsel 1990/91 eine mehrtägige Leitertagung mit Wilhelm Bläsing, einer Gründerpersönlichkeit aus dem CVJM München. Er brachte uns seine Vision der Mitarbeitergemeinschaft als Gemeinde nahe und verwendete dafür bewusst das Wort Ekklesia, die Bezeichnung für Gemeinde im griechischen Urtext des Neuen Testamentes. Zu dieser Vision von Gemeinde gehörten Grundelemente wie das Leben mit dem Wort Gottes, Seelsorge, Leben im Heiligen Geist, den Zehnten geben etc. Für manche war das alles selbstverständlich und entsprach dem, was sie lebten. Für andere war es herausfordernd. So vereinbarten wir, einige Zeit daran zu arbeiten und diese Grundelemente einzuüben. Nach einigen Jahren wollten wir das Erlebte reflektieren und prüfen, ob daraus eine gemeinsame Überzeugung entstehen könnte.

Deshalb kamen wir zu Beginn des Jahres 1994 wieder zu einer Klausur zusammen, bei der uns Wilhelm Bläsing und Günter Philipp vom CVJM München begleiteten. Die Jahre der Einübung hatten uns geholfen, gemeinsame Grundüberzeugungen zu formulieren. Unser Ziel war jetzt, diese in die gesamte Mitarbeitergemeinschaft einzubringen. Am Gebetsabend wurden wir überrascht vom Heiligen Geist und in eine neue Dynamik geführt.

Den Umgang mit prophetischen Impulsen hatten wir längst eingeübt. Wir waren offen für persönliche Eindrücke, prüften die Worte und Bilder und nahmen diejenigen auf, die eine Resonanz in uns fanden. Anderes legten wir entspannt beiseite im Wissen, dass es manchmal nur persönliche Wünsche und Absichten, nicht aber Impulse Gottes sind.

Aus dem Gebet heraus sprach einer der Verantwortlichen mir in der großen Runde ein biblisches Wort zu. Dieser Vorgang, ein Wort für einen Einzelnen in solch einer großen Runde einzubringen, war eher ungewöhnlich. Das Wort lautete: „Neigt eure Ohren her und kommt her zu mir! Höret, so werdet ihr leben! Ich will mit euch einen ewigen Bund schließen, euch die beständigen Gnaden Davids zu geben" (Jes 55,3). Dieses Wort als persönliche Verheißung bewegte mich in der Folgezeit sehr. Es fiel tief in mein Herz, und ich wusste, dass damit ein neues Kapitel in meiner persönlichen Lebens- und Familiengeschichte aufgeschlagen wurde. Der Lobgesang Marias stieg in mir auf und erfüllte mich mit Jubel: „Meine Seele erhebt den Herrn und mein Geist freut sich Gottes, meines Heilandes ..." (Lk 1,47). In den folgenden Monaten und Jahren klang dieser Lobgesang, der für viele katholische Geschwister von so großer Bedeutung ist, mächtig in mir, obwohl ich bis dahin keinen persönlichen Zugang dazu hatte. Mein Verstand sagte mir allerdings, dass beide Worte viel zu groß wären, um sie persönlich nehmen zu dürfen. Gleichzeitig erzeugten sie eine solche Resonanz in mir, dass ich zutiefst darum wusste, dass Gott ein neues Kapitel in meinem Leben aufgeschlagen hatte.

Doch dann erging dieses Wort aus Jesaja 55 wenige Minuten später an uns als gesamte Mitarbeitergemeinschaft. Aus der Stille und dem Gebet heraus hörten wir die biblische Verheißung mit einer großen Klarheit als konkretes Wort für uns alle:

> *Neigt eure Ohren her und kommt her zu mir! Höret, so werdet ihr leben! Ich will mit euch einen ewigen Bund schließen, euch die beständigen Gnaden Davids zu geben.* (Jes 55,3).

Diese prophetische Verheißung markierte einen Meilenstein auf unserem Weg von der Mitarbeitergemeinschaft zur Mitarbeitergemeinde und initiierte den Gründungsprozess. Jesaja 55,3 wurde zum Gründungswort der Mitarbeitergemeinde.

Weil dieses Wort so klar und eindeutig im Raum stand, legte ich über Nacht die für den nächsten Tag vorgesehene Predigt zur Seite, beschäftigte mich mit Jesaja 55,3 und schrieb darüber eine neue Predigt. Der Bibelvers sowie der biblische Zusammenhang wurden in mir sehr lebendig, und es erschien mir augenfällig, welche Parallelen zur Mitarbeitergemeinde gezogen werden konnten. So predigte ich am nächsten Morgen über Jesaja 55 und zog die Parallele zu vier der „beständigen Gnaden Davids“:

- die Gnade der Leiterschaft, denn ohne Zweifel war David ein exzellenter Leiter (Jes 55,4)
- die Gnade der Erfüllung mit dem Heiligen Geist, denn David war er gegeben und er bat darum, trotz seiner Fehltritte diese Gnade nicht zu verlieren: „Nimm deinen Heiligen Geist nicht von mir“ (Ps 51,13)
- die Gnade des Lobpreises und der Anbetung, denn obwohl David nicht aus der priesterlichen oder levitischen Linie abstammte, ist er doch derjenige, dem die meisten Psalmen in der Bibel zugeschrieben werden
- die Gnade des missionarischen Dienstes, denn in V. 5 heißt es: „Völker, die dich nicht kannten, werden zu dir laufen um des Herrn willen, deines Gottes, und des Heiligen Israels.“

Die Frage, wie das Wort vom Bund zu verstehen sei und ob innerhalb des neuen Bundes, den Jesus gestiftet hatte, Bundesgemeinschaften denkbar seien, forderte mein theologisches Denken heraus. In einer ersten Reflexion konnte ich jedoch eine kleine Anleihe bei Zinzendorf nehmen, wenn er in einem Lied formuliert:

> *Kommt, ach kommt, ihr Gnadenkinder,*
> *und erneuert euren Bund,*
> *schwöret unserm Überwinder*
> *Lieb und Treu aus Herzensgrund;*
> *Und wenn eurer Liebeskette*
> *Festigkeit und Stärke fehlt,*
> *o so flehet um die Wette,*
> *bis sie Jesus wieder stählt.*
> (Evangelisches Kirchengesangbuch Nr. 251, 2)

Offensichtlich verstand Zinzendorf die von ihm gegründete „Herrnhuter Brüdergemeine" als solch eine Bundesgemeinschaft innerhalb des neuen Bundes.

Als wir Jahre später im Rahmen von *Miteinander für Europa* mit katholischen Gemeinschaften zusammenkamen, die sich als Bundesgemeinschaften verstanden, konnten wir dieses Wort immer besser einordnen. Besonders hilfreich war für uns die Begegnung mit der Schönstatt-Bewegung, die eine ausgeprägte Bündniskultur lebt. Damals war es die Gemeinschaft Immanuel Ravensburg, die mit ihrem Selbstverständnis als Bundesgemeinschaft einen ersten Hinweis gab. Eine Gemeinschaft wird in ein Bundesverhältnis mit dem lebendigen Gott hineingerufen.

So wie die Gnadenzusage des Bundes Gottes mit seinem Volk in der Zeit nach dem Exil durch den Propheten erneuert wurde, dürfen wir dieses Wort als Zusage Gottes an die Mitarbeitergemeinde verstehen. Gott selbst schenkt diesen Gnadenraum und der Einzelne darf in dieses Bundesgeschehen eintreten.

Für uns schloss sich eine sehr intensive Phase an, in der wir die gemeinsamen Überzeugungen formulierten und sie durchaus auch kontrovers diskutierten, um sie am Ende als Grundlage für unseren weiteren Weg zu beschließen.

Es berührte mich und viele Verantwortliche innerlich sehr tief, als in der Osternacht 1995 in einer offenen Gebetszeit über 100 Mitarbeitende sehr persönlich ihren Glauben und ihre Zugehörigkeit zur neu gegründeten Mitarbeitergemeinde zum Ausdruck brachten. Als wir am Ostersonntag nach Ende der Tagung zur Verabschiedung zusammenstanden, da war die innere Verbundenheit so stark, dass kaum einer nach Hause fahren wollte, weil uns bewusst war: Wir waren dabei, als Gott etwas Neues entstehen ließ und wir dürfen dazu gehören.

Die Gründung der Mitarbeitergemeinde leitete einen deutlichen Wendepunkt in der geistlichen Entwicklung des CVJM Esslingen ein. Bis zu diesem Zeitpunkt spürte ich, dass die positive Entwicklung der Mitarbeitergemeinschaft auf wackligen Beinen stand. Ich fürchtete, sie könnte sehr leicht in sich zusammenfallen. Die Sache hing zu sehr an meiner Person. Seit dem Moment des göttlichen Eingreifens bei der Gründung der Mitarbeitergemeinde war dies anders. Gott hatte sein Ja zur Mitarbeitergemeinde gesprochen. Ein göttlicher Gründungsvorgang hatte stattgefunden.

Es war, als ob Gott neue Türen geöffnet hätte. Drei Ereignisse, die unmittelbar danach stattfanden, konnten wir nur als Bestätigung Gottes deuten, dass er die Entscheidung zur Mitarbeitergemeinde segnen wollte. Zu unserem Erstaunen bot sich plötzlich die Möglichkeit, den seit Jahrzehnten gemieteten Jugend-Zeltplatz am Bodensee zu kaufen. Am Anfang war die Kaufsumme astronomisch, doch wie durch ein Wunder wurde sie auf 200.000,– DM reduziert. Die eingeleitete Spendenaktion erbrachte bis auf zehn Euro genau die Summe des Kaufpreises.

Ein weiterer Segen war, dass wir die Platznot in den Büros im CVJM durch den Bau eines Mitarbeiterpavillons beseitigen konnten. Die Anzahl der Hauptamtlichen hatte sich nämlich mehr als verdoppelt. Das dritte besondere Ereignis war, dass wir zusammen mit einer Stiftung das Kinderhaus AGAPEDIA eröffneten.

„Gott ist treu" wählten wir deshalb als Überschrift über das CVJM-Jubiläum im Jahre 1997.

2. Hoffnung für die Stadt – Das Reden Gottes im politischen Bereich

Sollte ich diesen Brief wirklich abschicken? Ich hatte lange damit gerungen. Im Januar 1997 verbrachte ich stille Tage im Gebet. Dabei gab Gott mir den Impuls, mit Politikern der Stadt über das Thema „Hoffnung für Esslingen" zu reden. Folgendes hatte ich im Gebet innerlich gehört:

„Sage den Verantwortlichen in der Stadt, dass sie für eine Atmosphäre der Hoffnung in Esslingen sorgen sollen. Politiker aller Parteien sollen Hoffnung verbreiten: ‚In Esslingen lässt sich gut leben. In Esslingen gibt es gute Bedingungen für Industrie, Handel und Bürger'."

Als ich am Ende der stillen Tage meine Notizen anschaute, schien mir dieses Wort doch zu vermessen zu sein, als dass ich es weitersagen könnte. Ich empfand, dass damit meine bisherige Kompetenz bei weitem überschritten wurde. Ich würde auf das Feld der Politik geführt werden, von dem ich nur wenig Ahnung hatte. Außerdem stellte sich mir die Frage, wie ich den politisch Verantwortlichen in unserer Stadt ein prophetisches Wort erklären sollte. Wer wäre dafür offen? Wie könnte ich ihnen dieses Wort erklären, ohne dass es als meine private politische Aktivität oder die des CVJM verstanden würde?

Deshalb legte ich die Sache zunächst beiseite. Sie wurde mir jedoch immer wieder in Erinnerung gerufen, u. a. in einem Gespräch mit einem Kollegen, der die zu erwartende negative Entwicklung unserer Stadt beschrieb. Mitten im Stress wegen einer Jubiläums-Festschrift - ich hatte alle anderen Termine abgesagt, um mich auf das Schreiben zu konzentrieren - war die Erinnerung beim Beten plötzlich wieder da. Das prophetische Wort stand mir so klar vor Augen, dass ich mir zu diesem Zeitpunkt, zehn Wochen nach dem Empfang des Wortes, ein Herz fasste und an vier politisch Verantwortliche unterschiedlicher Parteien unserer Stadt, mit denen ich persönlich in Kontakt stand, einen Brief schrieb (Bürgermeister, Fraktionsvorsitzender, Landtagsabgeordneter und ein späterer Bundestagsabgeordneter). Ich berichtete von dem Impuls und schlug ihnen ein Treffen in persönlichem Rahmen vor.

Die Rückmeldungen waren beeindruckend. Alle vier reagierten positiv, indem sie entweder anriefen oder schrieben und mich ermutigten, zu einem solchen Treffen einzuladen. Am 9. Mai 1997 kam es zu dem Gespräch. Ich erklärte ihnen, dass ich diesen Impuls beim Beten empfangen hatte und er nicht Ausdruck meiner Reflexion über die politische Situation unserer Stadt sei. Von daher hätte ich auch keine Lösung zu bieten, wie Hoffnung entstehen könnte, sondern lediglich die Anregung weiterzugeben, dass dies geschehen solle. Mein Part sei mit diesem Gespräch eigentlich erledigt. Zu meinem Erstaunen verlief das Gespräch in einer sehr offenen, persönlichen Atmosphäre. Einer regte an, wieder mehr in den freien Wettbewerb der Ideen einzutreten, statt die Vorschläge der anderen schlecht zu reden. Miteinander die großen Probleme anzupacken, vielleicht sogar in einer gemeinsamen Presseerklärung, wurde als Schritt in diese Richtung vorgeschlagen. In der Tat war mein erster Gedanke eigentlich gewesen, dass die Eßlinger Zeitung mit zu diesem Gespräch eingeladen werden sollte. Wie kann damit umgegangen werden, fragten wir uns, dass Samstag für Samstag eine halbe

Seite lang das Negative in den Vordergrund gestellt wird? Wir dachten darüber nach, die Presse in einem Folgegespräch mit an den Tisch einzuladen. Einer fragte, ob ich unter dem Motto „Suchet der Stadt Bestes“ einen ökumenischen Gottesdienst zusammen mit Politikern initiieren könnte. Ich versprach, diesen Gedanken zu prüfen.

Nach zwei Stunden verabschiedeten wir uns und wussten, dass es ein sehr gutes, richtungsweisendes Gespräch gewesen war. Ob und welche Schritte umgesetzt würden, ließen wir offen.

Der Bürgermeister versicherte mir in einem Telefonat einige Tage später: „Es war einfach einmal hilfreich, zusammen mit einem Dritten abseits der Tagesordnung und der Öffentlichkeit miteinander so zu sprechen.“

Drei Tage danach fand die nächste Gemeinderatssitzung statt. Die Überschrift in der Presse war alles andere als hoffnungsvoll: „Weitere 10 Millionen fehlen in der Stadtkasse“. Aber in dem Artikel war auch von Stimmen zu lesen, die dafür eintraten, die Probleme gemeinsam anzupacken. Einer der Beteiligten griff in einem ausführlichen Zeitungsinterview den Aspekt der Hoffnung aus meinem Brief auf.

Ich hatte mich so schwer damit getan, ein prophetisches Wort in die Stadt hinein weiterzugeben und war jetzt beschämt, wie offen es aufgenommen wurde. Geholfen hatte dabei sicherlich die bisherige gute und vertrauensvolle Zusammenarbeit mit Politikern aus unterschiedlichen Parteien. Mich ermutigt dies enorm, auch künftig weiter für unsere Stadt und ihre Verantwortlichen zu beten.

Damals schenkte Gott mir beim Beten das Bild eines großen Bohrers über dem Rathaus und den Gedanken dazu, dass Gott selbst Hand anlegt und die Dinge zurechtrückt. In einem anderen Bild schien es mir, als ob der Brunnen vor dem Alten Rathaus in Esslingen sich in einen römischen Brunnen verwandelt, der mit frischem Wasser überfließt. Dieses Bild war mit dem Eindruck verbunden, dass wir als CVJM dieser Brunnen wären und überfließendes frisches, lebendiges Wasser in die Stadt hinein spenden sollen. Gott legte mir eindeutig die Stadt ans Herz. Eine neue Offenheit zum vorpolitischen Engagement entstand in mir, dem viele Begegnungen mit politisch Verantwortlichen in unserer Stadt folgen sollten.

Erste öffentliche Schritte wurden von uns als CVJM gegangen, um zu einer Atmosphäre der Hoffnung beizutragen. Wir engagierten uns politisch, indem wir z. B. eine Podiumsdiskussion vor der Oberbürgermeisterwahl veranstalteten, die kurze Zeit später stattfand. Der neu gewählte Oberbürgermeister brachte neue Hoffnung und eine neue Dynamik in die Stadt. Seitdem veranstalten wir vor jeder Wahl eine Podiumsdiskussion im CVJM und bringen uns damit aktiv in das politische Geschehen ein. Wenn ich rückblickend die prophetischen Impulse aus jenen stillen Tagen anschaue, bin ich bewegt, was daraus alles geworden ist.

Dabei stellt sich mir immer wieder die Frage, wie ich mit Menschen über Gebetseindrücke ins Gespräch kommen kann, denen so etwas fremd ist oder die dem christlichen Glauben distanziert gegenüberstehen. Im Laufe der Jahre durfte ich jedoch viele ermutigende Erfahrungen sammeln. Auch wenn Menschen mit prophetischen Vorgängen nicht vertraut sind, gab es immer eine große Offenheit, wenn ich darüber sprach, dass ich im Gebet einen Gedanken für sie erhalten hatte. Ich erinnere mich dabei in besonderer Weise an ein Gespräch mit einem Bürgermeister. Angeregt durch einen prophetischen Eindruck kam es zu einem sehr offenen, persönlichen Gespräch über seinen Glauben.

Eine andere Herausforderung im Umgang mit dem Prophetischen liegt darin, dass diese prophetischen Vorgänge mit der nötigen Sensibilität und ohne jeden Anspruch weitergegeben werden. Besonders im politischen Bereich ist mir die Unterscheidung zwischen Impulsen aus dem Gebet heraus und meinen eigenen Überzeugungen oder Erwartungen wichtig, denn natürlich wurde ich bei den politisch Verantwortlichen auch mit den Erwartungen und Vorstellungen des CVJM vorstellig. Ich brachte sie jedoch nie gleichzeitig mit prophetischen Eindrücken ein. Prophetisches sollte immer frei von (Macht) Ansprüchen sein. Es ist darauf angelegt, im Gegenüber eine Resonanz zu erzeugen, so dass der Betreffende darin eine göttliche Anrede erkennen kann.

3. Multiplikation – Die Hörfähigkeit weitergeben, zur Leiterschaft befähigen

Einer der Schlüssel für den Gemeindeaufbau und für die Ausbreitung des Reiches Gottes ist ohne Zweifel gute Leiterschaft. Deshalb war es mir wichtig, junge Menschen mit Leitungsbegabung zu entdecken, zu begleiten, zu schulen und mitzuhelfen, dass sie in ihre Berufung hineinwachsen. Folglich hatten wir keinen Mangel an Leiterinnen und Leitern in unserem CVJM.

In den 90-er Jahren begann ich im CVJM Esslingen, leitungsbegabte junge Menschen ab ca. 22 Jahren zu einem mehrtägigen Seminar einzuladen. Nach den ersten Erfahrungen damit nannten wir diese Seminare „Werkstatt der Hoffnung“. Die Persönlichkeit sollte entfaltet, die natürlichen und die geistlichen Gaben entdeckt und eingeübt und die Perspektive Gottes für ihr Leben erkannt werden. Immer gehörte das hörende Gebet für jeden Einzelnen dazu. Vom ersten Seminar an staunten wir, wie Gott prophetisch in das Leben Einzelner hineinsprach. Noch heute ist mir sehr lebhaft der erste Abend dieser Schulung in

Erinnerung. Eine Gruppe von ca. 15 jungen Leiterinnen und Leitern folgte der Einladung. Die meisten kamen aus der stark vom Leben in der Natur geprägten Pfadfinderarbeit und hatten keine oder wenig charismatische Erfahrung. Roland, ein Mitarbeiter mit einer starken prophetischen Gabe, mit dem zusammen ich die Schulung leitete, kannte die jungen Leute nicht. Er nahm sich im Vorfeld Zeit zum Gebet und zum inneren Hören auf die Stimme des Heiligen Geistes. Wir saßen in der Runde, und er sagte jeder und jedem einzelnen zu, was er im Gebet für sie und ihn persönlich gehört hatte. Den meisten blieb – um es salopp zu sagen – die Spucke weg, so verblüfft und überrascht waren sie von dem, was ihnen gesagt wurde. Sie konnten das Gehörte vollauf bestätigen und fragten sich, woher Roland das wohl wusste. Dass er das Gesagte im Gebet empfangen hatte, erstaunte die jungen Leiter sehr, denn sie waren so etwas nicht gewohnt. Gleichzeitig öffnete diese Runde ihre Herzen. Sie konnten sich auf die biblischen Inhalte der Schulung und auf die folgenden Gebete einlassen. Es begann eine neue Phase in ihrem Glaubensleben.

Das Zusammenwirken mit prophetisch begabten Personen aus unserem CVJM wie Roland, Brigitte und Ingrid spielte eine wesentliche Rolle dabei, dass auch andere die innere Freiheit bekamen, im Gebet Gehörtes einzubringen. Das war ein wichtiger nächster Schritt, wohl wissend, dass manches Gehörte eher eigene gute Wünsche als ein Reden des Heiligen Geistes waren. Dennoch waren wir in aller Regel überrascht, wie sich Linien und Perspektiven ergaben, die zusammen mit den natürlichen Begabungen und der Persönlichkeit ein Hoffnungspotenzial freisetzten. Sehr häufig führte der so begonnene Prozess in eine kontinuierliche Begleitung. Bei manchen war es dran, die Vergangenheit aufzuarbeiten und Blockaden aus dem Weg zu räumen. Andere gingen mutige Schritte, probierten ihre Talente aus und waren bereit, das Erkannte in die Praxis umzusetzen.

Die Gebetsabende mit dem segnenden Gebet für jeden Einzelnen führten zu einem starken Wirken des Heiligen Geistes unter den jungen Mitarbeitenden. Viele erfuhren eine Erfüllung mit dem Heiligen Geist, empfingen das Sprachengebet und waren anschließend mit einer großen Leidenschaft dabei, ihren Glauben zu leben.

Mir war es wichtig, dass der Einzelne Perspektiven Gottes für sein Leben in Ansätzen erkennen konnte. „Werde, der du in Gottes Augen bist!", lautete eines der Themen. Mit Referaten wurde der Horizont geweitet; verschiedene Persönlichkeitstests halfen, die natürlichen Begabungen und Talente zu erkennen, und ein Gabentest öffnete das Nachdenken über die Gaben des Heiligen Geistes. Als Leitwort diente mir Psalm 84,11: „Ich will lieber Türhüter im Hause Gottes sein, als in den Palästen der Gottlosen zu wohnen". Ich machte deutlich, dass ich nichts gegen Karriere hatte, doch im Zweifelsfall lieber den einfachen Dienst vorziehen würde, wenn sich darin meine Berufung entfalten konnte. Deshalb betonte ich, dass es wichtig sei, in Absichten Gottes, die erkannt wurden, auch einzuwilligen und mit Maria zu sprechen: „Mir geschehe, wie du gesagt hast".

Die Teilnehmenden des ersten Seminars waren gerne bereit, im folgenden Jahr an einem Vertiefungsseminar teilzunehmen. Gleichzeitig kamen jährlich neue Teilnehmende hinzu. So wurde die Werkstatt der Hoffnung für die nächsten 20 Jahre zu einem festen Bestandteil in der Begleitung und Förderung der nächsten Leitungsgeneration.

Schnell war klar, dass für die Befähigung zur Leiterschaft ein Seminar im Jahr nicht ausreichte. Deshalb begann ich zusammen mit meiner Frau Margarete und anderen Mitarbeitenden ein sogenanntes Nachfolgetraining. Im Rhythmus der anderen 14-tägigen Mitarbeiter-Kleingruppen des CVJM gingen wir mit solchen Mitarbeitenden, die sich auf einen intensiveren Weg einlassen wollten, weitere Schritte der Einübung in den christlichen Glauben. Zusätzliche Wochenenden oder Seminare folgten. Ein Bibelseminar (Schwerpunkt Altes Testament) gehörte zu den Inhalten dieses Nachfolgetrainings, das in der Regel auf drei Jahre angelegt war.

Natürlich durften auch die anderen Mitarbeitenden nicht vernachlässigt werden. Mit monatlichen Schulungsabenden förderten wir die Leiterinnen und Leiter der Mitarbeitergemeinde. Insbesondere die jährlichen Leiterkreis-Wochenenden wurden zu Höhepunkten unseres gemeinsamen Weges. In ähnlicher Weise erfolgte die Begleitung des wachsenden Teams der hauptamtlichen Kollegen. Es war mir immer wichtig, bei Kolleginnen und Kollegen nicht nur die Funktion zu sehen, sondern sie als Personen mit ihren Gaben und Bedürfnissen wahrzunehmen, sie nach Kräften zu fördern und mitzuhelfen, dass sie ihre Gaben und Berufungen leben konnten. Wir als Hauptamtlichen-Team lebten eine intensive Gemeinschaft im Hören auf das Wort Gottes, im persönlichen Austausch und im Gebet füreinander.

Durch die begleitende Seelsorge erlebten wir eine bemerkenswerte Dynamik in der Entwicklung und Reifung der Einzelnen. Zusammen mit Margarete und einem Team von Haupt- und Ehrenamtlichen entwickelten wir ein eigenes Konzept für eine Grundlagenschulung, um die wachsende Zahl an Seelsorgerinnen und Seelsorgern auszubilden.

Das Thema Leitung und Befähigung zur Leitung war mir nicht nur in Esslingen, sondern auch im CVJM-Verbund[2] ein wichtiges Anliegen, weil eine befähigte Leiterschaft ein entscheidender Schlüssel für eine gelingende Arbeit ist. Deshalb arbeiteten wir kontinuierlich an dieser Thematik. Dabei konnten Schulungen und Vorträge nur ein Aspekt sein. Die konkrete Begleitung der Verantwortlichen durch Beratung, persönliches Training und Teamtraining waren weitere Elemente. Auch ein offenes

Feedback und die Reflexion über die Wirkweise des jeweiligen Leitungsstils der Verantwortlichen wurden mir dabei zunehmend wichtig.

Weil mich die Frage einer weiteren Vertiefung des Themas Leiterschaft und die Förderung der nächsten Generation beschäftigte, nahm ich die Frage in Tage der Stille mit hinein. Aus dem hörenden Gebet heraus kam mir der Gedanke „Multiplikation" in den Sinn. Sollte ich die Werkstatt der Hoffnung und die Förderung der Leiterschaft in den CVJM-Verbund hinein multiplizieren? Ich unterbreitete dem Verbund-Leitungsteam einen doppelten Vorschlag. Zum einen regte ich an, die Werkstatt der Hoffnung einmal auf CVJM-Verbund Ebene durchzuführen, zum anderen für junge Hauptamtliche eine 3 x 3-tägige Fortbildung zusammen mit dem Generalsekretär der CVJM-AG unter dem Thema „Leiten und Beraten" anzubieten. Beide Vorschläge wurden aufgegriffen.

Die Durchführung der Werkstatt der Hoffnung war für die einzelnen CVJM an die Bedingung geknüpft, dass jeweils ein Kollege zusammen mit den jungen Mitarbeitenden zur Schulung kommen sollte, um in späteren Jahren die Schulung eigenverantwortlich vor Ort durchführen zu können. Multiplikation war mir wichtig. Die Werkstatt der Hoffnung mit ca. 80 Personen aus 10 verschiedenen CVJM wurde eine echte „Hoffnungsexplosion". Wir waren völlig überrascht, welche geistliche Freisetzung daraus entstand. Schnell waren wir uns einig, dass wir im folgenden Jahr die Werkstatt der Hoffnung wiederholen sollten, aber nicht an verschiedenen Orten, sondern gemeinsam. Die Dynamik unter den jungen Mitarbeitenden der verschiedenen Städte war ein solcher Gewinn, dass wir die beginnende Vernetzung auf jeden Fall unterstützen wollten. Doch vor allem im Leben der Einzelnen trug die Werkstatt der Hoffnung reiche Frucht. Während ich dieses Buch schreibe, erreicht mich folgende E-Mail „Ich war auf der ersten Werkstatt der Hoffnung in der Nähe von Würzburg. Damals hat das begonnen, was heute Realität ist. Du hast mir beim hörenden Gebet eine leitende Rolle in der Reich-Gottes-Arbeit zugesprochen und die Beziehung von Christina und mir gesegnet. Nun bin ich Führungskraft bei … und Christina und ich sind verheiratet und wir haben 4 Kinder … ". Nachdem ich einige Jahre die Werkstatt der Hoffnung leitete und die jungen Kollegen für deren Leitung qualifizierte, konnte ich diesen Bereich der Arbeit an das junge Team abgeben und mich an den immer neuen Impulsen, die davon ausgingen, freuen.

IV. Gott führt in die Weite

1. Rebuild my Church

„Rebuild my Church (Erneuere meine Kirche) – und bleibe im CVJM". Klar und unmissverständlich hörte ich innerlich diese Worte auf dem Weg zur Stadtkirche in Esslingen an jenem Sonntagmorgen 1988. Für mich war das eine klare Antwort Gottes auf die Frage nach meinem weiteren Weg.

Vorausgegangen war eine Anfrage der Evangelischen Kirche, jetzt den Weg ins Pfarramt einzuschlagen. Weil sich künftig die Zugangsbedingungen ändern würden und für mich der Weg ins Pfarramt dann nicht mehr möglich wäre, galt es, jetzt die Weichen zu stellen.

Seit der theologischen Ausbildung im Johanneum war der Weg ins Pfarramt immer eine sehr reale Option für mich. Nach 15-20 Jahren Jugendarbeit nahmen so manche Kollegen das Angebot der Kirche an, ins Pfarramt zu wechseln. Obwohl ich grundsätzlich für diesen Weg offen war, hatte ich doch Bedenken, diesen Schritt jetzt zu gehen. Meinen Weg in den CVJM Esslingen hatte ich so eindeutig als Führung Gottes erfahren; konnte ich da einfach das verlockende Angebot annehmen? Im CVJM waren die Türen für eine fruchtbare Arbeit weit geöffnet. Die innere Dynamik und die äußeren Rahmenbedingungen waren für mich stimmig. Die Mitarbeiterschaft war auf einem guten Wachstumskurs, die Jugendarbeit florierte, und die Familienarbeit blühte auf. Das Miteinander mit den Vorsitzenden und dem Vorstand war hervorragend. Die Beziehung zum Dekan war offen und gut. Außerdem fragte ich mich, ob es sinnvoll wäre, im Fünfjahrestakt von einer Stadt zur nächsten zu ziehen. Aber das war eher eine zweitrangige Überlegung.

Die Frage nach der Führung Gottes bewegte mich sehr. Wenn Gott mich so eindrücklich nach Esslingen gerufen hatte, bräuchte es dann nicht einen genauso eindeutigen Ruf für eine neue Aufgabe? Andererseits war das Gehalt eines Pfarrers verlockend und auch die Berufsbezeichnung hätte einen anderen gesellschaftlichen Stellenwert als die Bezeichnung „Leitender CVJM-Referent". Das konnte man natürlich auch anders sehen, denn bei meiner offiziellen Einführung in Esslingen formulierte der ehemalige Vorsitzende zum Ärger der anwesenden Pfarrer: „Herr Proß, bleiben Sie lange Leitender Referent im CVJM und wechseln Sie nicht ins Pfarramt, denn in Esslingen gibt es 15 Pfarrer, aber nur einen Leitenden CVJM-Referenten." Fragen nach Status und Geld wollte ich nicht ausblenden, aber sie durften für meinen Weg nicht die entscheidenden Kriterien sein.

Mitten in diese Fragen hinein hörte ich klar und deutlich die Botschaft des Heiligen Geistes an jenem Sonntagmorgen. Als ich nach dem Gottesdienst nach Hause kam, erzählte ich sofort meiner Frau Margarete davon. Ihre Antwort war von einer verblüffenden Logik: „Gerhard, du hast schon vieles richtig von Gott gehört. Aber diesmal hast du dich verhört. Entweder du sollst die Kirche erneuern, dann musst du den Weg ins Pfarramt gehen, oder du sollst im CVJM bleiben." Diese Logik hatte wirklich etwas für sich, und doch konnte ich ihr nicht zustimmen. Unzweifelhaft war für mich, dass dieser Impuls nicht aus meiner Seele aufgestiegen war, sondern mich von außen erreicht hatte. Das beste Argument dafür war der Satz „Rebuild my Church" auf Englisch. Mein Englisch war zu dieser Zeit so schwach ausgeprägt, dass ich zur Sicherheit erst nach dem Englischwörterbuch gegriffen hatte, um mich zu überzeugen, ob ich richtig verstanden hätte. Nein, das war nicht die Sprache meiner Seele, das war nicht Ausdruck meiner Wünsche oder meines Denkens, sondern kam völlig überraschend. Allerdings spürte ich die Spannung, die Margarete so prägnant zum Ausdruck gebracht hatte, sehr wohl auch. Aber es gehört zu den Grundprinzipien meines Lebens, dass ich den Willen Gottes, wenn ich ihn erkannt habe, auch umsetzen will, selbst wenn sich mir der tiefere Sinn noch nicht ganz erschlossen hat. „Gehorsam des Glaubens" (siehe

Röm 1,5), ein Schlüsselbegriff bei Paulus, spielte für mich eine entscheidende Rolle. Erst acht Jahre später, als ich immer mehr christliche Erneuerungsbewegungen kennengelernt hatte, erschloss sich mir der tiefere Sinn dieses Berufungswortes. Davon später mehr.

So blieb ich im CVJM. Die dynamische Entwicklung setzte sich fort. Mit einem CVJM-Kollegen und einem örtlichen Pfarrer startete ich einen monatlich stattfindenden Jugendgottesdienst. Bald platzte der Kirchenraum aus allen Nähten. Über mehr als ein Jahrzehnt war dieser „Jugo" für unzählige junge Menschen ein Ort, an dem sie Glauben kennenlernen und einüben konnten. Mit modernen Lobpreisliedern ernteten wir zwar nicht das Lob der Pfarrerschaft, aber wir erreichten die Lebenswelt junger Menschen. Lebensnahe Predigten, Statements über praktische Glaubenserfahrungen, Lobpreis und Gebet waren die Elemente, die junge Menschen in Scharen anzogen. Über diesen Stil und über den theologischen Ansatz gab es Gesprächsbedarf, dem ich mich gerne stellte. Aber mich befremdete so manche Kritik, die deutlich von Eifersucht geprägt war. Der Widerstand gegen die überfüllten Jugendgottesdienste war erheblich.

Für Erwachsene führten wir zusammen mit der Evangelischen Allianz evangelistische Großveranstaltungen in der Stadthalle durch. Möglichst niederschwellig wollten wir mit Menschen ins Gespräch kommen, die dem Glauben und der Kirche distanziert gegenüberstanden und sie zu einem Leben im Glauben einladen. Das stieß auf so große Resonanz, dass wir über einen längeren Zeitraum im Abstand von zwei bis drei Jahren diese Großveranstaltungen unter dem Titel „Schöne Aussichten" gestalteten.

Der Mitarbeiterbereich im CVJM wuchs in diesen Jahren ständig. Wir investierten viel Zeit und Kraft in monatliche Mitarbeitergottesdienste und 14-tägig stattfindende Kleingruppen.

Der Glaube sollte praktisch gelebt werden. Elemente der charismatischen Erneuerung prägten uns. Besonders die jährlichen Mitarbeiterwochenenden und Ostertagungen mit externen Referenten wurden zu Schwerpunkten auf dem Weg der geistlichen Erneuerung. An Gebetsabenden machten die meisten Mitarbeitenden persönliche Gotteserfahrungen und erlebten eine starke Vertiefung im Glauben.

2. Gerhard, ich habe mit dir zu reden

Ich erinnere mich noch sehr gut an einen Samstagabend im Juni 1991. Nach einem intensiven Arbeitstag hatte ich es mir im Wohnzimmer gemütlich gemacht. Margarete war zu einer Fortbildung unterwegs. Die beiden Kinder waren im Bett. Ich saß gemütlich auf dem Sofa bei einem Glas Wein, einem Buch in der Hand; im Hintergrund lief Lobpreismusik.

Mitten im Lesen hörte ich plötzlich innerlich den Impuls: „Gerhard, ich habe mit dir zu reden". Ich legte das Buch zur Seite, wurde innerlich still und war empfangsbereit. Ich musste nicht lange warten, da hörte ich sehr machtvoll ein Wort aus dem Propheten Amos in mir: „Wenn der Löwe brüllt, wer sollte sich nicht fürchten? Gott der Herr redet, wer sollte nicht Prophet werden?" (Am 3,8). Dieses Wort elektrisierte mich. Ich wusste sofort, in welche Situation hinein es zu verstehen war.

Im Frühjahr war ich bei der CVJM-Verbundtagung [3]. Der CVJM-Verbund ist eine Erneuerungsbewegung innerhalb des CVJM. Ich gehörte erst seit vier bis fünf Jahren zum Verbund und erhielt von diesen Tagungen mit ihrem charismatischen Charakter viele Impulse für mich persönlich und für meine Aufgabe in der Leitung des CVJM und der Mitarbeitergemeinschaft. Bei der Tagung im Frühjahr gab es nach dem Lobpreis ein prophetisches Wort, in dem es darum ging, dass Elia seinen Prophetenmantel an Elisa weitergab.

Bei einem kleinen Spaziergang in der Mittagspause kam Wilhelm Bläsing, der Leiter des Verbunds, mit mir ins Gespräch. Er fragte mich: „Gerhard, was hast du heute Morgen bei dem prophetischen Wort gehört?" Natürlich hatte ich gehört, dass Elia seinen Mantel an Elisa weitergegeben hatte. Dass das eine Symbolhandlung war, in der das Prophetenamt auf Elisa überging, war mir selbstverständlich auch bewusst. So weit so gut. Mehr hatte es mir nicht gesagt. Für Wilhelm war es jedoch wie eine prophetische Bestätigung, dass er die Leitung des Verbundes in jüngere Hände legen sollte. Er sah mich als potenziellen Nachfolger und kam deshalb mit mir darüber ins Gespräch. So wichtig mir der Verbund war – die Leitung war für mich jenseits meiner Vorstellungskraft. Die Arbeit im CVJM Esslingen beanspruchte mich völlig. Es gab viele Wochen mit 60 Arbeitsstunden. Deshalb sah ich keinerlei Zeit und Kräftepotenzial, mich für eine solche Aufgabe zur Verfügung zu stellen. Außerdem gab es kompetente Mitverantwortliche, die den Verbund in einem Leitungsteam zusammen mit Wilhelm seit Jahren leiteten. Ich war eher das Greenhorn unter den leitenden Referenten. Deshalb musste ich über die Frage von Wilhelm auch nicht lange nachdenken, bedankte mich höflich für das Vertrauen, das mir entgegengebracht wurde, und führte die genannten Gründe an, warum ich nicht für die Leitung des Verbundes infrage käme.

Wilhelm bat mich daraufhin, die Sache doch im Gebet weiter zu bedenken. Bestimmt brachte ich sie aus Pflichtgefühl auch im Gebet einmal vor Gott. Aber schnell war die Anfrage vergessen, weil sie so ganz jenseits meines Denkhorizontes lag. Der Alltag benötigte meine ganze Kraft. Doch dann kam jener Samstagabend und das für mich gewaltige Reden Gottes, das mich wie ein Blitz aus heiterem Himmel traf.

Augenblicklich war mit diesem starken, überraschenden

Reden Gottes für mich ein weiteres Prüfen und Überlegen, woher ich denn die Zeit und Kraft nehmen sollte, überflüssig. Der Ruf Gottes war so klar, dass alles andere für mich Ungehorsam gewesen wäre. Deshalb kam es nun darauf an, den Ball aufzunehmen. Es galt, Gespräche zu führen: mit Wilhelm, mit dem Verbund-Leitungsteam, vor allem jedoch mit den Vorsitzenden des CVJM Esslingen, Hans-Hermann Riedel und Gerhard Heubach, ob sie einer solchen Berufung zustimmen könnten. Ohne eine Bestätigung des CVJM Esslingen wollte ich keine Schritte in diese Richtung unternehmen. Die Vorsitzenden sahen zwar meine zeitliche Belastung, betonten jedoch, dass es stimmig wäre, in die größere Gemeinschaft des Verbundes, von der wir viel empfangen hatten, jetzt etwas zurückzugeben.

Der Leitungswechsel im Verbund wurde im Frühjahr 1992 vollzogen. Alle brachten mir großes Vertrauen entgegen. Dadurch fiel es mir leicht, die Verantwortung zu übernehmen. Wilhelm Bläsing blieb im Leitungsteam, unterstützte mich nach Kräften und hielt mir den Rücken frei. Ich hatte nie das Gefühl, dass er mich in meiner Leitung behinderte. Im Gegenteil. Mir war klar, dass seine vollmächtige Verkündigung von enormer Bedeutung für den Verbund war. Deshalb war ich dankbar, ihn entsprechend einsetzen zu können.

Gleichzeitig war es mir wichtig, den Verbund auf eine breitere Basis zu stellen, denn künftig sollte der Verbund in der Mitte der Arbeitsgemeinschaft der CVJM Deutschlands seinen Platz haben. Dazu gehörte es auch, den Tagungsort mehr in die Mitte Deutschlands zu legen. Bei den Christlichen Gästehäusern in der Rhön wurden wir fündig. Bereits die nächste Tagung fand dort statt.

Bei dieser Tagung im Frühjahr 1993 war ein prophetischer Vorgang für mich von besonderer Bedeutung. Ein Mitglied des Leitungsteams, das eine besondere prophetische Begabung hatte, empfing den Eindruck, dass auf meinem Leben eine apostolische Berufung liege.

Für mich kam dieser Eindruck nicht überraschend, weil mich die Frage einer apostolischen Berufung und ihre Bedeutung bereits seit längerem begleitete. In verschiedenen Studien hatte ich mich damit beschäftigt, was eine solche Berufung bedeutet. Auch das Leiterwochenende des CVJM Esslingen im Januar 1993, bei dem Helmut Nicklas vom CVJM München als Referent unter uns war, hatte das Thema ‚Gaben und Berufungen'. Sein Fokus lag auf Epheser 4,11f: „Christus hat einige als Apostel eingesetzt, einige als Propheten, einige als Evangelisten, einige als Hirten und Lehrer, damit die Heiligen zugerüstet werden zum Werk des Dienstes." Mir wurde wichtig, dass eine heutige apostolische Berufung nicht mit der Berufung der 12 Apostel verwechselt werden darf und auch nicht eine besondere Würde oder hervorgehobene Stellung nach sich zieht. Paulus betont in 1. Korinther 4,9: „Denn ich meine, Gott hat uns Apostel als die Allergeringsten hingestellt." Vielmehr muss sich die Echtheit dieser Berufung durch den Dienst an der Einheit des Leibes Christi, dem Gründungscharisma, der Vollmacht und der Bereitschaft zum Dienen und zum Leiden erweisen.

Die folgenden Jahrzehnte meines Dienstes waren von dieser Erkenntnis geprägt. Mich leitete stets das Miteinander der verschiedenen Gaben und Berufungen. Dort, wo dieses Miteinander gelebt wird, werden Gemeinden und Netzwerke lebendig. Ihr Reichtum kommt zur Entfaltung. Der Dienst der Einheit achtet darauf, dass Einseitigkeiten vermieden werden und dass es zum Miteinander kommt.

Nahezu zeitgleich zur Berufung in die Leitung des Verbundes wurde mir Verantwortung in der Evangelistenschule Johanneum in Wuppertal übertragen. Es war, als ob in der unsichtbaren Welt eine Türe aufgemacht worden wäre und mir in unterschiedlichsten Bereichen Verantwortung übertragen wurde. Dem Vertrauensrat gehörte ich als Vertreter von Württemberg bereits an, doch nun wurde ich im November 1991 zum Vorsitzenden gewählt und von 1992 bis 2004 in die Mitgliederversammlung (Vorstand) berufen. Die Herausforderung der ersten Jahre bestand darin, mutig neues Land zu betreten. Der damalige Direktor, Fritz Gaiser, wollte das Johanneum zukunftsfähig machen und war überzeugt, dass auch Frauen in die Ausbildung aufgenommen werden sollten. Eine 100-jährige Männer-(Brüder-)Tradition wurde damit für die Zukunft infrage gestellt. Hunderte Johanneumsbrüder, die die eingeschlechtliche Ausbildung als wertvollen Schatz ihres Lebens erfahren hatten, galt es auf den Weg mitzunehmen. Das war keine leichte Aufgabe für mich als Vorsitzenden des Vertrauensrates, der die Interessen der im Johanneum Ausgebildeten im Vorstand zu vertreten hatte. Aber sie konnte gelingen, da ich selbst von der Notwendigkeit dieses Schrittes überzeugt war.

3. Du hast richtig gehört – Der Ruf nach Indien

In einer der Predigten bei der Gründung der Mitarbeitergemeinde 1995 wurde der Zusammenhang zwischen der Sendung des CVJM Esslingen in unsere Stadt und darüber hinaus (bis an die Enden der Erde) deutlich. Seit diesem Zeitpunkt bewegte uns die Frage, ob zusätzlich zur bestehenden Weltdienstarbeit im CVJM ein konkreter Auftrag zur Weltmission zu unserer Berufung gehört. In der Weltdienst-Arbeit hatten wir uns in besonderer Weise für Peru engagiert. Sollte dieses Engagement ausgebaut werden, oder warteten darüber hinaus andere Partner auf uns?

Diese Frage reflektierten wir gemeinsam und bewegten sie

im Gebet. Bei einem unserer Gebetstreffen sah einer der CVJM-Kollegen die Umrisse Indiens im Gebet. Auch mir selbst trat im Gebet Indien immer wieder vor Augen. Aber ich traute meinen inneren Impulsen nicht, denn seit einer Reise mit dem CVJM Kirchheim/Teck im Jahr 1983 zum YMCA Indien war ich innerlich sehr mit diesem Land verbunden. Bei meinem Wechsel nach Esslingen wollte ich mich jedoch ganz auf die Beziehungen hier einlassen und ließ deshalb die Kontakte nach Indien ruhen. Weil aber auch nach mehr als zehn Jahren Abstand mein Herz nach wie vor für Indien schlug, fragte ich mich, ob die Impulse aus dem Gebet vielleicht doch meiner Seele entsprangen und nicht dem Wirken des Heiligen Geistes.

Einige Zeit später folgte ich einer Einladung zu einem landesweiten Tag des Gebetes. Bevor einer der Redner des Tages, Walter Heidenreich, seinen Vortrag begann, teilte er einen prophetischen Eindruck mit, der bei mir voll ins Schwarze traf. Er sagte: „Hier ist jemand unter uns, der sich überlegt, ob er nach Indien gesandt ist. Aber er hat große Zweifel, weil er denkt, dass diese Impulse aus ihm selbst kommen. Doch ich höre, wie der Heilige Geist sagt: Ich bin es, der dich nach Indien ruft. Geh ohne Bedenken und Zweifel. Ich habe einen Auftrag für dich."

Walter Heidenreich konnte meine Überlegungen gar nicht kennen. Außerdem war ich an diesem Tag völlig anonym in dieser Veranstaltung. Desto mehr war mir klar, dass hier ein echtes prophetisches Reden stattgefunden hatte. So legte ich meine Bedenken beiseite. Die früheren Kontakte mit dem YMCA Indien waren schnell wieder hergestellt. Einer der Partner war inzwischen Generalsekretär des indischen YMCA und die Beziehung zu Solomon Benjamin, einem jungen YMCA Kollegen und späteren Leiter des YMCA Instituts zur Ausbildung von YMCA Sekretären, entwickelte sich zu einer tragfähigen Partnerschaftsachse. Durch ihn erhielten wir bei unseren vielen

Partnerschaftsreisen stets ein Einführungsseminar über Indien, um die kulturellen, religiösen und politischen Zusammenhänge zu erfassen.

Gemeinsam mit einem Team machten wir uns an die Vorbereitung für eine Erkundungsreise nach Indien. Wir streckten die Fühler aus, wer welche Kontakte nach Indien hatte und ob sich daraus neben dem YMCA weitere Spuren für uns ergeben würden.

Über den Vorstand im Johanneum hörte ich von einem erstaunlichen geistlichen Aufbruch in Andhra Pradesh. Eckard Krause vom FmD (Freundeskreis missionarischer Dienste) förderte und begleitete die „Kirche des barmherzigen Samariters" (GSELC) bereits 20 Jahre lang. Er eröffnete mir und der Reisegruppe die Möglichkeit, für einige Tage diese Kirche in Bhadrachalam zu besuchen.

Mit einer sechsköpfigen Reisegruppe begann eine spannende Phase einer langjährigen Partnerschaft in Indien. Ein junger Ingenieur aus dem CVJM Esslingen hatte sich bereits einige Monate zuvor durch meine Vermittlung auf den Weg zu einer Entwicklungsarbeit des indischen YMCA nach Sattal im Norden Indiens gemacht. Nun wurde er Teil unseres Teams, das die Fühler nach dem Ruf Gottes für uns in Indien ausstreckte.

Wir tauchten ein in die uns völlig fremde Atmosphäre Indiens mit ihrer bunten Farbenpracht, ihren exotischen Gerüchen, den vielen Menschen, einer unglaublich schönen und faszinierenden Kultur, aber auch mit unendlich viel Lärm, einem absolut chaotischen Straßenverkehr, Unmengen von Dreck und Müll und dem krassen Gegensatz von großem Reichtum und bitterer Armut direkt nebeneinander.

Von Solomon Benjamin und dem YCMA Hyderabad wurden wir freundlich empfangen und besuchten Sozialprojekte. Am nächsten Tag ging es in einem völlig überfüllten indischen

Zug – wir hatten zum Glück reservierte Sitzplätze – durch faszinierende Landschaften Indiens bis nach Khammam. Dort wurden wir von Katakshama Paulraj, der Bischöfin der GSELC und Abraham, dem Schatzmeister, am Bahnhof abgeholt. Sie ließen uns gleich tief in die indische Welt eintauchen. Dazu gehörte auch, dass wir unsere ersten Erfahrungen mit den scharf gewürzten indischen Speisen und dem Essen mit den Händen ohne Besteck machen durften. Nach ersten Übungen funktionierte es auch recht gut. Für die nächsten Wochen war das, abgesehen von Ausnahmen in Madras, die Art, wie wir unser Essen zu uns nahmen. In einer abenteuerlichen Fahrt in einem Kleinbus kamen wir durch viele Dörfer und unendliche Wälder bis ins Gebiet der Kirche. Dort begegneten wir Paul Raj, ihrem Gründer, der 25 Jahre zuvor in diesem bis dahin vom Evangelium völlig unberührten Gebiet mit Evangelisieren begonnen hatte. Vor allem durch Heilungswunder entstand unter den Ureinwohnern, den sogenannten Tribals, schnell eine Kirche, die zum Zeitpunkt unseres Besuches ca. 30.000 Mitglieder umfasste.

Paul Raj nahm uns in seine Lebensgeschichte und die der Kirche hinein. Bei unserer Reise durch die Dörfer begegneten wir auf Schritt und Tritt Wundern und konnten nur staunen, wie bereitwillig das Evangelium von diesen Menschen aufgenommen wurde. Sie hatten große Erwartungen an das Gebet. In vielen Dörfern erlebten wir, dass die Menschen nach dem Gottesdienst Schlange standen, um persönliches Gebet zu empfangen. In diesen Tagen und noch oft in Indien hatten wir den Eindruck, die Apostelgeschichte von neuem zu erleben.

Paul zeigte uns, wie sehr er darum bemüht war, die ursprüngliche Kultur mit ihren Liedern, Melodien und Tänzen zu erhalten, sie jedoch mit christlichen Inhalten zu füllen.

Gleichzeitig wurde auch die politische und soziale Situation sichtbar. Die meisten Kirchenmitglieder gehörten zu den Koyas, einem der vielen indigenen Volksstämme, die noch unterhalb der Kasten eingeordnet werden und damit kaum Rechte haben. Die Kirche bemühte sich sehr, der nächsten Generation mit Schulbildung, Kinderheimen, medizinischer Versorgung und wirtschaftlicher Entwicklung eine Zukunft zu geben. Gleichzeitig hatte Paul eine Bibelschule gegründet, in der er junge Frauen und Männer unterrichtete und für evangelistische und pastorale Dienste ausbildete. Kaum einer von ihnen sprach Englisch. Wir waren ständig auf Übersetzung angewiesen. Wir waren in einer der ärmsten und unterentwickeltsten Gegenden Indiens gelandet. In den Dörfern lebten die meisten Menschen in einfachen Hütten. Gemeinsam hatten wir als Team den Eindruck, hier in der GSELC am richtigen Platz zu sein.

Nach fünf Tagen ging unsere Reise weiter nach Madras, um das nächste Projekt kennenzulernen. Hier wurden wir von dem Leiter von World Evangelistic Outreach in einem sehr eleganten Hotel untergebracht. Von dort aus fuhren wir in umliegende Dörfer, in denen sich christliche Gemeinden gebildet hatten, erlebten dort Gottesdienste und Taufen. Aber der Funke zu dieser Bewegung sprang bei uns nicht über. Die Diskrepanz zwischen der Armut in den Dörfern und dem Lebensstil, mit dem wir umgarnt wurden, schaffte in uns eine innere Distanz.

Zurück in Esslingen fiel uns die Entscheidung sehr leicht, mit der GSELC eine Partnerschaft zu beginnen und durch jährliche Begegnungsreisen und finanzielle Unterstützung dem Impuls Gottes zur weltweiten Mission Raum zu geben.

Die Partnerschaft mit der GSELC entwickelte sich sehr intensiv. Ihre Kirchenleitung besuchte uns in Esslingen, und wir waren mit Teams jährlich auf Missionsreisen nach Bhadrachalam und zu den ländlichen Gebieten der Kirche unterwegs. Auf Bitten der GSELC plante ein Ingenieurteam aus dem CVJM Esslingen ein Abwasserprojekt für die Stadt Bhadrachalam, um die in offenen Rinnen stehenden Abwässer durch ein geschlossenes System zu ersetzen und auf diese Weise der Malariafliege die Brutmöglichkeiten zu entziehen. Leider scheiterte das Projekt am mangelnden Umsetzungswillen der indischen Regierungsbehörden. Wir unterstützten die Schul- und Sozialprojekte der GSELC. Bei den jährlichen Pastorenkonferenzen und Delegiertenversammlungen der Kirche lehrte und predigte ich mehrere Jahre lang. In unzähligen Gottesdiensten und Gebetsversammlungen wirkten wir mit. Stets war das persönliche Gebet gefragt. Wir erfuhren von Wundern und Gebetserhörungen und erlebten sie teilweise selbst mit. Wenn ich bei Taufen mitwirken durfte, beeindruckte mich immer wieder aufs Neue, wie die Menschen ihren Weg zum christlichen Glauben bezeugten.

Durch die Besuche in Indien wuchs bei unserer Mitarbeiterin Marianne Clauß die Bereitschaft, sich noch intensiver für die Menschen in der Partnerkirche einzusetzen. Bei vielen unserer Reisen sahen wir, dass sie eine besondere Begabung im Umgang mit den Menschen in der GSELC hatte. Von der GSELC wurde signalisiert, dass sie dringend organisatorische Unterstützung für die vielen Schulen und Kinderheime benötigten. So reifte der Entschluss, Marianne für einige Jahre nach Indien zu entsenden, um die Kirche in organisatorischen und finanziellen Fragen zu unterstützen. Parallel dazu erfolgte meinerseits ein intensiver Beratungsprozess mit der GSELC, der mich zeitweise zweimal jährlich nach Indien führte. Es war zu Spannungen mit Geldgebern in Deutschland gekommen, weil Gelder teilweise anders verwendet wurden als vereinbart.

In die Freude und das Staunen über einen derartig starken missionarischen Aufbruch, bei dem innerhalb von 25 Jahren aus dem Nichts eine Kirche mit 30.000 Mitgliedern entstanden war, mischten sich immer mehr Misstöne und Unstimmigkeiten – sowohl innerhalb der Kirchenleitung als auch zwischen der GSELC und deutschen Geldgebern. Ich erlebte bei Paul Raj eine große Offenheit, über die Missstände zu sprechen. Trotz der kulturellen Unterschiede war es mir möglich, auch heikle Punkte transparent zu machen. Gleichzeitig war er nicht in der Lage oder willens, sie zu ändern. Die Spannungen nahmen zu. Marianne wurde mehr und mehr in dieses Spannungsfeld hineingezogen, weil sie die Verwendung der Gelder transparent machen sollte, ihr jedoch nur teilweise die richtigen Daten geliefert wurden. Es folgte ein schmerzlicher Prozess. Nach zweieinhalb Jahren zeigte es sich, dass wir Marianne nicht länger entsenden konnten. Solange sie dort war, konnte die Kirche noch zusammengehalten werden. Nachdem sie aber zurückgekommen war, zerfiel die Kirche in drei Teile. Selten habe ich schmerzlicher die fatalen Folgen einer Kirchentrennung mitbekommen als dort. Als wir Jahre später wieder einen Besuch machten, gab es nur noch 5000 der ursprünglich 30.000 Kirchenmitglieder. Überaus plastisch wurde uns vor Augen geführt, warum Jesus so inständig um die Einheit seiner Jünger betet. „Ich bitte aber nicht allein für sie, sondern auch für die, die durch ihr Wort an mich glauben werden, dass sie alle eins seien. Wie Du, Vater in mir bist und ich in Dir, so sollen auch sie in uns sein, auf dass die Welt glaube, dass Du mich gesandt hast“ (Johannes 17,20ff). Die fehlende Einheit raubte das Vertrauen an das Evangelium.

Es war der Ruf des Heiligen Geistes, der zu einer abenteuerlichen Reise motivierte. Ich durfte Menschen in die Weite führen und wurde selbst in die Weite geführt. Wir erlebten eine ungewöhnlich schnelle Ausbreitung des Reiches Gottes. Staunen und Dankbarkeit erfüllen mich, wenn ich an die Führung Gottes und seine Absichten im Blick auf die GSELC zurückschaue. Gleichzeitig bin ich tieftraurig darüber, dass verantwortliche Leiter nicht fähig waren, den Verlockungen des Geldes zu widerstehen und dem Locken des Heiligen Geistes und den deutlichen Bußrufen, mit denen er mich mehrfach nach Indien schickte, zu folgen.

Wir mussten die Partnerschaft mit dieser Kirche, so sehr es uns auch schmerzte, leider beenden. Doch die Liebe zu den Menschen in Indien blieb erhalten, auch zu denen in der GSELC. Es folgten Projekte und eine Partnerschaft mit dem YMCA Salem in Tamil Nadu/Indien und der IGL (India Gospel League), einer Gemeindegründungsbewegung in den Dörfern Indiens. Zu dieser vor 30 Jahren entstandenen Bewegung gehören inzwischen weit über 1 Million Menschen in 100.000 kleinen Kirchen in den Dörfern Indiens, die alle in diesen Jahren zum Glauben an Christus gekommen sind. Mit Sam Stephens, dem Gründer dieser Bewegung und ehemaligem Vizepräsidenten des weltweiten CVJM, verbindet mich bis heute eine sehr persönliche Freundschaft. Ich freue mich, mit ihm zusammenzuarbeiten, ganz gleich ob in Indien, bei Missions-Konferenzen in Südamerika oder hier in Deutschland.

Geistliche Aufbrüche geschehen in Indien nach wie vor, auch wenn radikale Hindukräfte den Kirchen sehr zusetzen und Christen unterdrücken, Kirchen niederbrennen, Pastoren und Gläubige schlagen oder gar ermorden.

4. Karriere oder Gehorsam – Ganz nahe zu Jesus – und mit ihm in die Weite

Im Mai 1997 flatterte die Anfrage auf meinen Schreibtisch, eine neue, deutschlandweite Verantwortung zu übernehmen. Ich hatte in den vergangenen Jahren die meisten Anfragen nicht an mich herangelassen, weil ich mich zutiefst an diesen Platz in Esslingen berufen wusste. Das hatte mir eine andere Anfrage vor einiger Zeit erst eindrücklich vor Augen geführt. Ich hatte einen CVJM in einer kritischen Phase begleitet und mitgeholfen, manches zu klären. Nun suchten sie einen neuen Leiter und hätten mich gerne berufen. Nach 10 Jahren im CVJM Esslingen war es durchaus denkbar, neue Wege einzuschlagen, obwohl der innere Prozess um die Gründung der Mitarbeitergemeinde zu der Zeit noch in vollem Gange war. Wie immer suchte ich neben Gesprächen mit den Verantwortlichen unseres CVJM im Gebet nach Orientierung. Eines Morgens sah ich beim Beten vor meinem inneren Auge Jesus am Kreuz. Es war mir, als ob er sich vor Schmerzen winden würde, seinen Kopf mir zuwendete und mich anschaute: „Gerhard, wie kannst du so etwas nur denken?" Ich war betroffen, dass schon meine Bereitschaft, über einen Wechsel nachzudenken, Jesus offensichtlich solche Schmerzen verursachte. Damit war für mich klar, dass ich über solche Anfragen nicht nachzudenken brauchte. Ich wurde eindrücklich daran erinnert, wie eng das Gründungswort für die Mitarbeitergemeinde (Jes 55,3) und meine persönliche Berufung miteinander verknüpft waren.

Doch diese neue Anfrage war anders. Ich merkte, dass ich mich ihr stellen musste. Jahrelang war ich vom bisherigen Stelleninhaber darauf vorbereitet worden, nun lag sie vor mir und war für mich eine Ehre. Auch wenn Karriere-Machen durchaus in meinem Naturell liegt, war mir immer klar, auch bei dieser Anfrage: Ich will Jesus folgen und seinem Ruf an dem Platz dienen, an den er mich stellt. Deshalb sprach ich damals folgendes Gebet und schrieb es in mein Stille-Zeit-Buch:

> „Jesus, du darfst mich gebrauchen, wo du mich gebrauchen willst, ganz gleich an welchem Ort, ganz gleich in welcher Position. Ich spreche dir ganz neu mein Vertrauen aus in deine Führung und weiß, du führst gut und gnädig."

Es folgten verschiedene Telefonate und schließlich ein Gespräch mit dem Vorstand der AG der CVJM Deutschlands. Sie kannten mich als Leiter des CVJM-Verbundes, sahen, wie der CVJM Esslingen gewachsen war und schätzten meine Leitungsfähigkeit. Ich wiederum konnte mir die Aufgabe gut vorstellen und fühlte mich der deutschlandweiten Verantwortung durchaus gewachsen. Doch es kristallisierte sich heraus, dass sie von mir erwarteten, die Leitung des CVJM-Verbundes abzugeben, um auch jene CVJM zu erreichen, die Mühe mit dem klaren geistlichen Profil hatten.

Mit diffusen Gedanken und Gefühlen fuhr ich von jenem Gespräch nach Hause. Waren meine geistlichen Ansprüche zu hoch? Musste ich mein geistliches Profil entschärfen und die klare göttliche Berufung zur Leitung des CVJM-Verbundes als eine temporäre betrachten, die nun zu Ende gehen sollte? Mein geistliches Profil und meinen Horizont zu weiten, damit hatte ich keine Mühe. Mit Menschen und mit geistlichen Gemeinschaften lange Wege zu gehen und gespannt zu sein, welche Schritte gemeinsam möglich würden, auch das war mir nicht fremd. Welch lange Wege war ich mit den Pfadfindern in unserem CVJM gegangen, um sie jetzt mit Überzeugung für den gemeinsamen Weg gewonnen zu haben. Ich spürte, dass ich mir und meinen bisherigen Überzeugungen treu bleiben sollte und konnte nicht erkennen, dass die Berufung zur Leitung des CVJM-Verbundes jetzt enden sollte. Die Spannung zwischen der Freude an einer neuen Aufgabe einerseits und den Erwartungen des Vorstandes andererseits sorgten für widerstreitende Gedanken und Gefühle.

Die Unruhe in meinem Herzen wich auch nach Tagen des Nachdenkens und Betens nicht. Im Gegenteil. Die Barriere, den nächsten Schritt zu gehen, wurde immer höher. Auch wenn mein Kopf viele Gründe fand, in die neue Stelle einzuwilligen – mein Herz sprach eine andere Sprache. Der innere Friede stellte sich nicht ein. Der „innere Friede“ als einer der Wegweiser war mir an dieser Stelle besonders wichtig, weil Kopf und Herz so unterschiedliche Botschaften sandten und weil von Gott kein klares Wort oder ein deutlicher Hinweis gegeben wurde.

Ich blieb gerne im CVJM Esslingen. Die Vorsitzenden, die ich als geistliche Geschwister in diese Überlegungen mit hineingenommen hatte, waren dankbar für meine Entscheidung. Wir erlebten viele offene Türen, so dass die fruchtbare Arbeit weiterging.

Zwei Wochen später zeigte mir der Heilige Geist in meiner morgendlichen Gebetszeit ein Bild vom letzten Abendmahl Jesu mit seinen Jüngern[4]. Aber es blieb nicht statisch. Ich wurde an den Abendmahls-Tisch eingeladen. Ganz nahe zu Jesus. Das berührte mich innerlich sehr. In mir entstand eine große Freude, dass Jesus mich so nahe zu sich und in die Gemeinschaft seiner Jünger ruft. Es war, als ob ich im „Obergemach" dabei sein durfte, mit allem, was dort stattgefunden hat (Fußwaschung etc.). Es bewegte mich, wie Jesus mit seinen Jüngern spricht und sein Herz zeigt. Die Sätze von Jesus im Abendmahl-Saal kamen mir in Erinnerung: „Mich hat herzlich verlangt, dieses Passalamm mit euch zu essen" (Lk 22,15). Mein Herz war tief berührt von dieser intensiven Beziehung Jesu zu seinen Jüngern. Ein weiteres Wort von Jesus kam mir in den Sinn, als ich dieses Bild sah:

„Ihr aber seid's, die ihr ausgeharrt habt in meinen Anfechtungen" (Lk 22,28). Noch nie hatte ich darüber nachgedacht, dass auch Jesus Anfechtungen nicht erspart geblieben sind. Konkret dachte ich daran, wie Jesus über Jerusalem weinte (Lk 19,41) – und ich ahne, dass er uns heute Anteil geben möchte an seinen Tränen über den gegenwärtigen Zustand des Volkes Gottes.

Doch plötzlich kam Dynamik in das Bild. Es war, als ob die Kamera zum Fenster schwenkte und der Blick hinaus ins weite Land sichtbar wurde. Die Botschaft des Bildes an mich war sofort deutlich: Ich darf und soll mit Jesus ins Land gehen.

Mir kam das damals verrückt vor: Ich lehnte den verlockenden Ruf ab, eine deutschlandweite Aufgabe anzunehmen, weil ich meinte, von Jesus gehört zu haben, dass ich in Esslingen bleiben soll. Und nun ruft er mich, mit ihm ins Land zu gehen.

Ich habe diese Impulse für mich aufgeschrieben und Wilhelm Bläsing, ein väterlicher Freund, riet mir ebenfalls, auf Amts-Autorität zu verzichten und darauf zu vertrauen, dass Jesus die innere Autorität, die persönliche Bevollmächtigung, wachsen lässt. Dieser inneren Linie folgte ich in vielen kleinen und großen Entscheidungen der Zukunft. Immer wieder galt es der Herausforderung zu begegnen, möglichen Status, Ansehen und äußere Bevollmächtigung loszulassen. Wie oft durfte ich dadurch eine Zunahme an Vollmacht und authentischer Autorität erfahren. Und dann höre ich vier Wochen später im Gebet: „Gerhard, steh auf! Gerhard, steh hin, ich brauche dich im Land!"

Kurz darauf bat mich Helmut Nicklas, das *Treffen von Verantwortlichen,* ein Netzwerk von Leitenden aus Gemeinschaften, Kommunitäten, Bewegungen und Initiativen aus verschiedenen Konfessionen [5], mit ihm zu leiten. Ich blieb am Platz meiner Berufung im CVJM Esslingen und erhielt gleichzeitig eine weitere, deutschlandweite Berufung. Damit begann die nächste spannende Reise, eine neue Bevollmächtigung und ein erheblich er-

weiterter Handlungsraum.
Sechs Jahre später, 2003, schrieb ich in Tagen der Stille folgende Sätze auf:

> „Jesus, so sehr erinnerst du mich an diesem Morgen an das Bild vom Abendmahl, das du mir damals, nach der Absage jener Stellen-Anfrage, gezeigt hast. Es ist mir, als ob du mich erneut in den Abendmahls-Saal einlädst und mich im Kreis der Jünger sitzen lässt, damit ich dann mit dir und gesandt von dir ins Land gehen kann."

Staunend blickte ich auf die sechs Jahre zurück, seitdem ich das Wort empfangen hatte: „Steh auf, ich brauche dich im Land!" Voller Dankbarkeit erkannte ich, wie sehr mich Gott in die Weite geführt hatte. Mit der Leitung von drei christlichen Netzwerken (*CVJM-Verbund, Treffen von Verantwortlichen, Kreis zur Einheit Württemberg*) und einer Fülle von Diensten im Land hatte sich dieser Ruf Gottes sehr mit Leben gefüllt.

Dieses Bild vom Abendmahlssaal leuchtete auch später immer wieder an markanten Stellen meines Dienstes auf. Ich war im Herbst 2011 zu einem ökumenischen Netzwerk ins Kloster Neresheim eingeladen, um zusammen mit Kardinal Walter Kasper Impulse zum Thema Einheit zu geben. Nach der Veranstaltung führte ich noch ein sehr gutes und persönliches Gespräch mit dem Kardinal über die Ökumene, über *Miteinander für Europa* und die vielen Schritte, die wir gemeinsam gegangen waren. Am nächsten Morgen saß ich zum Gottesdienst in der prächtigen Klosterkirche. Mein Blick ging nach oben. Dort sah ich das Deckengemälde mit dem Abendmahl. Erneut erlebte ich den inneren geistlichen Prozess, den das Abendmahls-Bild in mir ausgelöst hatte und schrieb mir anschließend auf zwei Seiten die Dienste auf, bei denen mich Jesus allein in diesem Jahr ins Land hinausgeführt hatte.

Jahrelang leitete mich dieses Bild wie eine Berufung, ganz

nah bei Jesus zu sein und mit ihm hinaus ins Weite zu gehen. Am Beginn einer neuen Phase meines Dienstes, nach dem großen Kongress von *Miteinander für Europa* 2016 in München, durfte ich erneut tief in die Dynamik dieses Bildes eintauchen, mit der Freude über die Begegnung mit Jesus und der Perspektive für die Zukunft: Ganz nahe hin zu Jesus und dann mit ihm in die Weite.

Wenn ich mein Leben und meinen Dienst betrachte, kann ich nur staunen, wie oft mich ein Wort von Jesus bewegt hat und meinem Leben eine neue Richtung oder einen neuen Akzent gegeben hat. Doch trotz aller guten Erfahrungen in der Vergangenheit empfand ich es jedes Mal als Wagnis, Altes loszulassen und mich neu auf den Ruf Jesu einzulassen.

5. Flieg, Adler, flieg – Loslassen, um aufzubrechen – Europa, Südamerika, Indien …

„Flieg, Adler, flieg!“

Mitten im Gebetsabend beim Leiterwochenende des CVJM Esslingen im Januar 2008 hörten wir diesen prophetischen Impuls. Er war für mich bestimmt. „Deine Heimat, dein Adlerhorst, wird nach wie vor in Esslingen sein, aber du bist zu einem Dienst berufen, der dich in die Weite führt. Er benötigt deine ganze Kraft, wird dir jedoch neue Perspektiven und eine riesige Reichweite geben.“

Sofort spürte ich die mit diesem Ruf verbundene Herausforderung. Mir war schnell klar, dass dieses Wort eine gewaltige Veränderung auslösen und meinem Dienst nochmals eine neue Richtung geben könnte – wenn es denn wirklich ein prophetisches Wort von Gott war.

Zu diesem Zeitpunkt war ich 57 Jahre alt. Zusammen mit

den Verantwortlichen im CVJM Esslingen lagen genügend Perspektiven und Aufgaben für die nächsten Jahre vor uns. Dazu kamen die deutschland- und europaweiten Aufgaben. War dieser Ruf wieder einmal eine Aufforderung, das Bisherige zu lassen und die Segel zu setzen, um zu neuen Ufern aufzubrechen? Wie oft schon wurde mein Leben durch solche Worte geprägt. Wie oft schon ließ ich mich von Gott rufen und locken, um in neues Land zu gehen.

Doch diesmal zögerte ich. Der Ruf ins Weite schreckte mich nicht. Im Gegenteil. Ich liebe das Abenteuer und lasse mich gerne mutig auf Neues ein. Außerdem war das Neue nicht so neu, sondern nahezu 50 % meiner Zeit investierte ich bereits in die Dienste der vielen christlichen Netzwerke und geistlichen Bewegungen. Dass das prophetische Wort an sich richtig war, bezweifelte ich nicht. Wenn ich die vielen Türen betrachtete, die sich in den letzten Jahren vor mir geöffnet hatten, dann wiesen sie alle in dieselbe Richtung. Doch die begleitenden Sätze zu diesem Wort deuteten an, dass Esslingen zwar weiterhin der Ort meiner geistlichen Heimat, aber nicht mehr mein Arbeitsfeld sein sollte. Deshalb fragte ich mich, ob es richtig sei, die Aufgaben in Esslingen zum jetzigen Zeitpunkt loszulassen, um mich ganz auf die überregionale Arbeit zu konzentrieren. Wir waren gerade dabei, einen großen Erweiterungsbau im CVJM zu planen. War es richtig, jetzt weiterzugehen?

Oder lag mein Zögern daran, dass ich mich scheute, Verantwortung und Positionen loszulassen? Ich prüfte meine innere Haltung, konnte jedoch nichts Derartiges erkennen. Im Gegenteil: Ich war dabei, die Leitung der Mitarbeitergemeinde im CVJM abzugeben. Seit einigen Jahren leitete ich sie zusammen mit Gabriele Deutschmann. Jetzt war es an der Zeit, die Leitung und damit die Verantwortung in jüngere Hände zu legen und ihr ganz zu übertragen. Ich freute mich darüber, dass die nächste

Generation den Staffelstab weitertrug.

Wenn ich jedoch die Leitung des CVJM Esslingen loslassen sollte, um ganz für die deutschland-, europa- und weltweiten Aufgaben da sein zu können, würde sich unter anderem die Frage nach der Finanzierung dieses Dienstes stellen. Dafür konnte ich jedoch keine schlüssigen Perspektiven erkennen. Meine Arbeit für die christlichen Netzwerke war unter finanziellen Aspekten ein reiner Zuschussbetrieb. Der CVJM trug schon bisher die Reise- und Tagungskosten für die vielen Konferenzen und Kongresse. Ich war dankbar, dass die Verantwortlichen des CVJM mit voller Überzeugung hinter dieser Finanzierung standen. Aber wenn ich die Aufgabe des Leitenden Referenten nicht mehr wahrnehmen würde, müsste der CVJM einen Nachfolger finanzieren. Für ein zusätzliches Gehalt gab es jedoch keinen Spielraum.

Diese und ähnliche praktische Fragen gewannen die Oberhand. In der Folge blieb mir der Impuls zwar in Erinnerung, und ich wollte darauf achten, dass mein Dienst mit dieser weltweiten Perspektive geschehen konnte. Eine strukturelle Veränderung hingegen und das weitere Nachdenken darüber schob ich auf die lange Bank. So trat diese Frage mehr und mehr in den Hintergrund.

Dies änderte sich schlagartig, als Sr. Anna-Maria aus der Wiesche, die damalige Priorin der Communität Christusbruderschaft Selbitz, an einem Sonntagabend im September 2008 bei mir anrief und von prophetischen Impulsen berichtete, die eine Mitschwester an diesem Tag empfangen hatte. Sie hatte für die Communität und dann auch für mich und meinen Dienst gebetet. Während dieses Gebetes hatte sie den Eindruck, dass Gott für mich eine apostolische Berufung mit einem Dienst für die Gesamtheit des Volkes Gottes habe. Dieses Telefonat löste in mir eine starke Resonanz aus. Erneut stand die Frage meiner

Berufung und der damit verbundene weite Horizont im Raum. Ich spürte deutlich, dass ich diesen Ruf nicht länger verdrängen durfte, sondern mich ihm zu stellen hatte. Hatte ich als junger Mensch nicht viel mutiger meinen Beruf an den Nagel gehängt und mich im Vertrauen auf den Ruf Gottes völlig mittellos auf den Weg gemacht? War es in dieser Lebensphase schwieriger, ganz der Versorgung Gottes zu vertrauen? Oder war es Ausdruck von Reife und Verantwortung, die Schritte gut zu prüfen?

Zusammen mit Margarete bewegte ich diese Fragen. Wir merkten, dass wir Beratung und Begleitung von außen benötigten. Jahre zuvor war ich zum deutschlandweiten *„Kreis zur Einheit"* eingeladen worden, konnte jedoch aus zeitlichen Gründen nicht an den jährlichen Treffen teilnehmen. Nun rief ich Keith Warrington an, eines der Mitglieder dieses Kreises und langjähriger Wegbegleiter von mir. Keith war überrascht und erfreut über meinen Anruf, und plötzlich ging alles sehr schnell. Das jährliche Treffen fand bereits zwei Wochen später statt. Die Dinge fügten sich so, dass Margarete und ich zusammen mit Sr. Anna-Maria für einen Tag auf Schloss Craheim dabei waren, um im Austausch und im Hören mit den Geschwistern diese prophetischen Worte und die Berufung zu prüfen. Das war eine enorm starke Ermutigung. Mir wurde die Berufung zu diesem Dienst eindrücklich bestätigt. Keith moderierte das Gespräch und den Prozess hervorragend, und ich sah mich herausgefordert, nicht in „vornehmer Zurückhaltung" stehenzubleiben, sondern mutig und klar Schritte zu gehen und mich Gott für die neue Aufgabe zur Verfügung zu stellen.

Nach der anschließenden Gebetszeit in der Schlosskapelle nahm Walter Heidenreich, ebenfalls Mitglied im *Kreis zur Einheit,* einen silbernen Ring mit einem besonderen Stein von seiner Hand. Er überreichte ihn mir mit dem Hinweis, dass auf diesem Ring ein Adler abgebildet sei und er im Gebet gehört habe: „Gib ihn Gerhard". Wenn Jesus ihm das im Gebet gesagt habe, dann wolle er das auch tun – entsprechend den Worten, die Maria einst auf der Hochzeit zu Kana zu den Dienern sagte: „Was er euch sagt, das tut" (Joh 2,5). So gab er diesen Ring, den er selbst vor Jahren geschenkt bekommen hatte, an mich weiter. Einen solchen Ring zu tragen, gehörte nicht zu meinem Stil. Dennoch steckte ich ihn an meinen Finger und nahm mir vor, ihn so lange zu tragen, bis die Frage dieser Berufung und auch die konkrete Ausgestaltung geklärt wäre. Ich wollte die Sache nicht mehr auf die lange Bank schieben, sondern konkrete Schritte einleiten, um diesen Dienst tun zu können.

Kaum war meine Entscheidung gefallen, kamen Einladungen aus dem europäischen Ausland und darüber hinaus, die diese Berufung eindrucksvoll unterstrichen. Noch war nicht klar, wie die Aufgaben in Esslingen übergeben und der neue Dienst finanziert werden sollte. Doch ich sollte schon aufbrechen oder – um es in dem Berufungswort zu sagen – losfliegen.

Die erste Anfrage kam aus Südamerika. Ich wurde gebeten, bei dem neu entstandenen Missions-Netzwerk innerhalb des südamerikanischen CVJM mitzuwirken. Die zweite Anfrage kam von *Miteinander für Europa*. Zusätzlich zu den vielen laufenden Aufgaben, die ich bei diesem Netzwerk übernommen hatte, wie z. B. die Leitung des deutschen Teams und die Mitwirkung im europäischen Leitungskomitee, ging es um Anfragen für Referate, darunter für das Hauptreferat beim italienischen Treffen in Loppiano bei Florenz. Die dritte Anfrage kam vom ökumenischen Treffen der Bischöfe[6], die sich in der Spiritualität der Fokolar-Bewegung zusammenfinden. Sie fragten mich an, bei ihrem jährlichen Treffen im nächsten Jahr dabei zu sein und Impulse zur Einheit einzubringen. Es sollte der Beginn einer langen Reihe von Begegnungen beim ökumenischen Bischofstreffen werden.

Dem Bild des Adlers folgend, ließ ich mich auf die Thermik

ein, spürte den Aufwind des Heiligen Geistes, vertraute mich diesem Aufwind an und sagte den Anfragen zu. Das Loslassen der Leitungsverantwortung in der Mitarbeitergemeinde des CVJM Esslingen brachte zeitliche und kräftemäßige Freiräume. Allerdings erschien es mir noch nicht möglich, die Aufgabe des Leitenden Referenten abzugeben. Da zeichnete es sich ab, dass das Modell der Altersteilzeit eine Perspektive bieten könnte. So wählte ich nach manchen Beratungen im CVJM schließlich diesen Weg, um drei Jahre später ganz für die überregionalen Aufgaben freigestellt zu sein. Als ich im Juni 2009 bei der „Stabübergabe" der Leitung der Mitarbeitergemeinde von einer Mitarbeiterin das Wort aus Jesaja 57,14 erhielt, das sie im Gebet für mich empfangen hatte, wurde die Dringlichkeit, mich auf das Neue einzulassen, deutlich unterstrichen: „Der Herr befiehlt: Macht euch an die Arbeit, schnell! Baut eine Straße! Räumt meinem Volk alle Hindernisse aus dem Weg!" Diesem Ruf Gottes wollte ich so schnell wie möglich folgen.

Südamerika

Es war eine kurze Nacht in dem kirchlichen Begegnungszentrum außerhalb der Metropole von Lima/Peru. Der Jetlag saß mir noch in den Knochen, und die Aufregung vor dem Referat, das ich am Morgen beim CVJM Missionsnetzwerk vor 150 Mitarbeitenden aus vielen Ländern Südamerikas halten sollte, trug ein Übriges dazu bei. Eine ganze Reihe von CVJM-Delegationen aus Südamerika hatte sich auf den Weg gemacht, das christliche Erbe wieder zu entdecken. Nun erwarteten sie von mir und den anderen Referenten Inspiration und praktische Anregungen auf diesem Weg.

Ich war gespannt, ob es gelingen würde, die Erfahrungen und Erkenntnisse aus Deutschland und konkret vom Netzwerk *CVJM-Verbund* in diese völlig andere Kultur einzubringen. Der Hunger nach geistlicher Erfahrung war vorhanden; das konnte ich am Abend vorher schon deutlich wahrnehmen. Es wurden ähnliche Lieder gesungen wie bei unseren Konferenzen, es begegneten mir Herzlichkeit und Offenheit, und ich spürte die Bereitschaft, Schritte zu gehen.

Aber ich wusste auch um die andere Kultur und eine völlig andere CVJM-Prägung: In den Köpfen und Vorstellungswelten der Verantwortlichen ist der CVJM vor allem für Sport zuständig, ergänzt durch soziale Arbeit in den Armenvierteln.

Nach der kurzen Nacht fand ich eine sehr ermutigende Mail in meinem Posteingang. Ein früherer Mitarbeiter des CVJM Esslingen, der damals in Honkong lebte, schrieb mir einen Eindruck, den er im Gebet für mich empfangen hatte. Er wusste nicht, dass ich in Südamerika war, sondern meinte, ich wäre in Esslingen. Er sah einen großen Zug von Menschen, die sich – wie die Siedler früher – in einem Treck auf den Weg gemacht hatten. Dann sah er, wie ein weiterer Treck dazu stieß und mit dem ursprünglichen gemeinsam weiterzog. Mich ermutigte dieses Bild sehr, weil es mir Hoffnung machte, dass die Menschen, die sich hier in vielen CVJM Südamerikas auf den Weg gemacht hatten, zu unserer Erneuerungsbewegung im CVJM-Verbund dazu stoßen und wir eine weltweite Erneuerungsbewegung innerhalb des CVJM bilden würden.

Doch wie kam es zu meiner Reise nach Südamerika, und was waren die Beweggründe dafür? Der CVJM ist eine weltweite Bewegung und in den meisten Ländern dieser Erde vertreten. Von Anfang an gehörten Mission, Kultur, Gesellschaftspolitik und Sport dazu. Das Dreieck als CVJM-Symbol verkörpert die drei Dimensionen Leib, Seele und Geist, die der CVJM-Arbeit zugrunde liegen. Im Laufe von 150 Jahren entwickelte sich die CVJM-Bewegung in den einzelnen Ländern aufgrund kultureller Entwicklungen und Bedürfnisse sehr unterschiedlich. Während in Deutschland der Schwerpunkt bei der christlichen Jugendarbeit liegt und Sport, Kultur und gesellschaftspolitisches Engagement weniger ausgeprägt sind, gleicht der CVJM in manch anderen Ländern eher einer Volkshochschule, einer Sozialorganisation oder einem Sportclub. Vor allem in Nord- und Südamerika stand der CVJM für Sport und der christliche Bereich trat mehr und mehr in den Hintergrund.

Bereits in den siebziger Jahren des letzten Jahrhunderts wurde der deutsche CVJM gebeten, bei der Entwicklung der christlichen Arbeit und der sozialen Dimension im CVJM Lima/Peru mitzuhelfen. CVJM-Sekretäre aus Deutschland leben und arbeiten seitdem mit ihren Familien im CVJM/ACJ in Lima und unterstützen die dortige Arbeit. Mit Joachim Schmutz vom CVJM München, der in den frühen 2000-er Jahren als Sekretär in Lima arbeitete, begann eine neue Entwicklung, in der die bisherige kleine christliche Gruppe im CVJM einen neuen Aufschwung und eine neue Stellung erhalten sollte. Darüber hinaus wurde ein CVJM-Missionsnetzwerk für Südamerika gegründet, an dem immer mehr Länder Südamerikas teilnahmen.

Bereits 2006 wurde ich deshalb nach Peru eingeladen, um zusammen mit Martin Meißner, dem Vorsitzenden der AG der CVJM und langjährigen Berater des CVJM Peru, diese Arbeit zu begleiten und neue Impulse zu geben. Doch jetzt begann eine neue Phase, die mir der Ruf „Flieg, Adler, flieg" so eindrücklich verdeutlichte.

Joachim Schmutz war der Inspirator für dieses Missionsnetzwerk. Er brachte die Menschen zusammen, motivierte sie für das Evangelium und weckte die Sehnsucht, den christlichen Glauben als Basis für die CVJM Arbeit wiederzugewinnen. Für die inhaltlichen Schwerpunkte suchte er sich Unterstützung bei Menschen, in denen er das Charisma für eine Gründung christlicher Gemeinschaften erkannte. Ich konnte dieses Anliegen durch meine Referate, in Gesprächen und Beratungen fördern. Sehr schnell sprang der Funke über, und in ganz Südamerika entstand ein geistlicher Aufbruch innerhalb der CVJM, von dem man Jahre zuvor nur träumen konnte.

Gleichzeitig waren da die kulturellen und gesellschaftlichen Unterschiede. Bereits bei meiner ersten Beratung des CVJM Lima hatte ich darauf hingewiesen, dass es wichtig ist, nicht zu kopieren, sondern zu kapieren. Die Erfahrungen aus Deutschland sollten verstanden und dann auf die örtliche Situation übertragen werden. Nicht auf die Methoden kam es an, sondern auf das dahinter liegende geistliche Anliegen, das in der jeweiligen Kultur seine eigenen Formen finden würde. Der Versuch, das Modell des CVJM München 1:1 nach Lima zu übertragen, führte nach einigen Jahren dazu, dass sich zwar eine stabile geistliche Kerngruppe bildete, der große CVJM Lima mit seiner riesigen Sport- und Freizeitarbeit jedoch kaum davon berührt wurde. Hier in Südamerika begegnete mir zum einen eine andere Kultur, zum zweiten ein gesellschaftliches und religiöses Umfeld, in dem der CVJM einen besonderen Platz einnahm, auch in den Spannungen zwischen der Katholischen Kirche und den Freikirchen. Zum dritten war es jedoch vor allem ein grundverschiedenes CVJM-Bild, das sich in den Köpfen und Herzen der Menschen eingeprägt hatte. Sie kannten zwar alle die Pariser Basis, das Gründungsdokument der weltweiten CVJM-Bewegung[7] und das CVJM-Dreieck mit seiner Symbolik von Leib, Seele und Geist. Aber in den Köpfen war der CVJM eben für den Sport zuständig und alles weitere konnte optional dazu kommen, hatte jedoch keinen zentralen Stellenwert. Meine früheren Lernerfahrungen mit verschiedenen Kulturen, vor allem das Eintauchen in die Kultur Indiens, halfen mir sehr, mich mit den Menschen dialogisch auf den Weg zu machen und ihnen zu helfen, ihre eigenen Denkprämissen zu erkennen und darüber nachzudenken, was sie wirklich wollten und zu welchen Schritten der Veränderung sie bereit wären.

Über zehn Jahre lang begleitete ich das Missionsnetzwerk

des CVJM/ACJ in Südamerika nahezu jährlich und darüber hinaus einzelne CVJM/ACJ wie den in Lima und in Bogota. Bei den vielen Reisen war es wichtig, um den klaren Ruf Gottes in dieser Sache zu wissen. Neben Südamerika war ich auf mehreren Missionskonferenzen in Indien, zu denen Sam Stephens, der damalige Vizepräsident des weltweiten CVJM/YMCA, die indischen CVJM eingeladen hatte mit dem Ziel, eine ähnliche Bewegung wie die in Südamerika zu beginnen. Seit dem Jahr 2017 erfolgten Einladungen zum CVJM (YMCA) Togo mit einer ähnlichen Zielsetzung.

Eine ungeheuer starke Bewegung kam in Gang. Es war eine Freude, daran teilzunehmen und mitzuwirken, aber die Verantwortung lag stets in Südamerika bzw. in den jeweiligen Ländern, auch wenn mir ein großer Wirkungsbereich eingeräumt wurde. Oft war es nicht ein glänzendes Referat, das die Veränderung bewirkte, sondern einfach das Zusammensein, die gegenseitige Inspiration, der Lobpreis und die Gebetsabende, die den Funken überspringen ließen. Ich denke z. B. an das Gespräch mit Mauricios, dem damaligen Generalsekretär des CVJM/ACJ Brasilien. Zunächst lernte ich ihn als einen typischen CVJM-Manager kennen. Solch riesige CVJM mit mehreren hundert Beschäftigten und Tausenden von Besuchern zu organisieren, benötigt in der Tat eine hohe Leitungs- und Managerqualität. In der ersten Begegnung erlebte ich ihn eher distanziert-beobachtend. Doch als wir am Abschlussnachmittag auf Initiative der Gastgeber im CVJM Lima das Thema Mission in die Praxis umsetzten, erlebte ich ihn in einer völlig neuen Weise. Er hatte den Part übernommen, einer Gruppe von Kindern eine biblische Geschichte zu erzählen. Er tat dies mit einer solchen Begeisterung und Überzeugung, dass ich nur staunen konnte. Auf meine Frage, wo er denn diese Fertigkeit erworben hätte, antwortete er, dass er als Jugendlicher Kindergottesdienste geleitet hatte. Dies war für mich eine richtig schöne Erfahrung. Ich konnte sehen, wie die Missionskonferenz Talente freisetzte und Menschen ermutigte und befähigte, den Glauben auch im CVJM zu leben.

Einige Jahre später waren wir wieder miteinander im Gespräch. Inzwischen hatte sich der CVJM Brasilien deutlich verändert. Die Sportarbeit hatte nichts von ihrer Attraktivität eingebüßt, im Gegenteil, der CVJM hatte mehr Zulauf als zuvor. Aber inhaltlich hatten sich die Programme verändert. Einer der Verantwortlichen legte bei der Missionskonferenz stolz ein Buch in die Mitte, das geistliche Impulse für jeden Tag enthielt. Die meisten Sportgruppen starteten nun mit einer täglichen Andacht und die Fitnesstrainer schauten, wie sie die geistlichen Impulse im Fitnesscenter einbringen konnten. Am Abend fragte ich Mauricios, wie eine solche Entwicklung möglich gewesen wäre, von der wir in Deutschland nur träumen könnten. Er erklärte mir, dass sie die Entscheidung getroffen hätten, ihr christliches Erbe aus der hintersten Ecke hervorzuholen und in den vordersten Raum zu stellen. Dank der Missionskonferenzen wurde ein Umfeld geschaffen, das einen geistlichen Aufbruch in einer ganzen Reihe von CVJM Brasiliens ermöglichte.

Sehr oft durfte ich die Verantwortlichen im CVJM Lima begleiten. Mehrfach wurde ich gebeten, Seminare zum Thema Leitung durchzuführen. In vielen persönlichen Gesprächen durfte ich Raul Salas, dem damaligen Generalsekretär, zur Seite stehen und erleben, dass er nach solchen Gesprächen und Gebeten ermutigt seine Aufgaben angehen konnte.

Besonders bewegend empfand ich die Begleitung von Menschen in Kolumbien. Bei meiner ersten Missionskonferenz dort war die politische Situation noch so angespannt, dass manche Teile des Landes nicht per Auto erreichbar waren. Bei der zweiten Reise wurden Margarete und ich von Daniel Botero begleitet, dem Zuständigen im CVJM Deutschland für Südamerika.

Daniel kannte sich in Kolumbien, dem Heimatland seines Vaters, bestens aus und war mit der Kultur entsprechend vertraut. Die politische Situation hatte sich verbessert, war jedoch immer noch sehr angespannt. Wie fragil sie war, wurde uns in der ersten Stadt, die wir besuchten, deutlich. Wir durften den halben Kilometer von unserem Hotel zum CVJM nicht zu Fuß gehen, sondern mussten auf das Auto warten, das uns zum CVJM brachte und anschließend wieder zurück. Die Menschen waren vom Bürgerkrieg gezeichnet. So manchem Gesicht sah man den schmerzlichen Verlust von Freunden und Bekannten an. Die schrecklichen Geschichten, die wir zu hören bekamen, bewegten uns sehr. Dabei war das ja nur die Spitze des Eisberges.

Sehr nachgegangen ist uns die Bitte einer jungen Frau, die beim Gebetsabend der Missionskonferenz zu Margarete und mir mit den Worten kam: „Ich will dem Mörder meines Vaters vergeben. Könnt ihr mir dabei helfen und mit mir beten?“ Wir waren berührt von dem Schicksal der jungen Frau, aber auch von der Klarheit ihres Glaubens, den sie mit ihrem Willen zur Vergebung zum Ausdruck brachte. Noch lange beschäftigte uns dieses Gebet und die Frage, ob nicht ein deutlich längerer geistlicher und psychologischer Prozess für diesen Schritt der Vergebung nötig gewesen wäre. Aber wir wussten diese junge Frau in einer lebendigen Gemeinschaft verankert und vertrauten darauf, dass sie zum inneren Frieden gefunden hatte. Wir durften mithelfen, dass ihr Glaube gestärkt und befestigt wurde und Schritte zur inneren Heilung und Versöhnung gegangen werden konnten.

Für mich stand diese Erfahrung stellvertretend für manche Gespräche und Gebete mit Menschen aus Kolumbien. Jahre später wurde ich gebeten, ein ganzes Wochenendseminar mit den Mitarbeitenden des CVJM Bogota zum Thema Versöhnung zu gestalten. Der CVJM war bereit, seine Mitarbeitenden in diesem zerrissenen Land für das Thema Versöhnung zu schulen, längst bevor der politische Versöhnungsprozess begann.

Mehrfach bin ich nach Bogota geflogen. Ein Höhepunkt war die Gründung einer Mitarbeitergemeinschaft. Über viele Jahre hatte Joachim Schmutz den CVJM Bogota begleitet und dabei auch auf die Gründung einer geistlichen Mitarbeitergemeinschaft hingewirkt. Nun spürte er, dass die Zeit reif war für diesen Schritt. Deshalb lud er mich ein, dabei zu sein und die grundlegende Verkündigung zu halten. Es war beeindruckend zu sehen, wie die einzelnen – darunter auch viele der Direktorinnen des CVJM – ihr Ja zu dieser Mitarbeitergemeinschaft zum Ausdruck brachten. Aquines, die Verantwortliche für die ehrenamtlich Mitarbeitenden, hatte Karten in Herzform vorbereitet, auf die jeder seinen Namen schreiben und dann an der Pinnwand befestigen konnte. Gloria, die Generalsekretärin, war die erste, die mutig nach vorn ging, und damit die Tür für diesen Bereich öffnete, und sie war ebenfalls die erste, die zum anschließenden persönlichen Gebet nach vorne kam. Dieser Abend führte zu einem geistlichen Aufbruch im CVJM Bogota. Beim Mitarbeiterwochenende ein Jahr später konnte ich direkt an diese Erfahrung anknüpfen. Neue waren hinzugekommen. Man spürte die geistliche Durchdringung dieses mit seinen 300 hauptamtlichen Mitarbeiterinnen und Mitarbeitern und seinen unzähligen sozialen Programmen riesigen CVJM. Die Sache schien auf einem guten Weg zu sein. Gerne nahm ich zwei Jahre später die Einladung zu einem weiteren Mitarbeiterwochenende an, bei dem es angesichts der gesellschaftlichen und politischen Situation schwerpunktmäßig um Versöhnung gehen sollte. Doch bereits bei der Ankunft spürte ich, dass etwas anders geworden war. Ich wurde freundlich empfangen, doch die Atmosphäre war kühler. Aquines und einige der Verantwortlichen der Mitarbeitergemeinschaft litten darunter, dass ihnen die Basis weggebrochen war und sie von der Vereinsleitung mehr Gegenwind als Unterstützung erfuhren. Die monatlichen Mitarbeiterabende waren ausgesetzt worden. Auch zum Mitarbeiterwochenende wurde ein Personenkreis erwartet, dem das geistliche Anliegen fremd war. In vielen Gesprächen versuchte ich, der Sache auf den Grund zu kommen. Wie konnte es nach dem guten Start der Mitarbeitergemeinschaft zu einem solchen Absturz kommen, und welche Wege wären jetzt zu beschreiten? Natürlich konnte meine Wahrnehmung nur bruchstückhaft bleiben. Dennoch ergab sich für mich eine dreifache Ursache. Zum einen wurde mir zum wiederholten Mal deutlich, dass ein Miteinander der verschiedenen Dienste, wie sie in Epheser 4,11 beschrieben sind (Apostel, Propheten, Evangelisten, Hirten und Lehrer), nötig ist, damit eine Mitarbeitergemeinschaft lebendig und dynamisch bleibt. Aquines strahlte große Herzlichkeit aus und hatte eine exzellente Hirten-Begabung. Sie hatte das Herz am rechten Fleck und ein starkes geistliches Anliegen. Ihr lag die Mitarbeitergemeinschaft wirklich am Herzen. Aber ihre Leitungskapazität war begrenzt und so konnte sie die Direktorinnen und andere Schlüsselpersonen nicht integrieren. Außerdem fehlte es der Mitarbeitergemeinschaft an Vision und Ausstrahlung. Zum zweiten hätte das Modell mehr den örtlichen Gegebenheiten und Herausforderungen angepasst werden müssen. Für eine Großstadt dieser Dimension, bei der jeweils eine Stunde Fahrzeit in die eine oder andere Richtung nötig waren, stellte sich die Frage nach geeigneten Strukturen, damit der zeitliche Aufwand die geistliche Gemeinschaft nicht unmöglich machte. Die Generalsekretärin, die den geistlichen Aufbruch sehr befürwortete, hätte ein Gegenüber gebraucht, das in der Lage gewesen wäre, an einzelnen Orten dieser riesigen Stadt dezentral Hauskreise zu beginnen, das christliche Anliegen in alle Teilbereiche dieses CVJM zu transportieren und in den verschiedenen Zentren dieser Großstadt in den jeweiligen Häusern geistliche Zellen zu beginnen. Zum dritten hatte sich dieser CVJM für eine

Beratung durch den nordamerikanischen CVJM entschlossen, der mit den christlichen Inhalten nichts anzufangen wusste. Die Mitarbeitergemeinschaft erschien wie eine unnötige Investition. Für mich war es schmerzlich zu sehen, dass der starke geistliche Aufbruch ein so jähes Ende nahm. Hier wäre eine intensivere Begleitung nötig gewesen, aber natürlich braucht es auch die entsprechende Kompetenz vor Ort. Ich musste immer wieder daran denken, was Paulus an Timotheus schreibt: „Was Du von mir gehört hast durch viele Zeugen, das befiehl treuen Menschen an, die tüchtig sind, auch andere zu lehren" (2. Tim 2,2). Für die Führung einer Mitarbeitergemeinschaft braucht es Menschen, die die Kompetenz haben, zu leiten, zu lehren, eine Vision zu zeichnen und sie an andere weiterzugeben, die sie multiplizieren können. Dennoch vertraue ich darauf, dass das Weizenkorn, das in die Erde fällt, Frucht bringen wird (Joh 12,24). Doch zunächst hieß es loszulassen und zu hoffen, dass der ausgestreute Same an anderer Stelle und in anderer Form wieder nach oben dringt.

Bischofstreffen

„Flieg, Adler, flieg!" Mit der Einwilligung in den erneuten Ruf des Heiligen Geistes öffneten sich erstaunliche Türen. Ich erhielt eine Einladung zu einem ökumenischen Bischofstreffen. Jährlich trafen sich Bischöfe sehr unterschiedlicher Konfessionen, um in der Spiritualität der Fokolar-Bewegung die Einheit zu suchen und einzuüben. Bereits im Jahr 2004 hatten diese Bischöfe mich und andere nach Istanbul eingeladen, um gemeinsam die Erfahrung von *Miteinander für Europa* zu reflektieren. Doch nun begann eine neue Phase. Es war den Bischöfen über ihre jeweiligen Kirchen hinaus wichtig, mit den geistlichen Bewegungen in Verbindung zu sein. Dadurch wurde ich als Moderator des Leitungskomitees seit dem Jahr 2009 nahezu jedes Jahr zu diesem ökumenischen Bischofstreffen eingeladen. Das

Miteinander von Amt und Charisma, von Institution und Bewegung, das Papst Johannes Paul II. an Pfingsten 1998 so wertschätzend ausgedrückt hatte, wurde bei diesen Begegnungen aufs Neue Realität. Durch die offene Haltung der Bischöfe fühlte ich mich als Bruder unter Brüdern.

Für mich waren diese Begegnungen außerordentlich inspirierend, weil die Bischöfe sich meist sehr bewusst an Orten trafen, die für eine besondere Herausforderung oder Krise standen. Dabei denke ich z. B. an das Bischofstreffen in Belfast kurze Zeit nach der Brexit-Entscheidung mit all den Spannungen, die dabei in Nordirland neu aufloderten. Umso eindrucksvoller war der brüderliche Umgang der katholischen und anglikanischen Bischöfe aus Nordirland und Irland miteinander. Ein Zeichen des Friedens, über das man nur staunen kann und das viel zu wenig bekannt ist. Sehr besonders war ebenfalls das Treffen in Jerusalem. Begegnungen mit arabisch-christlichen Bischöfen, Muslimen und Juden standen auf dem Programm. In die Begegnungen brachten die Bischöfe ihr Charisma der Einheit ein und eröffneten Horizonte der Hoffnung. Es war sehr bewegend, gemeinsam mit ihnen an verschiedenen „heiligen Orten" zu beten. Für manche war die Grabeskirche mit ihrem Rummel und dem jahrhundertelangen Streit der Konfessionen eher ein schwieriger Ort. Für mich wurde das Gebet in der Grabeskirche zum tiefsten Erlebnis jener Reise. Ich wurde von einer solchen Gegenwart Jesu erfasst, dass es mir schwerfiel, diesen Ort so schnell wieder zu verlassen. Ein solches inneres Erlebnis hatte ich in keiner Weise erwartet. Bis heute klingt die Sehnsucht in mir nach, diesen Ort, der für mich in der Tat zum heiligen Ort geworden ist, erneut zu besuchen und viel Zeit an ihm zu verbringen. Seitdem kann ich den griechisch-orthodoxen Bischof aus unserer Reisegruppe verstehen, der die Genehmigung erhielt, während des Bischofstreffens eine Nacht im Innern der Grabeskirche verbringen zu dürfen.

Auch das Bischofstreffen 2015 auf der Insel Haki in der Nähe von Istanbul wurde für mich zu einem besonderen Ereignis. Patriarch Bartholomäus I., Oberhaupt der orthodoxen Kirche, vermittelte uns tiefe Einblicke in die Schikanen, denen die Kirche in diesem muslimisch geprägten Land ausgesetzt ist. Z. B. wird die Ausbildung der Priester durch Schließung von Klöstern erschwert. Außerdem bot das Treffen wieder einmal die Gelegenheit, die Bischöfe über den Weg von *Miteinander für Europa* zu informieren. Diesmal war es mir in erster Linie wichtig, sie zum *Miteinander für Europa* 2016 nach München einzuladen, wo Schritte der Versöhnung zwischen den verschiedenen Konfessionen gegangen werden sollten. Ein Höhepunkt war ein persönliches Gespräch mit Patriarch Bartholomäus I., den eine lange Freundschaft mit Maria Voce, der Präsidentin der Fokolar-Bewegung, verband. Durch diese Brücke wurde das Gespräch möglich und zusammen mit Maria Voce konnte ich Patriarch Bartholomäus aus erster Hand über die Vorbereitungen informieren und nach München einladen. Er konnte zwar nicht selbst nach München kommen, versprach jedoch, eine Videobotschaft zu senden. Wir zeigten sie direkt im Zusammenhang mit der Videobotschaft von Papst Franziskus auf dem Stachus.

Natürlich sind alle Bischöfe enorm beschäftigt, und es fällt schwer, den Terminkalender für solch ein Treffen zu blockieren. Doch weil hier beispielhaft die Einheit gelebt und die zukünftige Gestalt der Kirche sichtbar wird, habe ich in den letzten Jahren mit viel Leidenschaft versucht, die Bischöfe zu ermutigen, diesen Weg der Einheit als enorm wichtigen Dienst am Leib Christi mit der nötigen Kraft und Zeit weiterzugehen. So war es auch beim ökumenischen Bischofstreffen 2017 in Katowice/Polen. Ich drückte meine Dankbarkeit für dieses Treffen aus, teilte meine Sorge, ob der Gewinnung der nächsten Generation von Bischöfen genügend Kraft und Aufmerksamkeit geschenkt würde und fragte, in welcher Weise sie sich über diese ökumenischen Treffen hinaus für die Einheit einsetzen würden und welches Bild der Einheit ihnen vor Augen steht. In meiner Leidenschaft für die Einheit konnte ich mich mit den Eucharistiefeiern, bei denen zwar immer alle anwesend waren, aber nur ein Teil an der Kommunion teilnehmen durfte, nicht abfinden. In der gemütlichen Runde am Abend wurde der Ball an mich zurückgespielt und ich wurde gefragt, wie ich mir Einheit konkret vorstellen würde und welche Schritte ich dahin gehen wollte. Ich überlegte kurz und formulierte dann, was schon länger in mir virulent vorhanden war. Da ich am nächsten Morgen schon früh in die Slowakei fahren musste, um bei einem Netzwerktreffen von katholischen Gemeinschaften in Osteuropa über *Miteinander für Europa* zu berichten, baten mich die Anwesenden, meine Gedanken schriftlich an das Bischofstreffen zu formulieren. Ich schrieb ihnen:

> Liebe Bischöfe,
>
> im Gespräch gestern machte ich deutlich, wie wichtig mir dieses ökumenische Bischofstreffen ist. Beim „Pakt der Liebe" leuchtete etwas von der zukünftigen Kirche auf. Es ist die eine Kirche Jesu Christi, die sich in versöhnter Verschiedenheit zeigt, im Herzen und im Geist jedoch tief eins ist im Bündnis der gegenseitigen Liebe.
>
> Voller Dankbarkeit nehmen wir die vielen Schritte auf dem Weg zur Einheit wahr. Die vielen Schritte der letzten 50 Jahre haben durch die gemeinsame Erklärung zur Rechtfertigung (31.10.99), durch das Buch *„Vom Konflikt zur Gemeinschaft"*[8] und durch das Reformationsjubiläumsjahr 2017, insbesondere durch die Versöhnungsgottesdienste und durch den Besuch von Papst Franziskus in

Lund, ein neues Maß an Einheit erreicht.

Dennoch sind wir noch nicht am Ziel angekommen. Es war meine Bitte, dass wir mutig einige Striche zu dieser Skizze der zukünftigen Kirche hinzufügen sollten, denn die Menschen brauchen eine Vorstellung, eine Vision des Künftigen, um sich dorthin zu bewegen.

Im Nachklang zu meinen kurzen Gedanken formulierte ich abends im kleinen Kreis folgende Gedanken:

Mit großer Freude habe ich die Ankündigung von Papst Franziskus und dem Lutherischen Weltbund am 31.10.2017 vernommen, dass das Ziel der gemeinsamen Mahlfeier konkret angestrebt wird. Um dieses Ziel zu verwirklichen, sind sicherlich viele Gespräche auf theologischer Ebene erforderlich. Es gilt, die offenen Fragen zu klären und gemeinsame Ziele und Schritte zu formulieren. Unabhängig davon leuchten bereits die Umrisse des Zukünftigen vor unseren Augen auf und es wäre m.E. so einfach, weitere konkrete Schritte zu unternehmen, die die Einheit der einen Kirche Jesu Christi sichtbar machen. Folgende drei Schritte könnten eine Hilfe dafür sein:

Papst Franziskus lädt eine repräsentative (aber überschaubare) Zahl von Leitern anderer Kirchen jährlich zwei bis drei Mal zu je zwei Tagen der Begegnung, des Gebets und des Gesprächs ein. Sie machen durch ein gemeinsames Auftreten nach außen und innen deutlich, dass die Kirche im Geist und im Herzen eins ist (das Bündnis der Fokolar-Bischöfe könnte eine Grundlage dafür bilden). Der Papst als Sprecher der Christenheit wird gleichzeitig zum Diener der Einheit[9].

Papst Franziskus und die Verantwortlichen anderer Kirche gehen mutig den Weg der Versöhnung weiter. Das Ziel der einen Kirche Jesu Christi ist nicht die Einheitlichkeit, sondern die versöhnte Verschiedenheit. Um die Gegensätze zu versöhnen, braucht es den Prozess der Versöhnung. Die Identität der einzelnen Kirchen wird damit nicht infrage gestellt, sondern gestärkt. Es geht jedoch nicht um Profilierung, sondern um eine tiefe Versöhnung der Gegensätze. Wer versöhnt ist mit der Erkenntnis des anderen, wird dessen Position nicht als Mangel, sondern als Reichtum erkennen. Ganz gleich ob es um die Tauffrage, die Mahlfeier oder das Amt geht: Versöhnung geht tiefer als der sicherlich notwendige theologische Dialog.

Eine vielfältige Kirche mit verschiedenen Riten würde vor den Augen der Kirchenmitglieder und vor den Augen der Welt aufleuchten und der Bitte Jesu entsprechen: „Ich bitte für die, die an mich glauben werden, dass sie alle eins sind und die Welt erkennt, dass du mich gesandt hast" (Joh 17,20-21).

Durch die Versöhnung der Gegensätze ist schon jetzt eine gemeinsame Mahlfeier möglich, auch wenn noch manche theologischen Fragen zu klären sind. Beim Brotbrechen gingen den Emmaus-Jüngern die Augen auf.
Die Tischgemeinschaft am Abendmahlstisch wird neben der Einheit mit dem Papst zum größten sichtbaren Zeichen auf dem Weg zu der einen Kirche Jesu Christi.

Ich bin mir darüber im Klaren, dass sich diese drei Schritte nicht von heute auf morgen verwirklichen lassen. Aber ein erster konkreter Schritt könnte es sein, wenn Papst Franziskus einen repräsentativen Kreis von Verantwortlichen aus anderen Kirchen zu zwei Tagen des Fastens und Betens einladen würde, bei dem die Begegnung untereinander und das Hören auf den Heiligen Geist einen entsprechenden Raum einnehmen dürften. Könnte das nicht eine Anregung aus dem ökumenischen Bischofstreffen in Katowice an Papst Franziskus und führende Repräsentanten anderer Kirchen sein?

Katowice, 16. November 2017, Gerhard Proß

Die Bischöfe nahmen meinen Brief freundlich auf, aber wirkliche Schritte konnte ich bisher noch nicht erkennen. Weil ich kurz darauf auch mit Kardinal Kurt Koch in Kontakt war, sprach ich mit ihm über diese Gedanken. Sie bewegten ihn, und er kam mit mehreren Schlüsselpersonen darüber ins Gespräch. Wir werden sehen, ob dieser Same Frucht tragen wird oder ob er nur eine wohlgemeinte Idee von mir war. Mein eigenes Erleben in jener Nacht, in der ich diesen Brief schrieb, machte mir jedoch deutlich, dass ich durchaus ins Schwarze getroffen hatte. Ich erlebte massive Angriffe, wie ich sie nach manchen Gebeten erlebe, bei denen Menschen von Bindungen frei werden oder lange verschlossene Wege sich plötzlich öffnen. Deshalb will ich nicht nachlassen, den Weg der Versöhnung mit den Erkenntnissen und Wahrheiten der anderen Konfessionen weiter zu verfolgen.

Flieg, Adler, flieg!

Im Rückblick kann ich nur staunen, in welch genialer Weise Gott bereits alles vorbereitet hatte. Eine Tür nach der anderen öffnete sich nach diesem Ruf und meiner Bereitschaft, das Alte loszulassen und mich in neuer Weise den Aufträgen Gottes zur Verfügung zu stellen. Südamerika und das ökumenische Treffen der Bischöfe sind nur zwei Beispiele. Missionskonferenzen beim CVJM/YMCA in Indien, später in Togo und unzählige Reisen zu geistlichen Gemeinschaften und nationalen *Miteinander für*

Europa-Treffen sowie die Übernahme der Rolle des Moderators für *Miteinander für Europa*, gehörten ebenso dazu. Zum prophetischen Ruf schenkte Gott den Aufwind des Heiligen Geistes, der diese vielfältigen Dienste ermöglichte.

V. Der Hörvorgang

1. Lernen, auf die Stimme Gottes zu hören

Viele Menschen sehnen sich danach, Hinweise von Gott für Entscheidungen ihres Lebens zu erhalten. „Wie kann ich lernen, die Stimme Gottes zu hören?“ werde ich oft gefragt. In diesem Zusammenhang ist die Geschichte des jungen Samuel im Alten Testament sehr aufschlussreich. In den einleitenden Worten heißt es: „Das Wort des Herrn war selten in jener Zeit“ (1. Sam 3,1). Davor wird beschrieben, warum das Reden Gottes so selten war: Die Söhne des Priesters Eli lebten einen Lebensstil, der im krassen Gegensatz zu den Ordnungen Gottes stand. Die innere Linie des Buches Samuel gipfelt in der Aussage: „Gehorsam ist besser als Opfer“ (1. Sam 15,22). Wo Israel den Gehorsam verweigert, hüllt sich Gott in Schweigen. Die Geschichte aus 1. Samuel 3 enthält aber auch Hoffnung: „Die Lampe Gottes war noch nicht verloschen“ (1. Sam 3,3). Natürlich ist damit nicht gemeint, dass Samuel vergessen hatte, die Lampe auszumachen, bevor er sich in jener Nacht ins Bett gelegt hatte. Vielmehr weist dieser Satz darauf hin, dass das Licht Gottes an diesem Ort noch nicht verloschen war. Noch brennt die Lampe Gottes, noch ist Hoffnung da.

Diese Geschichte zeigt uns auf sehr anschauliche Weise, wie Samuel lernte, die Stimme Gottes zu hören. Von seinen Eltern wurde der junge Samuel Gott ganz zur Verfügung gestellt und dem Priester Eli zum Dienst am Haus Gottes zugeordnet. Eines Nachts, als er wie gewohnt auf seinem Schlafplatz liegt, hört er, wie er gerufen wird: „Samuel, Samuel!“ Er springt auf und läuft zu Eli, weil er denkt, dass dieser ihn gerufen hat. Doch Eli hatte ihn nicht gerufen und schickt ihn wieder zum Schlafen. Erläuternd heißt es: „Samuel hatte den Herrn noch nicht erkannt, und des Herrn Wort war ihm noch nicht offenbart“ (1. Sam 3,7). Es scheint, dass Samuel erst lernen musste, die Stimme Gottes von der seines Chefs Eli und wohl auch von den inneren Stimmen zu unterscheiden. Eindrücklich wird der Beginn dieses Lernvorgangs beschrieben, denn drei Mal wiederholt sich der Ruf Gottes. Ob Samuel eine akustisch vernehmbare oder eine innere Stimme hörte, wissen wir nicht, aber die Geschichte legt nahe, dass er sie akustisch vernahm, sonst wäre er nicht zu Eli gelaufen.

Beim dritten Mal versteht der alte Priester, was vor sich geht. Offensichtlich wusste er, wie es ist, wenn Gott redet, auch wenn er selbst es lange nicht mehr erlebt hatte. Er konnte dem jungen Samuel den entscheidenden Hinweis geben, wie er beim nächsten Mal antworten soll: „Rede Herr, denn dein Knecht hört." (1. Sam 3,9). Der Priester rät ihm, auf Empfang zu schalten und seine Hörbereitschaft Gott gegenüber zum Ausdruck zu bringen. Und tatsächlich meldet sich Gott erneut. Samuel erklärt seine Hörbereitschaft, und Gott redet zu ihm.

Die Geschichte zeigt uns, dass das Hören auf die Stimme Gottes ein Lernprozess ist, den selbst einer wie Samuel, der zum großen Propheten wurde, durchlaufen musste. Sie zeigt uns, dass die Stimme Gottes verwechselbar ist und es der Übung und der Unterscheidung bedarf, um sie von anderen Stimmen und den eigenen inneren Stimmen zu unterscheiden. Die Geschichte will uns ermutigen, ohne Angst zu lernen. Wir dürfen tastende Schritte machen und dabei auch Fehler begehen. Erst beim vierten Versuch Gottes und mit Hilfe und Rat eines erfahrenen Priesters war Samuel in der Lage, auf Gott zu hören. Gott hörte nach drei vergeblichen Versuchen nicht auf, sondern redete erneut.

Nicht jeder wird in derselben Weise begabt und berufen wie Samuel oder die anderen Propheten. Gott gibt unterschiedliche Gaben und Berufungen. Aber seit Pfingsten stehen die Gaben des Geistes allen Gläubigen zur Verfügung. Petrus betont in seiner Pfingstpredigt unter Bezug auf den Propheten Joel die prophetischen Gaben, wenn er sagt, dass alle Generationen mit diesen „Hör-Gaben“ beschenkt werden: „Ich will ausgießen von meinem Geist auf alles Fleisch; und eure Söhne und Töchter sollen weissagen, und eure Jünglinge sollen Gesichte sehen, und eure Alten sollen Träume haben“ (Apg 2,17). Paulus rät uns, dass wir uns nach den Gaben des Geistes ausstrecken sollen und betont, dass wir am meisten nach der Gabe der Prophetie streben sollen (1. Kor 14,1) – auch wenn sie als Gabe des Heiligen Geistes nicht in der Verfügbarkeit der Menschen liegt. Die Gaben sind Geschenke, bedürfen aber der Entfaltung und unterliegen einem gewissen Lernprozess. Viele machen die Erfahrung, dass die Bitte um den Heiligen Geist eine Fülle von Gaben freisetzt und die Hörfähigkeit durch die Erfüllung mit dem Heiligen Geist enorm zunimmt. Das kann ich aus eigener Erfahrung bezeugen.

Drei Ebenen des Hörens

Beim Hören auf die Stimme Gottes ist es hilfreich, drei Ebenen zu unterscheiden. Zum einen gibt es die Verheißung, die allen Christen gegeben ist. Jesus sagt: „Meine Schafe hören meine Stimme“ (Joh 10,27). Die Lämmer lernen also aus der Nähe zum Hirten seine Stimme kennen.

Daneben gibt es Menschen mit einer besonderen Hörfähigkeit. Sie empfangen Worte und Bilder, und es wird ihnen ein Anliegen, auf die Stimme Gottes für ihr persönliches Leben in Familie und Beruf zu hören, genauso aber auch für das Leben der Gemeinde. Einige wenige werden schließlich von Gott für einen prophetischen Dienst in Gemeinden und Kirchen berufen.

Zur besseren Illustration möchte ich es am Beispiel der Gabe der Evangelisation verdeutlichen: Wir alle haben den Auftrag, Zeugen des Evangeliums zu sein. Dann gibt es eine Reihe von Menschen, denen es besonders leichtfällt, mit anderen über ihren Glauben ins Gespräch zu kommen. Sie haben die Gabe der

Evangelisation. Doch nur einige wenige werden zum Dienst des Evangelisten berufen, weil die Gemeinde bzw. Kirche in ihnen die Berufung zu diesem Dienst erkennt.

Es ist gut für uns zu lernen, die Stimme des guten Hirten zu erkennen. Dies wird auf sehr vielfältige Weise geschehen. Ich habe den Prozess des Einübens ins Hören weiter vorn an verschiedenen persönlichen Beispielen beschrieben. Mit der Werkstatt der Hoffnung hatten wir eine Form gefunden, bei der wir mit jüngeren Mitarbeitenden dieses Einüben in sensibler Weise erproben konnten. Es ging uns darum, unterscheiden zu lernen, ob die Gedanken und Eindrücke, die uns in diesen Gebetszeiten durch den Kopf gingen, nur von uns selbst oder auch von Gott kommen.

Ein erster Schritt lag für mich immer darin, dass wir wie der junge Samuel unsere Hörbereitschaft zum Ausdruck brachten und um das Reden Gottes baten. Der zweite Schritt bestand darin, dass wir im Gebet ruhig wurden und auf „Empfang" schalteten. Dazu gehörte die Grundannahme, die Worte und Bilder, die uns in der Gebetsstille in den Sinn kamen, als Impulse des Heiligen Geistes für möglich zu halten. In der Werkstatt der Hoffnung, aber auch bei anderen Anlässen des gemeinsamen Hörens, erlebten wir, dass der Heilige Geist ähnliche Impulse verschiedenen Menschen schenkte. Darin erkannten wir eine Spur des Redens Gottes. Die Einzelnen waren verblüfft, dass es sich offensichtlich doch nicht nur um ihre eigenen Gedanken, sondern um eine Form des Redens Gottes handelte. So wurde das Vertrauen in den Hörprozess gestärkt. Die wenigsten hatten bereits Erfahrung damit, und es war stets aufs Neue spannend, ob es den Teilnehmenden gelingen würde, sich darauf einzulassen. Zu unserer Freude durften wir Jahr für Jahr erleben, wie die prophetischen Gaben bei der Werkstatt der Hoffnung lebendig wurden. Es war jedes Mal ein Geschenk, doch es bedurfte auch des Mutes der Leitung, die Räume dafür zu eröffnen. Ich erinnere mich z. B. an einen Teilnehmer aus unserem CVJM, der aus einem völlig anderen Milieu kam und bis dahin wenig persönliche Erfahrungen mit dem Glauben hatte. Etwas skeptisch ließ er sich auf den Hörprozess ein und war am Ende verblüfft, dass er für nahezu alle anderen in seiner „Hörgruppe" sehr präzise Worte und Bilder erhalten hatte, die diese als sehr zutreffend empfanden. Für ihn war es der Beginn eines Lernprozesses im Hören auf Gott, der seinen Glauben vertiefte und belebte.

In diesem Zusammenhang ist es mir wichtig zu betonen, dass wir nie mit 100-prozentiger Sicherheit sagen können, ob diese Impulse ein Reden des Heiligen Geistes sind oder unserer eigenen Seele entspringen. Eine geübte Beterin formulierte einmal folgenden Dreischritt: Das eine hast du mir gesagt, weil du mich kennst. Das andere, weil du mich liebst. Doch der dritte Impuls verdient meine ganze Aufmerksamkeit. Hier könnte ein echtes Reden des Heiligen Geistes vorliegen.

Ich möchte Mut machen, sich auf den Prozess des inneren Hörens einzulassen und gleichzeitig die Worte und Eindrücke nicht zu überhöhen, sondern um das Mitwirken der menschlichen Seele zu wissen. Paulus selbst gibt den Hinweis, dass alles Erkennen Stückwerk bleibt: „Wir sehen jetzt durch einen Spiegel in einem dunklen Bild; dann aber von Angesicht zu Angesicht. Jetzt erkenne ich stückweise; dann aber werde ich erkennen, gleichwie ich erkannt bin" (1. Kor 13,12).

2. Verschiedene Weisen des Redens Gottes

In diesem Kapitel möchte ich eine kleine Reflexion über den Hörvorgang vornehmen und einige biblische Texte dazu sprechen lassen, die das vielfältige und unterschiedliche Reden Gottes sichtbar machen.

„Und der Herr sprach zu …"

Wir lesen in der Bibel immer wieder den schlichten und einfachen Satz: „Und der Herr sprach zu …". Der Herr sprach zu Abraham, Mose und vielen, vielen anderen. Wir wüssten so gerne, wie das genau geschah. Die eben geschilderte Erfahrung des jungen Samuel gibt uns ein Beispiel von vielen. Aber oft wird einfach berichtet: „Und der Herr sprach."

Gott spricht durch Bilder

„Der Herr sprach zu mir: Was siehst du, Amos?" (Am 7,8 und 8,2). Bei Amos und vielen Propheten kam zu dem Hören der Stimme Gottes das Sehen hinzu. Sie sahen etwas vor ihrem inneren Auge oder sahen mit geöffneten Augen eine Vision. An der eben zitierten Stelle bei Amos ist es ein Blei- oder Zinnlot. Im Dialog mit Gott erfährt der Prophet die Deutung.

Auch im neuen Testament wird uns das prophetische Hören und Sehen vielfach beschrieben, z. B. in der Apostelgeschichte: Paulus sieht eines Nachts im Traum oder in einem Wachgesicht einen Mann aus Makedonien und hört dazu den Ruf „Komm herüber und hilf uns!" (Apg 16,9). Er ist sofort überzeugt, dass das ein Fingerzeig des Heiligen Geistes war, denn im nächsten Vers in der Apostelgeschichte berichtet Lukas: „Als er aber die Erscheinung gesehen hatte, da suchten wir sogleich nach Makedonien zu reisen, gewiss, dass uns Gott dahin berufen hatte, ihnen das Evangelium zu predigen" (Apg 16,10). Offensichtlich wich diese Gewissheit auch dann nicht von ihm und seinen Reisegefährten, als sie kurze Zeit darauf im Gefängnis landeten. Die Überzeugung, in der Vision des Mannes aus Makedonien den Ruf Gottes gehört zu haben, war so stark, dass ihm selbst die äußeren Widerstände diese Überzeugung nicht rauben konnten.

Ein besonders eindrücklicher Hör- und Sehprozess wird uns in Apostelgeschichte 10 beschrieben. Petrus betet um die Mittagszeit und während ihm das Essen zubereitet wird, sieht er plötzlich, wie sich der Himmel öffnet und ein Tuch mit allerlei unreinen Tieren auf die Erde herabgelassen wird, die zu essen einem Juden verboten sind. Dazu hört er den Auftrag „Steh auf, Petrus, schlachte und iss!“ (Apg 10,13). „O nein, Herr; denn ich habe noch nie etwas Unreines gegessen“, ist seine entsetzte Antwort. Doch er hört weiter: „Was Gott rein gemacht hat, das nenne du nicht unrein“. Drei Mal wiederholt sich dieser Vorgang und Petrus ist ratlos, was das zu bedeuten hat. Für ihn ist aber offensichtlich außer Frage, dass Jesus zu ihm spricht, wie wir aus seiner Anrede „HERR“ erkennen können. Erst als die Männer des heidnischen Hauptmanns Kornelius an die Tür seines Hauses klopfen und er erneut die Stimme des Heiligen Geistes vernimmt, kann er verstehen, was Gott ihm sagen will: Er soll das Evangelium auch den Heiden verkündigen, denn Gottes Heil ist nicht nur für die Juden da. Deshalb darf – ja muss – er anschließend in das Haus eines Heiden gehen, was ihm bis dahin als unrein gegolten hatte.

Damit sind wir bei einer wichtigen Differenzierung angekommen. Es gilt zu unterscheiden zwischen dem prophetischen Impuls und der Deutung dieses Impulses. Bei der Deutung sind wir mit unseren Erfahrungen und unserem Denken gefragt. Entsprechend leicht mischen sich hier eigene Gedanken ein, weshalb es von besonderer Bedeutung ist, das eine vom anderen zu unterscheiden.

In einer anderen biblischen Geschichte wird der nächste Schritt deutlich: Zum Impuls und der Interpretation kommt die Frage nach dem angemessenen Handeln. Apostelgeschichte 21,10ff beschreibt, wie der Prophet Agabus an Paulus eine prophetische Zeichenhandlung vornimmt: Er nimmt den Gürtel des Paulus und bindet ihm damit die Hände und Füße. Dazu sagt er prophetisch: „Das sagt der Heilige Geist: Den Mann, dem dieser Gürtel gehört, werden die Juden in Jerusalem so binden und überantworten in die Hände der Heiden". Zeichenhandlung und Wort sind eindeutig, da braucht es keine weitere Interpretation. Die Frage ist jedoch, welche Handlungsoptionen dadurch entstehen. Die Wegbegleiter des Paulus bitten ihn, nicht nach Jerusalem zu reisen, denn sie sehen das prophetische Wort als Warnung. Paulus hingegen sieht es als Vorbereitung auf das Leiden, das er um seines Glaubens willen erdulden soll und lässt sich nicht davon abbringen. Ohne diese Geschichte vertiefen zu wollen, habe ich sie ausgewählt, um den Dreischritt, der bei vielen prophetischen Worten gegeben ist, zu verdeutlichen: Impuls, Interpretation und mögliche Handlungsschritte.

Gott spricht durch die Bibel

Am liebsten redet Gott durch die Heilige Schrift. Schon sehr oft habe ich erlebt, dass mich beim Lesen der Bibel plötzlich ein Satz besonders anspricht oder geradezu anspringt. Dadurch nehme ich wahr, dass der Heilige Geist etwas Bestimmtes unterstreichen will. Immer wieder passiert das bei bekannten Texten, die ich schon oft gelesen habe: Plötzlich merke ich, dass das Wort lebendig wird und zu mir sehr persönlich spricht. Eine Verheißung oder eine Ermahnung findet einen Widerhall in mir. Meine Bibel ist voller Randnotizen, die ich machte, wenn mich ein Wort tiefer berührte und ich ein Reden Gottes in eine bestimmte Situation hinein hörte oder Wegweisung für einen Lebensabschnitt erhielt. In einer meiner früheren Bibeln, die ich leider ins Regal stellen musste, weil sie sich in Einzelteile auflöste, finden sich unter der Fülle an persönlichen Notizen bei Jesaja 41,15ff die Daten 1988 und 1993. Im Jahr 1988 traf mich dieses Wort als heftige Herausforderung. Ich arbeitete zu der Zeit an mir, weil ich nicht mehr so kantig sein wollte und wünschte, dass mehr Liebe durch mich hindurchstrahlt. Doch mitten in diesem Prozess der inneren Umgestaltung, der für mich mühsam genug war, sprach mich dieses Wort an, und ich wusste sehr genau, dass es ein Reden Gottes für mich war: „Siehe, ich habe dich zum scharfen, neuen Dreschwagen gemacht, der viele Zacken hat, dass du Berge zerdreschen und zermalmen sollst und Hügel wie Spreu machen". Bei allem Bemühen um die Liebe, in der ich nicht nachlassen wollte, forderte mich dieses Wort heraus, auch mutig für das einzustehen, was Gott mir aufgetragen hatte. Dieses Wort unterstrich die evangelistische Begabung in mir, zu der eben oft ein schwarz-weiß-Schema gehört, während ich doch dabei war, die „Grautöne" zu entwickeln. Ich stellte mich der Herausforderung, um das Reich Gottes unter jungen Menschen, aber auch unter Erwachsenen zu verkündigen, evangelistische Jugendveranstaltungen zu planen und große Evangelisationen zusammen mit der Evangelischen Allianz für unsere Stadt ins Leben zu rufen. 1993, fünf Jahre später, empfand ich diesen Bibelvers wieder als persönliche Ansprache Gottes an mich für meine neue Aufgabe als Leiter des CVJM-Verbundes. Ich wusste, dass die mutige und klare, aber manchmal auch die kantige Seite meiner Persönlichkeit gefragt sein würde. Gleichzeitig kam durch den folgenden Vers zum Auftrag die Freude dazu: „Du wirst fröhlich sein über dem Herrn und wirst dich rühmen des Heiligen Israels." Diese Freude begleitete mich zusammen mit der Verheißung: „Ich will Wasserbäche auf den Höhen öffnen und Quellen mitten auf den Feldern und will die Wüste zu Wasserstellen machen und das dürre Land zu Wasserquellen" (Jes 41,18).

Ich schlage meine jetzige und die frühere Bibel auf und blättere voller Staunen durch die Seiten. Eine Fülle an Unterstreichungen und Randnotizen macht deutlich, wie oft Gott zu mir durch sein Wort gesprochen hat. Sehr präzise haben manche Worte in eine bestimmte Situation hinein getroffen. Ich wurde ermutigt, innerlich gestärkt, konnte Kraft zum Durchhalten schöpfen oder neue Perspektiven erkennen.

Das Wort Gottes ist für mich eine unverzichtbare Quelle, um die Stimme Gottes für mein Leben zu vernehmen. Deshalb ist es mir so wichtig, andere zum regelmäßigen Lesen der Bibel zu ermutigen. Wir erhalten durch die Bibel einen Korridor des Willens Gottes, der uns in ganz praktischen Fragen Hilfe und Orientierung ist.

Gott spricht durch die Verkündigung

Gott spricht zu uns durch die Verkündigung. Der Heilige Geist transportiert einen Gedanken aus der Predigt, der Andacht oder einer Bibelarbeit in das Herz der Hörer. Manchmal ist es ein Akzent, der eine biblische Wirklichkeit beleuchtet und uns hilft, die Absichten Gottes besser zu verstehen. Ein anderes Mal scheint die Verkündigung direkt ins Leben eines Menschen zu sprechen, als ob die ganze Predigt für diese Person persönlich gehalten worden wäre. Der Heilige Geist „landet“ mit einem Satz mitten in den Herzen der Zuhörer. Ermutigung, Trost, neue Perspektiven und auch die Korrekturimpulse Gottes für unser Leben können uns auf diesem Weg erreichen.

Wer den Willen Gottes für sein Leben erkennen möchte, sollte darum regelmäßig das verkündigte Wort Gottes hören. Wenn Gott zu Bileam sogar durch einen Esel reden konnte (4. Mose 22,28), wird es ihm ein Leichtes sein, durch die Predigt am Sonntagmorgen zu uns zu sprechen.

Gott spricht durch Ereignisse und Fügungen

Offensichtlich hatte der Prophet Jeremia einen „heißen Draht“ zu Gott, jedenfalls erfuhr er das Reden Gottes in einer besonders intensiven Weise. Gott berief ihn schon als jungen Mann zum prophetischen Dienst (Jer 1).

Obwohl Gott unmissverständlich und klar zu ihm sprach, wird uns in Jeremia 32 ein prophetischer Vorgang beschrieben, der nicht in das übliche Schema bei Jeremia passt. Wir lesen dort: „Da kam Hanamel, meines Onkel Sohn, wie der HERR gesagt hatte, zu mir in den Wachthof und sprach zu mir: Kaufe doch meinen Acker in Anatot, der im Lande Benjamin liegt; denn dir kommt es zu, ihn zu erwerben und einzulösen; kaufe du ihn! Da merkte ich, dass es des HERRN Wort war" (Jer 32,8). Jeremia befand sich im Gefängnis und hatte sicherlich andere Sorgen, als einen Acker in einem vom Krieg zerstörten Gebiet zu kaufen. Doch wer aufmerksam diesen Abschnitt liest, der entdeckt einen prophetischen Hörvorgang, der weder akustischer noch visueller Art war, sondern ein Wahrnehmen, ein Erkennen anhand eines Ereignisses. „Da merkte ich, dass es des Herrn Wort war." Mitten in einer hoffnungslosen Situation wird dem Propheten eine prophetische Zeichenhandlung aufgetragen. Die Babylonier hatten Israel erobert, jetzt fehlte nur noch Jerusalem, aber schon war vor der Stadt ein Wall aufgeschüttet, um die Stadt einzunehmen. In dieser hoffnungslosen Situation soll Jeremia den Acker im vom Krieg zerstörten und besetzten Land kaufen. Eigentlich eine völlig unsinnige Aktion. Doch Jeremia erkennt das Reden Gottes in diesem Ereignis und nimmt eine beeindruckende Zeichenhandlung vor. Er lässt eine Abschrift des Kaufvertrages in einem Tonkrug sicher verwahren mit dem Hinweis: „Man wird wieder Häuser, Äcker und Weinberge kaufen in diesem Land" (Jer 32,15).

Auch wenn es sich hier um ein außergewöhnliches Ereignis handelte, können wir daran besonders gut sehen, wie wichtig es ist, das Zeitgeschehen hellwach wahrzunehmen und darin die Spuren Gottes zu erkennen. Die Schönstatt-Bewegung hat unter dem Thema „Spurensuche"[10] eine feine Anleitung dazu entwickelt.[11]

Gott spricht durch offene und geschlossene Türen

Zu Beginn dieses Kapitels habe ich den klaren Ruf Gottes beschrieben, den Paulus durch die Vision des Mannes aus Makedonien erhalten hatte. Es ist sehr interessant, in diesem Zusammenhang auch die Verse direkt davor zu lesen (Apg 16,6-8). Dort wird erzählt, dass er nahezu durch die halbe heutige Türkei reiste, um bestimmte Orte zu besuchen. Aber immer wieder hieß es: „… doch der Geist Jesu ließ es ihnen nicht zu". Auch verschlossene Türen können eine Form der Führung des Heiligen Geistes sein. Für mich gehört die oben beschriebene Erfahrung dazu, die Gott mir zumutete, als er damals eine Tür in Tübingen zumachte, damit ich die offene Tür nach Esslingen erkennen konnte.

Gott spricht durch Träume

Wir träumen jede Nacht. Das wenigste davon wissen wir am nächsten Morgen noch. Träume dienen der Verarbeitung dessen, was wir erlebt haben. Manchmal versuchen wir im Traum Fragen zu klären, die tagsüber offengeblieben sind. Wiederholungsträume weisen uns in besonderer Weise darauf hin, dass etwas Unbearbeitetes vorhanden ist. Es ist gut, wenn wir dies wahrnehmen und uns der Sache annehmen. Die Botschaft an uns lautet: Verstehe doch endlich! Dann und wann gibt es allerdings Träume, die diese Kategorie sprengen. Vielleicht ist es nur ein Prozent unserer Träume, aber wir sollten sensibel werden, ob hier nicht ein Reden Gottes vorliegen könnte.

Die Bibel enthält viele Beispiele von Gottes Reden durch Träume, z. B. den eindrücklichen Traum von König Nebukadnezar, den Daniel deutet (Dan 2) oder die Träume und die Traumdeutung von Joseph, einem der Söhne Jakobs (1. Mose 37; 40; 41). Auch zu Josef, dem Mann Marias, redet Gott mehrfach durch Träume (Mt 2,13 ff). In der Ankündigung der Ausgießung des Heiligen Geistes durch den Propheten Joel, die Petrus in seiner Pfingstpredigt aufgreift, wird explizit darüber gesprochen, dass der Heilige Geist prophetische Träume bewirkt: „Es soll geschehen in den letzten Tagen, spricht Gott, da will ich ausgießen von meinem Geist auf alles Fleisch; und eure Söhne und eure Töchter sollen weissagen, und eure Jünglinge sollen Gesichte sehen, und eure Alten sollen Träume haben … (Apg 2,17).

Die Bibel wirft jedoch auch einen kritischen Blick auf Träume. So musste sich der Prophet Jeremia mit Tempelpropheten auseinandersetzen, die geradezu inflationär von Träumen sprachen und sie als Reden Gottes ausgaben. Sehr scharf weist Gott sie durch den Propheten zurecht: „Ich höre es wohl, was die Propheten reden, die Lüge weissagen in meinem Namen und sprechen: Mir hat geträumt, mir hat geträumt" (Jer 23,25), und lässt ihn schließlich pointiert formulieren: „Ein Prophet, der Träume hat, der erzähle Träume; wer aber mein Wort hat, der predige mein Wort recht" (Jer 23,28). Doch trotz dieser kritischen Anmerkung hat die Bibel eine grundlegend positive Einstellung dazu, dass Gott durch Träume zu uns Menschen redet.

So manchen Traum erlebte ich als einen Fingerzeig Gottes. Einer von ihnen war der letzte Auslöser für dieses Buch. Mir erschien im Traum einer meiner geistlichen Väter, der bereits im Himmel ist. Er hatte zwei sehr klare Botschaften, von denen eine lautete: „Wann schreibst du endlich das Buch?" Für mich blieb dieser Traum nicht einfach ein Traum. Bis dahin hatte ich alle Impulse zum Schreiben beiseitegelegt oder verdrängt. Doch dieser Traum war so eindrücklich und klar, dass ich ihn nicht mehr auf die Seite schieben konnte. Für mich war es ein Reden Gottes. Selbst wenn es „nur" eine Botschaft meiner Seele an mich gewesen wäre, will ich den Impuls ernst nehmen, weil ich dadurch der Spur meines Lebens folge, die tiefer liegt als die gedankliche Ebene.

Eine besonders markante Führung durch einen Traum erfuhr ich nach der Anfrage eines geistlichen Zentrums, das mich gerne als Leiter berufen hätte. Im Prinzip wusste ich sehr genau, dass mein Platz im CVJM Esslingen war. Doch bevor die Anfrage kam, bewegte mich das prophetische Bild einer Mitarbeiterin, die gesehen hatte, dass mein Herz viel zu groß war für den Körper, in dem es war (Körper = CVJM Esslingen). Konnte es sein, dass meine Berufung den CVJM Esslingen überforderte und deshalb doch Neues für mich dran sein könnte? Musste ich über diese Anfrage also doch ernsthaft nachdenken? Eines Nachts träumte ich, dass ich im großen Mercedes des Ministerpräsidenten fuhr. Das Auto war (für die damalige Zeit) top modern ausgestattet mit Autotelefon, Laptop etc. Alles war bestens vorbereitet, doch ich hatte in dem Wagen keinen Empfang. Beim Nachdenken über den Traum wurde mir klar, dass dies zwar eine optimale Stelle wäre, die alles hätte, was ich zum Arbeiten benötigte. Aber wenn ich „keinen Empfang" hatte, also Gott nicht hören konnte, kam sie für mich nicht in Frage. Damit war für mich die Anfrage geklärt und ich konnte das Herz, das größer war als die Aufgaben im CVJM, auch für die verschiedenen Netzwerke wie *Treffen von Verantwortlichen* und *Miteinander für Europa* schlagen lassen.

Gott spricht durch Engel als Boten Gottes

Beim Lesen der Bibel fällt auf, wie oft Gott seine himmlischen Boten sendet, um den Menschen eine Botschaft zu übermitteln. Von Abraham angefangen bis zum letzten Buch der Bibel sind diese Boten Gottes an vielen Stellen zu finden.

Ich habe keinen Zweifel, dass diese Boten Gottes auch heute aktiv sind, wenngleich mir selbst bisher offensichtlich die Augen dafür verschlossen sind. Positive und negative Kräfte der unsichtbaren Welt spüre ich oft bis hinein ins Körperliche, aber Engeln bin ich noch nicht wahrnehmbar begegnet. Allerdings kenne ich einige Menschen mit prophetischer Begabung, die dafür eine hohe Sensibilität haben und in der Lage sind, die

Realität der Engel und ihr Handeln wahrzunehmen. Ihre Begabung war mir schon in vielen Gebetsveranstaltungen eine Hilfe, um zu merken, in welcher Weise Gott gerade am Handeln ist.

Gott spricht durch andere Menschen

„Da kam Hanamel … und sprach zu mir: Kaufe doch meinen Acker! Da merkte ich, dass es des HERRN Wort war" (Jer 32,8). Diese Geschichte beim Propheten Jeremia hatte ich bereits beschrieben. Sie ist für mich auch ein Beispiel, wie der Prophet, der sonst die Stimme Gottes sehr direkt vernimmt, Gottes Reden diesmal durch seinen Cousin hört. Manchmal habe ich den Eindruck, dass Gott es liebt, durch andere Menschen zu uns zu sprechen. Nicht zuletzt deshalb ist es so wichtig, genau auf andere zu hören. Sehr oft hat in einer Beratung erst der eine, dann der andere das richtungsweisende Wort.

Ich kenne Menschen, denen diese Form des Redens Gottes offensichtlich am leichtesten zugänglich ist. Sie sprechen vom dialogischen Reden Gottes. Während ich viel leichter die Stimme Gottes in der persönlichen Stille vernehme, müssen sie dazu ins Gespräch mit anderen kommen. Als einmal ein geistlicher Leiter vor einer wichtigen Weichenstellung im Leben für eine längere Phase in die Stille ging, reagierte einer meiner Freunde zu meiner großen Überraschung mit einem völlig anderen Vorschlag und sagte: Warum sucht er nicht das Gespräch mit den geistlichen Geschwistern, um den Willen Gottes für seinen nächsten Lebensabschnitt zu erfassen? Offensichtlich entsprach die dialogische Form, die Begegnung und das Gespräch mit anderen, seiner bevorzugten Art, den Willen Gottes für sich zu erkennen.

Den wachen Verstand gebrauchen

Wie aus allem bisher Beschriebenen unschwer erkannt werden kann, hat für mich das Hören auf Gottes vielfältiges Reden eine wichtige Bedeutung. Bei aller Sensibilität für die Fingerzeige Gottes möchte ich aber damit nie „blauäugig" umgehen, d.h. ohne den wachen Verstand zu gebrauchen. Glaube und Denken, Hören und Verstand gehören für mich immer zusammen. Die meisten kleineren und größeren Entscheidungen müssen schlicht aufgrund von Überlegungen und einer Für- und Wider-Abwägung getroffen werden. Zusammen mit meiner Leitungsgabe wurde mir auch ein gutes Gespür geschenkt, Zeitpunkte zu erkennen, um Schritte zu gehen. „Ein Schiff kann man nicht im Stehen lenken", lautet ein sehr pragmatischer Satz. Manches lernen wir nur durch Versuch und Irrtum. Verstand, Intuition und die Bereitschaft zum Handeln gehören zu den Grundvoraussetzungen für gute Entscheidungen.

3. Die Prüfung und Bestätigung des Gehörten

Paulus ermutigt in einigen seiner Briefe ausdrücklich, der Gabe der Prophetie in der Gemeinde Raum zu geben. So z.B. in 1. Korinther 14,1: „Bemüht euch um die Gaben des Geistes, am meisten aber darum, dass ihr prophetisch redet!" oder in 1. Thessalonicher 5,20: „Den Geist löscht nicht aus. Prophetische Rede verachtet nicht!" Gleichzeitig fordert er das Prüfen der prophetischen Rede, indem er direkt hinzufügt: „Prüft aber alles und das Gute behaltet" (1. Thess 5,21). Diese doppelte Richtung, Ermutigung zur Prophetie und gleichzeitig die Prüfung des Gehörten, findet sich auch in 1. Korinther 14,29: „Von den Propheten lasst zwei oder drei reden, und die anderen lasst darüber urteilen." Paulus ruft ausdrücklich dazu auf, das Gehörte in einem gemeinschaftlichen Prozess zu prüfen. Eines der ersten Kriterien ist natürlich die Frage, ob das Gehörte dem Evangelium gemäß ist, oder um es mit Worten Martin Luthers zu sagen, ob es „Christum treibet".

Prüfung am Wort Gottes

Die Prüfung am Wort Gottes ist deshalb ein erstes Prüfraster. Wo Prophetien im Widerspruch zum Wort Gottes stehen, sind sie abzulehnen. Der Hebräerbrief gibt uns den Hinweis, dass wir durch steten Gebrauch des Wortes Gottes „geübte Sinne" erhalten (Hebr 5,14). Ignatius von Loyola entwickelte in seinen „Geistlichen Übungen" ein differenziertes System, um göttliches und menschliches Wort voneinander zu unterscheiden. Es erfreut sich heute großer Beliebtheit.

Prüfung durch Mitchristen

Im gemeindlichen Kontext geht es um einen gemeinschaftlichen Prüfvorgang, wie wir eben aus 1. Korinther 14,29 gesehen haben. Bei Impulsen an Einzelne wird es wichtig sein, darüber mit Freunden und mit geistlich gereiften Persönlichkeiten ins Gespräch zu kommen.

Prüfung durch die bisherige Linie

Ein weiteres Prüfkriterium sind die bisherigen Linien Gottes in meinem Leben. Natürlich ruft Gott, wie aus dem bisher Beschriebenen deutlich wird, immer wieder auf neue Wege. Und doch wird sich aus all dem überraschenden Reden Gottes stets ein roter Faden der Berufung ergeben. Oft redet er auch mehrfach zu uns und gibt verschiedene Signale, die in dieselbe Richtung weisen. Das ist tröstlich und kann uns vor der Angst bewahren, wir könnten den einen Hinweis Gottes übersehen oder überhört haben. Wenn wir mit Gott leben und unser Herz bei ihm ist, wird er die Impulse so schenken, dass wir sie nicht überhören.

Über einer Entscheidung den „inneren Frieden" erhalten

Natürlich lösen manche Weggabelungen in unserem Leben Unsicherheit aus. Manchmal sind wir innerlich aufgewühlt, wenn wir vor bestimmten Entscheidungen stehen. Wenn wir dann versuchen, auf Gott zu hören, kann es leicht vorkommen, dass uns Widersprüchliches und Zweifel in den Sinn kommen. Viele Wenn und Aber beschäftigen uns. Ein entscheidendes Prüfkriterium kann deshalb die Frage sein, ob wir über der möglichen Entscheidung inneren Frieden erhalten. Natürlich bleibt bei gewagten Schritten oftmals eine gewisse Angst. Manchmal bleiben auch Bedenken und Sorgen, selbst wenn wir zutiefst spüren: Ja, so ist es richtig.

Der Punktstrahler – Die Art des Redens des Heiligen Geistes

Um das Wesen der Prophetie zu erfassen, verwende ich gerne den Begriff des Punktstrahlers. Bei manchen prophetischen Worten fällt plötzlich ein Licht auf eine ganz bestimmte Situation und wir erkennen: Ach ja, genau so ist es. Häufig können wir vorher mit unseren Sinnen etwas davon erkennen, aber es ist, als ob die Dinge im Dämmerlicht liegen. Nur Konturen können erahnt werden. Doch dann schenkt Gott ein Wort oder einen Bibelvers, der in die Situation wie ein Punktstrahler hineinleuchtet. Er macht nicht alles hell, aber erleuchtet die bis dahin im Dämmerlicht liegende Situation.

Ich will dies an einem biblischen Beispiel verdeutlichen. Mit dem Fanfarenruf: „Tröstet, tröstet mein Volk!" beginnt in Jesaja 40 der Prophet der Hoffnung. Die meisten Israeliten steckten in jahrzehntelanger Resignation. Sie waren im Exil in Babylon. Kaum einer hatte noch Hoffnung auf Veränderung. Prophetie aber ist wie der Vogel, der singt und den neuen Tag ankündigt, während es noch Nacht ist. Ich bin überzeugt, dass der Prophet aus einem inneren Hörvorgang heraus seine Botschaft empfing. Dennoch könnte der wache politische Beobachter im Zeitgeschehen bereits ein Wetterleuchten im fernen Persien erahnt haben, ein erstes Dämmerlicht am Horizont, obwohl die Gesamtsituation noch dunkel war. Manchmal braucht es den prophetischen Weckruf, um wahrzunehmen, was sich im persönlichen oder gesellschaftlichen Leben bereits an Veränderung anbahnt.

Das silberne Tablett – von der Freiheit im Umgang mit Prophetischem

Es ist nicht immer leicht, mit prophetischen Impulsen umzugehen. Manchmal sind sie zu undeutlich, dann sind sie wenig hilfreich. Ein anderes Mal wird Druck bis hin zu Drohkulissen aufgebaut. Prophetie, die mit Macht und Druck daherkommt, ist enorm schädlich. Wir formulieren deshalb in unseren Leiterschafts-Seminaren: Nicht aufgrund des prophetischen, sondern aufgrund des hirtlichen Wortes setzen wir uns in Bewegung. Damit ist die Prüfungs- und Entscheidungskompetenz geregelt: Die Leitung entscheidet darüber, ob ein prophetischer Impuls umgesetzt werden soll. Gleiches gilt für den persönlichen Bereich. Derjenige, für den das Wort bestimmt ist, prüft und entscheidet in aller Freiheit, ob er in dem Impuls ein Reden des Heiligen Geistes vernimmt oder nicht. Ich wähle dafür gerne das Bild des silbernen Tabletts, auf dem der Kellner die gute Flasche Wein serviert und dem Gast zum Kosten anbietet. Der Gast muss die Freiheit haben, das Angebot abzulehnen. Prophetie braucht Freiheit. Derjenige, für den sie bestimmt ist, muss die Freiheit haben, sie abzulehnen. Dies gilt sowohl im persönlichen, wie auch im gemeindlichen Bereich.

Nicht allen prophetisch begabten Menschen fällt diese Haltung leicht. Das kann biografische Gründe haben. Wer mit enormen Ablehnungserfahrungen aus der Vergangenheit lebt, empfindet die Zurückweisung eines prophetischen Eindrucks trotz aller persönlichen Wertschätzung leicht als persönliche Ablehnung. Dann ist es besonders wichtig, die Haltung des „silbernen Tabletts" zu betonen. Propheten brauchen eine Atmosphäre der Annahme und Wertschätzung. Aber weil Prophetie so viel Sensibilität erfordert, ist im Umgang mit den prophetischen Impulsen die Freiheit unabdingbar.

4. Zehn Hinweise zum Umgang mit empfangenen Eindrücken

Im Rahmen der Werkstatt der Hoffnung war es mir trotz aller verbalen Erläuterungen wichtig, den jungen Menschen auch eine schriftliche Arbeitshilfe für den Umgang mit den prophetischen Impulsen an die Hand zu geben, da viele keine Vorerfahrung in diesem Bereich besaßen. Zunächst war es ein Arbeitspapier mit wenigen Punkten, das im Laufe der Jahre immer differenzierter wurde. Als ich dann mit dem Buch „Hörendes Gebet" [12] eine hervorragende Anleitung von Ursula und Manfred Schmidt in die Hand bekam, war es ein leichtes, diese Vorlage [13] zu verwenden und mit einigen Gedanken aus der eigenen Erfahrung zu ergänzen. Das Ergebnis füge ich hier gern ein:

1. Gott redet

Wir haben einen redenden Gott. Jesus ermutigt uns, auf die Stimme des guten Hirten zu hören und sagt „meine Schafe hören meine Stimme und ich kenne sie" (Joh 10,27). Paulus rät: „Bemüht euch um die Gaben des Geistes, am meisten aber darum, dass ihr prophetisch redet!" (1. Kor 14,1). Am Beispiel des jungen Samuel sehen wir, dass es ein Lernprozess ist, die Stimme Gottes zu hören. Deshalb wollen wir mit Samuel sprechen:

„Rede Herr, denn ich bin bereit zum Hören" (1. Sam 3,10).

2. Gut hinhören

Wir bemühen uns aufrichtig, Gottes Reden so unverfälscht wie möglich zu hören und weiterzugeben. Nicht alles, was wir im Gebet hören, ist Reden Gottes. Uns ist bewusst, dass sich leicht menschliche Gedanken beimischen. Deshalb versuchen wir, zwischen unseren eigenen Gedanken und dem Reden Gottes zu unterscheiden. Das gelingt nicht immer. **„Unser Wissen ist Stückwerk und unser prophetisches Reden ist Stückwerk"** (1. Kor 13, 9).

3. Prüfen

Prüfe bitte selbst, was du von den Eindrücken als Reden Gottes erkennen und annehmen kannst. Schau, ob in dir spontan ein Ja zu etwas von dem Gehörten entsteht. Nicht dein Verstand oder deine Gefühle, sondern deine geistliche Intuition (dein „Geist") wird spontan reagieren, wenn du in einem Wort oder Bild Gottes Stimme hörst. Ein erstes Prüf-Kriterium ist die Bibel. Was dem Reden Gottes in der Bibel widerspricht, kann nicht von Gott sein. **Diese Verantwortung zu prüfen kann dir keiner abnehmen.**

4. Weglegen

Wenn du nicht weißt, was du von einem Eindruck halten sollst, bitte Gott um eine Erklärung. Wenn der Eindruck trotzdem unklar bleibt, lege ihn beiseite. Vielleicht waren zu viele menschliche Gedanken beigemischt. Vielleicht wird Gott die Erklärung aber auch zu einem späteren Zeitpunkt geben. In Apostelgeschichte 10,19 z.B. versteht Petrus das prophetische Bild erst durch weitere Impulse und durch die Bitte des Hauptmanns. **Grübeln bringt keine größere Klarheit, höchstens größere Verwirrung!**

5. Unterscheiden

Manchmal ist der Impuls durchaus richtig, aber bei der Interpretation, was er bedeutet, mischen sich eigene Gedanken ein oder bei der Anwendung. Prüfe alle drei Bereiche einzeln! Für die richtige Anwendung darfst du von Gott Weisheit und Wegweisung bezüglich der Mittel und des richtigen Zeitpunktes erbitten. **Unterscheide zwischen Eindruck, Auslegung und Anwendung!**

6. Das Gespräch suchen

Fragen oder Unklarheiten in Bezug auf den Umgang mit Worten oder Eindrücken werden am besten mit anderen, reifen Christen besprochen. Auch die Gemeindeleitung und Seelsorger stehen gerne für Fragen zur Verfügung. **Suche den Rat reifer Christen!**

7. Keine vorschnellen Entscheidungen

Wenn dir Eindrücke mitgeteilt werden, die richtungweisend für deine Zukunft zu sein scheinen (Berufswahl, Partnerwahl, Wohnort etc.), erbitte und erwarte von Gott eine mehrfache Bestätigung von außen und von deinem eigenen Herzen. Für wichtige Entscheidungen muss vieles zusammenkommen: deine Berufung und Begabung, gesunder Menschenverstand, offene Türen, Rat von Freunden oder Mentoren, … **Keinesfalls solltest du auf einen einzelnen Eindruck hin weitreichende Entscheidungen treffen!**

8. Eigenverantwortung

Die Verantwortung, wie mit dem Wort aus dem hörenden Gebet umgegangen wird, liegt ganz bei dir. Nicht aufgrund des prophetischen Wortes, sondern aufgrund deiner Entscheidung, die du nach Abwägen der verschiedenen Aspekte gefällt hast, können die erkannten Schritte gegangen werden. Wenn du ein prophetisches Wort als Reden Gottes erkannt hast, ist es gut, dazu Ja zu sagen und einzuwilligen. Mit den Worten: „Mir geschehe, wie du gesagt hast“ (Lk 1,38), willigte Maria in den Plan Gottes ein. **Die Eigenverantwortung darf dir niemand abnehmen!**

9. Gottes liebevolle Art

Wenn jemand einen Eindruck weitergibt, der dir Angst macht, dich verletzt oder unter Druck setzt, dann weise ihn zurück und lege ihn beiseite. Falls Gott dir mal etwas Schwieriges sagen möchte, macht er das so, dass du auch in einer Ermahnung oder Warnung ermutigt wirst und seine Liebe spürst. **Lass dich nicht unter Druck setzen.**

10. Dranbleiben

Gehe die Schritte, die du erkannt hast und halte Gott den weiteren Weg immer wieder im Gebet hin. Danke Gott für die Impulse, die du durch das hörende Gebet empfangen hast. Halte an dem fest, was Gott dir Gutes zugesagt hat, und halte es dir immer wieder vor Augen. Manche Verheißungen wollen erbeten werden. **Im Dank eignen wir uns empfangenen Segen an.**

5. Der Hörvorgang bei mir persönlich

Die persönliche Stille am Morgen

„Es ist Freude mein Gott, dir zu begegnen, es ist Freude in dir geborgen zu sein“. Mit diesem Lied von Siegfried Fietz wachte ich schon manches Mal auf und habe mich früh am Morgen an meinen Schreibtisch gesetzt und meine persönliche stille Zeit begonnen. Manchmal beginne ich mein Gebet mit einer kurzen Stille, werde ruhig und erinnere mich, dass bereits in der Nacht ein Lied in mir geklungen hat. An einem anderen Tag ruft mir der Heilige Geist einen Vers der Bibel in Erinnerung oder die Herrnhuter Losung oder ein Aspekt der biblischen Tageslese spricht zu mir.

Wenn ich ein Lied, das der Heilige Geist in mir anstimmt, bewusst in mir klingen lasse, erlebe ich oft, wie sich die Freude über die Begegnung mit Jesus in mir ausbreitet. Ich empfinde es als solch ein Geschenk, dass die Stille am Morgen für mich keine Pflicht ist, sondern zu einer Begegnung mit Jesus und dem himmlischen Vater führt, die mich manchmal mit so großer Freude erfüllt, dass die Stunde des Gebets bei weitem überzogen ist, wenn ich zum ersten Mal auf die Uhr schaue. Ein anderes Mal ist es eher die sanfte Gegenwart Gottes, in der ich mich geborgen weiß. Manchmal ist der Wunsch nach der Begegnung mit Jesus so stark, dass die Herrnhuter Losung und der Tagestext erst später ihren Raum haben, ein anderes Mal sind es genau diese Texte, die mir die Impulse zum Gebet vermitteln.

„Lass mich Deine Herrlichkeit sehen"

In dieser Bitte von Mose (2. Mose 33,18) finde ich meine Sehnsucht nach einer unmittelbaren Begegnung mit dem lebendigen Gott wieder, wobei mir natürlich klar ist, dass mir das unmittelbare Schauen Gottes verwehrt ist. Aber von ganzem Herzen kann ich die Worte des christlichen Liedermachers Albert Frey aus dem Lied „Jesus, berühre mich" mitsingen: „Nur den Saum deines Gewandes einen Augenblick berühr'n und die Kraft, die von dir ausgeht, tief in meinem Innern spür'n". Es ist mein innigster Wunsch, etwas von der Gegenwart Gottes zu erfahren. Tiefer als mein Denken, tiefer als meine Gefühle, berührt mich der Heilige Geist, der in mir wohnt. Die Herzensbeziehung zu Jesus und zum himmlischen Vater ist das Kernstück meines Glaubens und meine tiefste Sehnsucht. An manchen Tagen erlebe ich diese innere Berührung sehr intensiv, dann gibt es wieder längere Zeiten, in denen ich sie weniger intensiv erlebe.

Manchmal lese ich Johannes 14, 20: „An jenem Tage werdet ihr erkennen, dass ich in meinem Vater bin und ihr in mir und ich in euch." Ich nehme das in mir auf und bete: „Du in mir, und ich in dir." Ich bewege diese Zusage Jesu im stillen Gebet ohne bewusste Worte. Ignatius von Loyola spricht in seinen Geistlichen Übungen vom inneren „Verkosten" des Wortes Gottes. „Nicht das viel Wissen sättigt und befriedigt die Seele, sondern das Innerlich-die-Dinge-Verspüren-und-Schmecken."[14] Nur das stille Sprachengebet begleitet mich dabei. Der Heilige Geist betet in mir und ich stelle mich ganz dem Vater und dem Sohn zur Verfügung. In der Kontemplation (dem schweigenden Gebet) bleibe ich eine längere Phase still vor Gott. Nur das wortlose Sein vor ihm ist Ausdruck meines Gebetes.

Doch wie jeder weiß, gibt es innere und äußere Faktoren, die unser Gebet begrenzen, auf einen Minimum-Level reduzieren oder sogar verhindern wollen. Voller Dankbarkeit kann ich deshalb auf eine Grundentscheidung zurückschauen, die ich bereits in der Jugendzeit fällte. Sie lautet: Ich beginne den Tag in aller Regel mit Bibellesen, Stille und Gebet. In verschiedenen Lebensphasen bedurfte diese Grundentscheidung einer Erneuerung oder Modifizierung. Seit meiner Erfahrung der Erfüllung mit dem Heiligen Geist wurde es mir wichtig, mir für diese Stille am Morgen eine ganze Stunde Zeit zu nehmen und nicht innerlich mit mir zu diskutieren, ob ich mir denn heute die Stunde „leisten" kann. Ich könnte sie mir in aller Regel nicht leisten, denn meist wartet eine Fülle von Arbeit auf mich, die kaum an dem Tag zu bewältigen ist – von den ganz dringenden Aufgaben einmal völlig abgesehen. Deshalb ist es gut, dass mit der Grundentscheidung die tägliche innere Diskussion weggefallen ist und sich mit der stillen Zeit ein hilfreicher Rhythmus eingestellt hat. Das hilft durchzuhalten, auch an Tagen, an denen die Freude am Gebet geringer ist.

Was sind nun diese Faktoren, die Gebet minimieren? Ich entdecke mindestens zwei: Den einen nenne ich **die Fliehkraft**. Es gibt Dinge, die ziehen mich weg vom Gebet. Bei mir entdecke ich oft, dass der Dienst für das Reich Gottes einer solchen Fliehkraft gleicht, die mich aus der Intimität des Gebetes herauszieht. Der Dienst für Jesus kommt leicht in Konkurrenz zum Sein bei Jesus. Doch ich weiß ganz genau: Wenn ich mit meinem Ohr am Herzen Jesu bin, höre ich seinen Herzschlag und vernehme so manchen Impuls, den ich sonst nicht wahrgenommen hätte, der aber für diesen Tag oder in dieser Phase entscheidend ist. Der andere Faktor ist **die Schwerkraft**. Oft ist es einfach die Bequemlichkeit, die uns vom Gebet abhalten will. Deshalb wird Paulus nicht müde, die Gemeinden zu ermahnen, im Gebet nicht nachzulassen: „Seid beharrlich im Gebet und wacht in ihm mit Danksagung“ (Kol 4,2f; Eph 6,19 etc.). Es gilt zu hören, was Jesus seinen Jüngern zuruft: „Was schlaft ihr? Steht auf und betet, damit ihr nicht in Anfechtung fallt!“ (Lk 22,46 und 40).

Von Jesus wird berichtet: „Am Morgen, noch vor Tage, stand er auf und ging hinaus. Und er ging an eine einsame Stätte und betete dort“ (Mk 1,35). Das motiviert mich. Offensichtlich brauchte Jesus das Gespräch mit seinem himmlischen Vater am Morgen und zog sich auch sonst immer wieder zu besonderen Zeiten des Gebets zurück (vgl. Lk 5,16), obwohl er doch die ganze Zeit über in Verbindung mit ihm war, so dass er sogar sagen kann: „Der Sohn kann nichts von sich aus tun, sondern nur, was er den Vater tun sieht“ (Joh 5,19).

Schon von Mose lesen wir, dass er täglich ins heilige Zelt ging. Die Begegnung mit Gott war dabei so berührend für ihn, dass sein Angesicht glänzte, wenn er wieder herauskam (2. Mose 34,35).

Die aus der Begegnung mit Gott kommende Berührung des Herzens nimmt Gerhard Teerstegen in seinem Lied „Gott ist gegenwärtig"(Evangelisches Gesangbuch 165) in immer neuen Nuancen auf: „Wie die zarten Blumen willig sich entfalten und der Sonne stille halten, lass mich so, still und froh, deine Strahlen fassen und dich wirken lassen." Es sind besondere Glücksmomente, wenn mich Jesus ab und zu ein kleines Stück auf den „Berg der Verklärung" mitnimmt und ich ein wenig in die himmlische Herrlichkeit eintauchen darf. Am Ende dieser Verklärungsgeschichte heißt es: „Sie sahen niemand als Jesus allein" (Mt 17,8). Genau darauf kommt es mir an.

„Stellte dein Wort sich ein ..."

„Stellte dein Wort sich ein, so verschlang ich's. Zur Wonne ward mir dein Wort und die Freude meines Herzens war es, dass ich deinen Namen trage." [15] So übersetzt Helmut Lamparter in Jeremia 15,16 das Gebet des Propheten. Wer das Buch Jeremia liest mit dem schweren Schicksal, das er zu tragen und der Botschaft, die er zu sagen hat, der möchte nicht mit ihm tauschen. Desto erstaunlicher ist dieses Gebet, durch das er uns Einblick in seine Gottesbeziehung gewährt. Man kann nur staunen, wie viel Freude und Glück er durch Gottes Reden und die Nähe zu Gott erfährt. Auch wenn der Inhalt des Redens Gottes bei mir glücklicherweise ein völlig anderer ist, finde ich in diesem Vers meine Freude und Dankbarkeit über das Reden Gottes wieder. Reden ist Kommunikation, ist Beziehung. Es ist so beglückend: Der lebendige Gott nimmt zu mir Kontakt auf und tritt mit mir in Beziehung. Er ruft mich in seine Nähe, ich darf am Herzen Jesu sein.

„Stellte dein Wort sich ein…". Es stellt sich dann und wann ein. Ich kann es nicht machen. Ich will jedoch offen und empfangsbereit sein. Diese Haltung beginnt morgens in der Stille, in der ich sein Reden am häufigsten erfahre, und ich will sie den ganzen Tag über beibehalten. Auf diese Weise darf ich sein Reden manchmal auch mitten im Alltag erleben. Wenn ich die

Notizen zu den Gebetszeiten durchblättere, staune ich, wie oft ich einen kleineren oder größeren Impuls empfangen durfte. Manchmal ist es eine Ermutigung für mich, manchmal ermahnt mich eine innere Stimme und fragt, ob denn dieses Wort oder jener Satz in dem Gespräch wirklich in Ordnung war. Ich stelle mich dieser inneren Stimme und betrachte das Gespräch noch einmal im Lichte Gottes mit allem, was anschließend möglicherweise an Korrektur nötig ist. Oder ich sehe in einem inneren Bild einfach nur, dass ich für eine bestimmte Aufgabe völlig falsch gekleidet bin. Ich überprüfe den Auftrag und meine Rolle und merke, dass ich ihn nicht in der angemessenen Haltung ausführe. Erstaunlich oft höre ich Worte, mit denen ich bestimmte Menschen ermutigen soll, einen Auftrag wahrzunehmen. Meist ist es hilfreich, dem Betreffenden mitzuteilen, dass es ein Gebetseindruck war. Ich bin dankbar, sehen zu dürfen, wie viele positive Reaktionen und zukunftsweisende Schritte daraus entstanden sind.

Es gibt Tage, an denen ich gleich mehrere Impulse empfange, dann wieder höre ich tage- oder wochenlang nichts, bis mich plötzlich ein nächster Impuls erreicht. Eine empfangsbereite Haltung ist das Einzige, was ich dazu tun kann.

Das bisher Beschriebene könnte den Eindruck vermitteln, als falle manchmal geradezu ein Zettel vom Himmel. Doch dem ist nicht so. Alles Hören bleibt ein Tasten, und selbst bei Impulsen, die mir relativ klar und deutlich erscheinen, wird alles Gehörte eher in Umrissen vermittelt oder lediglich eine Richtung angedeutet, als dass konkrete Schritte aufgezeigt würden. Paulus beschreibt diesen Vorgang als ein stückweises Erkennen: „Wir sehen jetzt durch einen Spiegel in einem dunklen Bild; dann aber von Angesicht zu Angesicht. Jetzt erkenne ich stückweise; dann aber werde ich erkennen, gleichwie ich erkannt bin" (1. Kor 13, 12). Es gilt, das Gehörte im glaubenden Vertrauen zu erfassen und gleichzeitig in großer Freiheit das Erkannte umzusetzen.

Tage der Stille und des Gebets

Ein väterlicher Freund, der mich einige Jahre seelsorgerlich begleitete, gab mir eines Tages den Rat, ich solle doch überlegen, ob ich mir nicht einmal pro Jahr ein paar Tage der Stille und des Gebets gönnen wolle. Für mich war dieser Vorschlag mit Blick auf meinen übervollen Terminkalender eine echte Herausforderung. Zudem stellte sich mir die Frage, ob es für meine Familie zumutbar wäre, neben dem zeitlich sehr umfangreichen Dienst zusätzlich drei bis vier Tage nur für mich zu verbringen. Doch Margarete ermutigte mich, und so fuhr ich in eine Ferienwohnung, um drei Tage im Gebet zu verbringen. Mit Bibel und Schreibzeug im Gepäck machte ich mich auf den Weg und erlebte wunderbare Tage der Begegnung mit Gott. Endlich hatte ich genügend Zeit für das Gebet. Natürlich waren nicht alle Gebetszeiten gleich intensiv, doch insgesamt war es eine solch mutmachende Erfahrung, dass ich mir diese Tage künftig ein bis zwei Mal pro Jahr einplante. Zeiten des Rückblicks wechselten mit solchen ab, in denen ich nach vorn blickte.

Immer wieder wirken diese Tage der Stille wie eine Generalreinigung. Das Herz kommt zur Ruhe. Die Nähe zu Jesus wird neu belebt, und der Strom des Heiligen Geistes scheint in frischer Intensität zu fließen. Das schlichte Sein vor Gott und Phasen des hörenden Betens haben in diesen Tagen ihren Platz, und am Ende staune ich darüber, was sich in mir sortiert hat. Konkrete Impulse aus dem inneren Hören eröffnen Perspektiven nach vorn. Die Tage danach sind meist geprägt davon, all die vielen Impulse und Gedanken weiter zu sortieren, langfristige Perspektiven aufzuschreiben und die Realisierung konkreter Schritte einzuleiten. Eigentlich waren es stets die qualifiziertesten und produktivsten Tage im Jahr, obwohl ich sie immer als Freizeit verbuchte.

6. Was hindert das Hören auf die Stimme Gottes?

In Römer 12 schreibt der Apostel an die Christen in Rom: „Ich ermahne euch nun, Brüder und Schwestern, durch die Barmherzigkeit Gottes, dass ihr euren Leib hingebt als ein Opfer, das lebendig, heilig und Gott wohlgefällig sei. Das sei euer vernünftiger Gottesdienst. Und stellt euch nicht dieser Welt gleich, sondern ändert euch durch Erneuerung eures Sinnes, auf dass ihr prüfen könnt, was Gottes Wille ist, nämlich das Gute und Wohlgefällige und Vollkommene“ (Röm 12,1-2). Paulus fordert sie auf, ihre gesamte Existenz Gott zum Dienst zur Verfügung zu stellen. Die vollkommene Hingabe an ihn und die feste Absicht, seinen Willen erfahren und tun zu wollen, sind für mich Grundvoraussetzungen dafür, dass wir Gottes Stimme hören und prüfen können, „was Gottes Wille ist, nämlich das Gute und Wohlgefällige und Vollkommene.“

In meinen Gebeten bringe ich deshalb immer wieder vor Gott zum Ausdruck, dass ich nicht meine eigenen Lieblingsgedanken und Ideen verfolgen, sondern seine Impulse aufnehmen und ihm gehorchen möchte. Denn je mehr ich in einen Gedanken oder eine Sache verliebt bin oder mich intensiv damit identifiziere, desto schwerer wird das neutrale Hören. Wenn ich innerlich bereits festgelegt bin, hat es der Heilige Geist deutlich schwerer, durch meine inneren Barrieren durchzudringen. **Ohne die Bereitschaft zum Gehorsam** ist es, als ob wir mit Ohropax in den Ohren hören wollten.

Unsere Vorstellung von Gottes Absichten hindert uns ebenfalls daran, offen und bereit den Weg mit ihm zu gehen. Manchmal hat Gott herausfordernde Aufgaben für uns, die unseren Denkhorizont bei weitem überschreiten. In diesem Buch beschreibe ich einige von ihnen, die ich selbst erlebt habe. Viele biblische Geschichten erzählen ebenfalls davon, dass die Betroffenen sich zunächst eine solche Wegführung oder Aufgabe nicht vorstellen konnten. Wir können dabei an Mose, manche Richter und Propheten oder an Maria denken, die erstaunt den Engel fragte: „Wie soll das zugehen?“ (Lk 1,34). Hananias (siehe Apg 9,10ff) ist für mich ist ein leuchtendes Beispiel für einen Menschen, der Gottes Auftrag hört und ihm gehorsam ist, obwohl dieser Auftrag ihm nahezu den Atem verschlägt. Er ist ein Jünger von Jesus in Damaskus und hört von Gott, er solle Saulus von Tarsus, dem größten Christenverfolger jener Tage, die Hände auflegen und für ihn beten, dass er wieder sehend wird. Hananias meldet deshalb seine Bedenken an. Er kann sich nicht vorstellen, zu diesem Saulus zu gehen, der mit der Vollmacht ausgestattet ist, die Christen in Damaskus zu verhaften. Doch Gott beruhigt ihn und kündigt ihm etwas von der Berufung an, die er für Saulus, den späteren Paulus, vorgesehen hat. „Und Hananias ging hin …“ (Vers 17). Er wird bereit, seine Angst zu überwinden und einen Auftrag anzunehmen, der weit über seine Vorstellungskraft hinaus geht. Er vertraut darauf, tatsächlich die Stimme Gottes gehört zu haben und legt seine eigenen Vorstellungen davon, was Gottes Absichten für ihn sein könnten, beiseite.

Streit hindert ebenfalls unser Hörvermögen. Unsere Gedanken und Gefühle drehen sich um den Streit und verhindern, dass wir innerlich empfangsbereit sind. Ein Streit mit Familienangehörigen oder Kollegen reduziert meine Hörfähigkeit enorm. Deshalb rät Paulus in Epheser 4,26: „Lasst die Sonne nicht über eurem Zorn untergehen.“

Schuld kann zu einer unsichtbaren Wand zwischen Gott und mir werden. Durch den Propheten Jesaja lässt Gott sein Volk, das sich fragt, warum Gott nicht mehr redet, wissen: „Sie suchen mich täglich und wollen gerne meine Wege wissen, als wären sie ein Volk, das die Gerechtigkeit schon getan und das Recht seines Gottes nicht verlassen hätte. Sie fordern von mir Recht, sie wollen, dass Gott ihnen nahe sei" (Jes 58,2). Gott nennt die Gründe für sein Schweigen: Ungerechtigkeit, Unterdrückung und Ausbeutung. Und er erwartet unmissverständlich Veränderung. Gleichzeitig verheißt er ihnen: „Dann wirst du rufen und der HERR wird dir antworten. Wenn du schreist, wird er sagen: Siehe, hier bin ich. Wenn du in deiner Mitte niemand unterjochst und nicht mit Fingern zeigst und nicht übel redest, sondern den Hungrigen dein Herz finden lässt und den Elenden sättigst, dann wird dein Licht in der Finsternis aufgehen, und dein Dunkel wird sein wie der Mittag. Und der HERR wird dich immerdar führen und dich sättigen in der Dürre und dein Gebein stärken. Und du wirst sein wie ein bewässerter Garten und wie eine Wasserquelle, der es nie an Wasser fehlt" (Jes 58,9-11).

Eines der größten Hindernisse für das Hören der Stimme Gottes in unserer Zeit sehe ich jedoch in der **Erwartungslosigkeit** der Menschen bis weit in kirchliche Kreise hinein. Sehr eindrücklich ist mir das Gespräch mit einem Bischof im Ohr, den wir zu einer gemeinsamen Zeit des Hörens angesichts der Herausforderungen und Erschütterungen unserer Kirchen eingeladen hatten. Für ihn war ein Hören auf das aktuelle Reden Gottes geradezu befremdlich. Es gehörte nicht zu seinem Erwartungshorizont. Erwartungslosigkeit und die theologische Festlegung, dass Gott heute in dieser Weise nicht mehr redet, sind m.E. die größten Hindernisse beim Hören auf die Stimme Gottes.

Tatsache aber ist: Wir haben einen redenden Gott. Die Bibel bezeugt dies von der ersten bis zur letzten Seite. Ich bin überzeugt, dass vielen Lesern Beispiele einfallen, wo Gott ihnen ein Zeichen, eine Wegweisung oder eine offene Tür schenkte. Wir müssen nicht auf eine Stimme senkrecht vom Himmel warten oder gar darauf, dass Gott uns unseren Auftrag schriftlich gibt. Es geht darum, dem Reden Gottes die Hindernisse aus dem Weg zu räumen und auch in den vielen kleinen Formen des Alltags achtsam hinzuhören und zu lernen, die sanfte Stimme des Heiligen Geistes mehr und mehr von den vielen Stimmen in uns und um uns zu unterscheiden.

VI. Hürdenlauf

1. Wachsen durch Krisen – Die Infragestellung der Leiterschaft

Die zunehmenden überregionalen Aufgaben, die Leitung des *CVJM-Verbundes*, des *Kreises zur Einheit* in Württemberg, des *Treffens von Verantwortlichen* in Deutschland und die intensive Begleitung der Partnerschaft in Indien, beanspruchten zeitliche Ressourcen, die ich einerseits mit einem erhöhten zeitlichen Engagement und andererseits durch Delegation von Aufgaben im CVJM bewältigen konnte. Dort hatten wir in den haupt- und ehrenamtlichen Leitungsteams eine sehr gute, offene und vertrauensvolle Atmosphäre. Wir legten viel Wert auf Einheit, teilten unser Leben miteinander und erfuhren immer wieder aufs Neue, wie das Ringen um Einheit für uns und unser Miteinander zum Segen wurde. Das Hauptamtlichen-Team war enorm einsatzbereit und konnte Großartiges bewegen.

Diese positive Entwicklung ging bis zum Leiterkreis-Wochenende im Januar 1999. An einem Abend entfachte ein Kollege, den ich besonders gefördert hatte, einen Konflikt, der mit dem Schulungsschwerpunkt des Wochenendes nichts zu tun hatte, sondern den ich nur als Frontalangriff auf meine Person und meine Leitung verstehen konnte. Für mich und für die anderen kam dieser Konflikt wie aus heiterem Himmel, weil sich zuvor keinerlei Spannungen oder Kritikpunkte abgezeichnet hatten. Ich blieb ruhig und versuchte, die Kritik sachlich aufzunehmen, ohne in die direkte Auseinandersetzung zu gehen. Weder von der Uhrzeit her – es war am Ende des Abends – noch von der Zuständigkeit dieses Kreises empfand ich dies als den angemessenen Zeitpunkt und Ort. Im informellen Gespräch nach dem Ende des Abends warf er mir vor, ich hätte mich weggeduckt. Ja, das hatte ich, denn ich wollte keinen Schlagabtausch auf offener Bühne. Er wohl schon, was mich sehr überraschte. Da ich aber um die mögliche Wucht meiner verbalen Schläge wusste und welch bleibenden Schaden sie anrichten konnten, hielt ich mich sehr zurück. Bei aller äußeren Ruhe war ich innerlich alles andere als ruhig. Ich spürte die Heftigkeit dieses verbalen Angriffs, war betroffen und versuchte mich zu sortieren. Mitten in diese Situation hinein hörte ich innerlich plötzlich das Wort aus 2. Samuel 15,6: „Aber Absalom stahl das Herz des Volkes." Ab diesem Zeitpunkt wusste ich, dass es um mehr ging.

Die schwierigsten Monate meines Dienstes erwarteten mich. Das Miteinander und die Einheit waren erschüttert. Es folgten Gespräche über Gespräche mit dem Kollegen, dem Hauptamtlichen-Team, dem Vorstand und verschiedenen anderen Personengruppen. Mit der Zeit kristallisierte sich immer mehr heraus, dass das Wort, das ich an jenem Abend so überraschend gehört hatte, eine gute Beschreibung dessen war, was wir gerade erlebten. Der Kollege hatte mit den Verantwortlichen tiefe Beziehungen geknüpft, sie als seine Freunde gewonnen, und ich hatte das stets gefördert, denn wir wollten unseren CVJM auf Freundschaftsbeziehungen und tiefe geistliche Gemeinschaft aufbauen. Doch jetzt wurden die Freundschaften genutzt, um die Verantwortlichen und die Kollegen gegen mich einzunehmen und sie auf seine Seite zu ziehen.

Der Umgang mit dieser Situation fiel mir enorm schwer. Ich hatte bisher alle Beziehungen offen, ehrlich und transparent gelebt, doch jetzt war ein Schatten darauf gefallen. Ich wollte mich auch nicht selbst verteidigen oder meine Macht ausspielen. Mein Ziel war die Wiederherstellung der Einheit. Ich wünschte mir, dass wir wieder zusammenfänden. Doch dabei trat ich wahrscheinlich viel zu weit von meiner Leiterrolle zurück. Ich erinnere mich an den Ausspruch einer Kollegin: „Gerhard, wir wollen einen starken Leiter, warum nimmst du dich bis zur Unkenntlichkeit zurück?" Wie aber sollte ich die Balance zwischen Macht und Ohnmacht finden? Wie sollte ich leiten, wenn meine Leiterschaft massiv in Frage gestellt wurde? Ein inneres Bild beim Beten ließ mich eine Richtung erahnen. Ich sah das Logo eines bekannten Kräuterlikörs: Ein Hirsch mit prächtigem Geweih und zwischen den beiden Geweih-Teilen ein leuchtendes Kreuz. Ich verstand: Gerhard, leite mit geheiligter Macht – aber leite. Es geht nicht ohne Ausübung von Macht. Dir wurde die Kompetenz zur Erfüllung deiner Aufgaben gegeben. Aber achte darauf, dass sie geheiligt ist und nicht deinem Egoismus dient.

Weil die Konfliktsituation so vielschichtig war, nahmen wir Beratung von außen in Anspruch. Helmut Nicklas vom CVJM München investierte viel Zeit in unsere Begleitung. Doch trotz aller Bemühungen war es nicht möglich, wieder zusammenzufinden. Der Vorstand musste am Ende dem Kollegen nahelegen, sich eine andere Stelle zu suchen. Zwei weitere Kollegen und leider auch eine Gruppe junger Mitarbeitender, die der Kollege intensiv begleitet hatte, verließen uns ebenfalls.

Die ganze Mitarbeitergemeinde hatte Schaden genommen, denn die fehlende Einheit war spürbar, die Atmosphäre des Aufbruchs und der Freude war gewichen. Viele litten unter den Spannungen. Beim Mitarbeiterwochenende jenes Jahres hörten wir nach dem Lobpreis ein erschreckendes Wort aus Amos 5,23 „Tu weg von mir das Geplärr deiner Lieder; denn ich mag dein Harfenspiel nicht hören!“ In dieser Situation war es besonders wichtig, dass viele Mitarbeitende sich im Gebet zusammenstellten, um uns den Rücken zu stärken und den CVJM zusammenzuhalten, weil wir als Hauptamtlichen-Team dazu nicht mehr in der Lage waren. Im Nachhinein würde ich sagen, dass wir viel zu lange versucht hatten, beieinander zu bleiben. In der Wirtschaft ist man da deutlich mutiger und trennt sich viel schneller (manchmal sicherlich zu schnell) von Mitarbeitern. Wie viel wäre uns erspart geblieben, wenn wir mutiger gewesen wären und den Konflikt nach einem halben Jahr beendet hätten, statt nahezu zwei Jahre damit zu ringen – ganz zu schweigen von den weiteren zwei Jahren danach, die es dauerte, bis sich das Vertrauen langsam wieder einstellte. Ich habe für meine eigene Beratungstätigkeit daraus gelernt, Konflikte nicht lange wuchern zu lassen. Bei aller Betonung von Einheit und Liebe, die ohne Frage wesentliche Faktoren für das Reich Gottes sind, dürfen Klarheit, Wahrheit und Mut nicht auf die Ränge verwiesen werden. Sie sind für das segensreiche Zusammenwirken ebenfalls nötig.

Was meine Person anbetrifft, wurde diese Konfliktphase zu einem schwierigen, aber nötigen Lernprozess. Ich lernte eigene Wesenszüge und manche Facetten meiner Persönlichkeit viel tiefer kennen. Nicht nur meine Überzeugungen und meine Absichten sind wichtig, sondern auch meine Wirkweise. Ich begegnete den Schattenseiten meiner Persönlichkeit und meiner Begabungen. Hingabe an den Dienst für das Reich Gottes und die Bereitschaft, mein Leben dafür einzusetzen, gehörten schon immer zu meinem Selbstverständnis. Das hatte ich nie als besondere Gabe, sondern eher als selbstverständliche christliche Haltung verstanden. Paulus war mir ein leuchtendes Beispiel. Deshalb fiel es mir auch über die Jahrzehnte meines Dienstes und bis heute nicht schwer, 60 bis 70 Stunden wöchentlich zu arbeiten. Doch meinen Kollegen nahm diese Haltung oft die Luft. Selbst wenn ich deutlich artikulierte, dass ich von ihnen nicht denselben Diensteifer erwartete, brachte es sie enorm unter Druck. Es brauchte sehr lange und ist mir erst in der Verarbeitung dieses Konfliktes so richtig bewusst geworden, dass meine unausgesprochene Anspruchshaltung an die Kollegen deutlich höher war als meine verbalen Formulierungen es ausdrückten. Dazu musste ich erkennen, dass meine Worte eine völlig andere Wirkung und Bedeutung für sie besaßen, als das, was ich meinte, ausgedrückt zu haben. Während ich meine Redebeiträge oft als einen Gedanken bzw. eine Idee im Prozess der gemeinsamen Suchbewegung verstand, verbanden sie diese sofort mit meiner Leitungsautorität und gaben deshalb meinen Worten ein größeres Gewicht. Es fiel mir nicht leicht, das zu erkennen und damit umzugehen.

Zu den schmerzlichen Prozessen dieses Konfliktes kam die Tatsache, dass ich in den Jahren ab 1997 zum Dienst der Einheit in die Leitung des *Treffens von Verantwortlichen* berufen wurde. Hier erlebte ich einen gewaltigen Versöhnungsprozess (s. Kapitel VII) und wurde tief in das Versöhnungshandeln Christi hineingenommen. Gleichzeitig klaffte die Wunde im eigenen CVJM. Berufen zum Dienst der Einheit und nicht fähig, sie im eigenen Hause wieder herzustellen – das hat ein tiefes Fragen in mir ausgelöst. Ich musste akzeptieren, dass es Situationen gibt, in denen sich die Einheit offensichtlich nicht wieder herstellen lässt, sondern wir getrennte Wege geführt werden, so wie Paulus und Barnabas. Ein gewisser Abstand kann nötig sein, muss jedoch Versöhnung nicht hindern. Diese entlastende Erkenntnis war sehr hilfreich hinsichtlich der Beziehung zu jenem Kollegen.

Gott gebraucht selbst unsere Schwachheit, damit er zum Wirken kommt. Nicht zuletzt auf diese Weise wird deutlich, dass die Einheit das Werk Jesu ist und nicht unsere eigene Leistung. So wie es Paulus in 2. Korinther 4,7 beschreibt: „Diesen kostbaren Schatz tragen wir in uns, obwohl wir nur zerbrechliche Gefäße sind. So wird jeder erkennen, dass die außerordentliche Kraft, die in uns wirkt, von Gott kommt und nicht von uns selbst" (Hoffnung für alle).

Die Versuche des Durcheinanderbringers, das Werk der Einheit zu verhindern, spürte ich überdeutlich, manchmal bis ins Körperliche hinein. Doch Gott wollte in diesen Jahren die Einheit seines Volkes voranbringen. Er tat es, ohne sich durch unsere lokalen Querelen beeinflussen zu lassen.

2. Eine große Perspektive und viele Hindernisse

„Mach weit den Raum deines Zeltes"

Meine stillen Tage vom 1.-3. September 2004 waren von einer besonderen Nähe zu Jesus geprägt. Ich durfte die Gegenwart des Heiligen Geistes intensiv erleben. Kurze Zeit davor war ich im Urlaub und hatte ein Kloster am Lago Maggiore besucht. Ich war überrascht von der Gegenwart Gottes, die mir dort begegnete. Jetzt in den Tagen der Stille drückte ich im Gebet meine Sehnsucht aus, dass die Präsenz Gottes in unserem CVJM genauso intensiv sein möge wie in jenem Kloster. Während ich betete, sah ich vor meinem inneren Auge plötzlich ein riesiges Kloster. Nein, es war eher wie ein Schloss. Aber auch das war es nicht wirklich, sondern Kloster und Schloss gingen ineinander über. Auf engstem Raum waren dicht gedrängt riesige Gebäude ineinandergefügt. Ein bisschen erinnerte mich dies an Moskau und den Besuch des Kremls vor einigen Jahren. Aber das Ganze war nicht in Moskau, sondern auf dem Parkplatz vor dem CVJM, Esslingen.

Ich holte tief Luft. Was ich da innerlich sah, verschlug mir den Atem. Ich hatte mit Gott über unseren CVJM und ganz konkret über das dort stehende Gebäude und meine Sehnsucht nach seiner Gegenwart in diesem Haus gesprochen. Mitten in dieses Gebet hinein schenkte mir der Heilige Geist als Antwort diese überwältigende Vision eines neuen, großen Gebäudes, das sowohl Schloss als auch Kloster sein sollte. Ich spürte: Hier wird sowohl regiert als auch gebetet. Mir fiel sofort die Berufung der Christen zur königlichen Priesterschaft ein, wie sie 1. Petrus 2,9 beschrieben wird. Ich fragte mich: Bedeutet dieses Bild, dass wir bauen sollen?

Doch mir war nicht nach Bauen zumute. Ich wollte in Menschen investieren und nicht in Beton. Außerdem stand mir sofort vor Augen, welch mühsamen Prozess ein solcher Gedanke auslösen würde, ganz zu schweigen von den Mühen des Bauens selbst und der Frage der Finanzierung. Meine Abwehrreaktionen überwogen bei weitem mein Ergriffensein von diesem Bild.

Die Sache ließ mich jedoch nicht los. Nach einer Weile traute ich mich, das Thema zuzulassen und bewegte es weiter. Bräuchte eine wachsende Gemeinde nicht auch die entsprechenden Räume? Seit einigen Jahren war der Saal des Lutherbaus, wie wir unser CVJM-Gebäude nennen, für die Mitarbeitergemeinde zu klein geworden. Die Mitarbeiterabende, die zu den zentralen Veranstaltungen unseres CVJM gehörten, konnten nicht mehr in den eigenen Räumen stattfinden.

Müssten wir mittelfristig die Option eines Neubaus auf dem Parkplatz nicht doch in Betracht ziehen? Kurzfristig schien mir das auf jeden Fall nicht realisierbar und selbst mittelfristig war es mir äußerst fraglich. Es bräuchte Personen mit finanziellem Fachverstand wie Niko, unseren Finanzvorstand. Er und die Generation der 30-40-Jährigen müssten sich mit dem Thema befassen. Sie müssten nach Lösungen suchen und sich dafür investieren.

Noch in jenen stillen Tagen schrieb ich mir deshalb auf, Niko zu bitten, sich mit dieser Frage auseinanderzusetzen und die finanzielle Realisierbarkeit zu überprüfen. Wäre es denkbar, dass durch einen Neubau neue Spenderkreise gewonnen werden könnten? Ließen sich möglicherweise Mieteinnahmen durch Läden im Erdgeschoss und durch eine Tiefgarage generieren, die bei der Finanzierung und Unterhaltung des Gebäudes einen wesentlichen Beitrag leisten könnten? Ich schrieb damals auf: „Dafür bin ich nicht der Fachmann, aber es müsste auf eine mögliche Realisierbarkeit hin geprüft werden." Auf keinen Fall wollte ich diese Sache pushen, aber mich dem prophetischen Impuls auch nicht verweigern. Prophetische Impulse bedürfen immer der Prüfung; ein solch verrückter Gedanke desto mehr. Andere müssten prüfen, ob an diesem Gedanken etwas dran sein könnte und falls ja, ob und wann er zu realisieren wäre. Mit diesem Impuls begann ein langer Weg, mit manchen Ermutigungen, vielen Herausforderungen, heftigen Widerständen und großen Wundern.

Im Herbst 2004 sprach ich mit dem Leitungsteam der Mitarbeitergemeinde darüber, der Spätschicht, wie wir uns nannten, und bat darum, den Gedanken im Gebet zu prüfen. Gleichzeitig war er Thema im geschäftsführenden Ausschuss und im Vorstand. Ich wollte transparent sein im Blick auf das, was ich gehört hatte, aber zurückhaltend im Blick auf mögliche Entscheidungen. Ich hatte gelernt, dass eine der größten Fallen im Umgang mit prophetischen Eindrücken darin lag, die Ebenen zwischen prophetischem Impuls und Leitung zu vermischen. Wenn ich als Leitender deshalb einen solchen Impuls brachte, bedurfte es der größtmöglichen Zurückhaltung, damit keine Verwechslung und Vermischung der Rollen stattfand.

Der Impuls traf überall auf offene Ohren und Herzen, ohne dass sich jedoch daraus ein sofortiges Handeln ergab. Die Leitungsgremien hatten keine Vorbehalte, aber es bedurfte weiterer Bestätigungen, ob wir diesen gewaltigen Schritt angehen sollten. Niko prüfte die Zahlen und kam zu dem Schluss, dass eine Realisierung bis zu einem Volumen von 2,5 bis 3 Millionen durchaus denkbar wäre, wenn entsprechende Spenden und Zuschüsse fließen würden. So bewegten wir das Thema Bauen im Laufe des Jahres 2005 von verschiedenen Seiten, ohne ihm eine Dringlichkeit zu geben.

In der Vorbereitung für das Leiterkreis-Wochenende im Januar 2006 wurde uns von Gott das Wort aus Jesaja 54,2 ans Herz gelegt:

> „Mache den Raum deines Zeltes weit und breite aus die Decken deiner Wohnstadt; spare nicht! Spann deine Seile lang und stecke deine Pflöcke fest! Denn du wirst dich ausbreiten zur Rechten und zur Linken."

Schon nach der Gründung der Mitarbeitergemeinde im Jahr 1995 hatte uns dieser Bibelvers geleitet. Damals staunten wir über sich eröffnende Möglichkeiten, einen Mitarbeiterpavillon zu bauen, zusammen mit einer gemeinnützigen Organisation das Kinderhaus AGAPEDIA zu gründen und den Zeltplatz am Bodensee zu erwerben. Doch nun erhielt dieses Wort einen neuen Klang in unseren Ohren.

Am Leiterkreis-Wochenende arbeiteten wir deshalb zunächst intensiv an diesem biblischen Wort. Wir betrachteten die Grundaussagen und die Situation, in die hinein es gesprochen wurde. Dann schauten wir die großen Linien in unserem CVJM an und spannten unsere eigenen „Hoffnungsseile" in Kleingruppen für die einzelnen Arbeitsbereiche aus. Am Ende des Wochenendes fassten wir die ganze Vielfalt zusammen, die sich gezeigt hatte. Es war ein sehr fruchtbares, perspektivenreiches Wochenende geworden, an dem eine Fülle von Ideen gesammelt, auf Realisierbarkeit geprüft und schließlich als gemeinsame Ziele für die jeweiligen Arbeitsbereiche festgelegt wurden.

Eine mögliche „räumliche" Ausbreitung war dabei nur ein Aspekt, der als Option mit einfloss. Anschließend predigte ich über Jesaja 54,2, erwähnte die vielen weit gespannten Seile und zeigte u.a. zwei Bilder von Nachbargebäuden, um zu verdeutlichen, wie das räumliche „Weitmachen" konkret aussehen könnte. Genau das wollte der Heilige Geist offensichtlich betonen. Auf einmal war die Gewissheit bei allen vorhanden: Gott will auch die räumliche Ausweitung schenken. Eine Mitarbeiterin stand auf und fragte, ob wir das, was unter uns zur Gewissheit geworden war, nicht auch in einem Gebet fest machen sollten, das unseren Glauben zum Ausdruck bringen würde.

Wir folgten dieser Ermutigung, und als Leiterkreis „steckten wir unseren Pflock im Gebet fest". Wir wussten, dass wir damit ganz konkret den Prozess der Realisierung in die Wege leiten wollten mit all den Herausforderungen, die damit verbunden waren. Das Leiterkreis-Wochenende im Januar 2006 wurde für mich der Moment, an dem dieses große Bauprojekt aus einem gemeinsamen Prozess des inneren Hörens und Betens heraus geboren wurde. Ab diesem Zeitpunkt hatte ich selbst keine Frage mehr, dass es tatsächlich ein prophetischer Impuls gewesen war, den wir nun gemeinsam gestalten wollten.

Wir leiteten mutig die nötigen Schritte zur Realisierung ein. Gespräche mit dem Dekan der Evangelischen Landeskirche und mit dem Baubürgermeister der Stadt Esslingen fanden statt. Darüber hinaus informierten wir die Mitarbeitergemeinde und auch die älteren Mitglieder im CVJM, die 35 Jahre zuvor den Mut aufgebracht hatten, das alte Gebäude abzureißen und einen ansprechenden Neubau zu gestalten. Neben viel Zustimmung in der Mitarbeitergemeinde gab es jedoch sehr schnell auch Widerstände. Die älteren Freunde im CVJM hatten Mühe mit dem Gedanken an einen Erweiterungsbau. Ich konnte sie verstehen, denn der Lutherbau war ihr Werk, und nun kamen wir und meinten, dass dieses schöne Haus nicht mehr genügte. Es war nicht leicht, mit ihnen ins Gespräch zu kommen. Bei manchen war es nahezu unmöglich, sie für dieses Vorhaben zu gewinnen.

Noch ablehnender fiel die kirchliche Reaktion aus. In einer Zeit, in der die Kirche an das Verkaufen von Gebäuden und Liegenschaften dachte, musste der Gedanke an einen Neubau auf Unverständnis stoßen.

Ganz anders verliefen die Gespräche mit der Stadt Esslingen. Der Baubürgermeister war sofort begeistert von der Idee, erweiterte sie jedoch in einer Art und Weise, die unsere Pläne bei weitem überstieg. Nach den Vorstellungen der Stadt sollte die Kreuzung am Stadteingang, an der der CVJM liegt, umgestaltet werden. Die Straße sollte verschlankt werden und ein neuer Platz dadurch entstehen. Dazu war es nötig, dass der Erweiterungsbau des CVJM zu einem Drittel in die bisherige Straße hineinragen und über der darunter liegenden öffentlichen Tiefgarage gebaut werden sollte. Städtebaulich war das natürlich ein toller Vorschlag, und die Platzierung des CVJM-Gebäudes direkt am Stadteingang in dieser Weise war verlockend. Aber statisch würde es eine Meisterleistung erfordern und natürlich erhebliche Mehrkosten nach sich ziehen. Dem Statiker wuchsen graue Haare und er fragte, ob wir schon einmal einen acht Meter breiten Balkon ohne Stützen gebaut hätten, um dann auf diesem Balkon noch ein dreistöckiges Gebäude zu errichten.

Dieter Deuschle, der Fraktionsvorsitzende der Freien Wähler, der dem CVJM sehr verbunden war, unterstützte den Vorschlag engagiert. Auch SPD und CDU signalisierten Bereitschaft zur Unterstützung. Der frühere 2. Vorsitzende des CVJM, Gerhard Heubach, der zu diesem Zeitpunkt sowohl Fraktionsvorsitzender der CDU als auch Mitglied im Kirchengemeinderat war, setzte sich mit großer innerer Überzeugung dafür ein.

Auf der anderen Seite zermürbten mich die Widerstände der älteren Freunde und besonders die seitens der Kirche. Die meisten Schwierigkeiten bereiteten mir jedoch die Widerstände in mir selbst. Im Sommer 2006 ließ sich meine Stimmungslage mit den Worten der Kundschafter aus 4. Mose 14,3 ausdrücken. „Warum nur will uns der Herr in dieses Land führen?“ Die Kundschafter hatten diese Frage gestellt, nachdem sie aus dem „gelobten Land“ zurückgekehrt waren und dort zwar viel Verheißungsvolles, aber auch Riesen gesehen hatten, die ihnen Angst machten, so dass sie nicht bereit waren, diese Herausforderung anzunehmen. Ich hatte ebenfalls gesehen, welche „Riesen“ auf uns zukommen würden und verstand zum ersten Mal jene Kundschafter. Aber wollte ich als Leiter in der Wüste bleiben, wenn der Herr das Signal zum Aufbruch in das verheißene Land gegeben hatte?

Im September 2006 führten wir mit einer größeren Gruppe von Verantwortlichen aus unserem CVJM unter der fachkundigen Leitung von Helmut Nicklas, einem exzellenten Romkenner, eine Rom-Reise durch. Für die Bibelarbeiten wählte ich das Buch Nehemia, um mich, die Vorstandsmitglieder und weitere Verantwortliche innerlich auf die Herausforderungen einzustimmen, die sich einstellen würden, wenn wir „die Stadt Gottes" bauen wollten. Das Buch Nehemia hatte mir schon mehrfach in Prozessen der Visionsgewinnung und -vermittlung und schließlich der strategischen Umsetzung Pate gestanden. Nehemia legte beim Bau der Stadtmauer Jerusalems eine strategische Meisterleistung vor. Es gelang ihm, die Verantwortlichen von seiner Vision zu überzeugen, sie zur praktischen Mitarbeit zu gewinnen und die Arbeit so geschickt strategisch einzuteilen, dass die ganze Stadt und das Umfeld daran beteiligt waren. Doch trotz aller planerischen Höchstleistungen blieben Widerstände von außen und von innen nicht aus.

Es folgten weitere Planungen. Ein Architekt wurde mit einem ersten Entwurf beauftragt. Weitere Planungen und eine Fülle von Gesprächen auf verschiedenster Ebene waren zu führen. Noch immer waren die Widerstände in den eigenen Reihen und bei der Kirche enorm. Dieter Deuschle mahnte mich im Sommer 2008, dass wir nun bald eine Entscheidung zu fällen hätten, wenn wir seine Unterstützung bei der Umsetzung bräuchten, weil er aus Altersgründen für die kommende Wahl nicht mehr antreten würde.

Zu Beginn der Sommerferien 2008 gönnte ich mir wieder einige stille Tage. Im Gebet legte ich den Erweiterungsbau sozusagen symbolisch „auf den Altar". Ich wollte alle Überlegungen und Gedanken Gott zur Verfügung stellen mit der Bitte um Korrektur. Ich wollte alles Eigene loslassen, um frei zu sein für seine Gedanken. Zu meinem großen Erstaunen wurde mir nach den ersten Gebeten sehr schnell deutlich, dass ich dies gar nicht tun durfte: Gott hatte uns – und auch mir – das Anliegen so konkret in die Hand gegeben, dass es für mich Ungehorsam gewesen wäre, es an ihn zurückzugeben. Er hatte uns die Sache anvertraut und in die Hände gelegt. Jetzt galt es, die Dinge recht zu gestalten.

Nichts hat mich in jenem Sommer so sehr bewegt, wie die Frage nach dem Erweiterungsbau – ganz gleich, wo ich auch war: bei der Begegnungsreise in Indien oder beim anschließenden Urlaub am Strand des Indischen Ozeans. In den Zeiten der Ruhe und des Gebets stiegen immer wieder neue Gedanken, Worte und Verheißungen für den Erweiterungsbau in mir auf. Es wurde für mich ein besonderer Sommer des Gebets für den Erweiterungsbau. Wieder und wieder hielt ich Jesus seine Verheißungen für dieses Vorhaben hin. Dabei leitete mich auch ein Aspekt aus dem Lied von Paul Gerhard „Befiehl du deine Wege“:

> *„Dem Herren musst du trauen,*
> *wenn dir's soll wohlergehn;*
> *auf sein Werk musst du schauen,*
> *wenn dein Werk soll bestehn.*
> *Mit Sorgen und mit Grämen*
> *und mit selbsteigner Pein*
> *lässt Gott sich gar nichts nehmen:*
> *es muss erbeten sein.“*
> (EG 361,2)

„Es muss erbeten sein.“ Im Nachhinein kam es mir vor, als ob es die besondere Herausforderung Gottes für mich in jenem Sommer war, dieses Bauvorhaben im Gebet zu erbitten und in der himmlischen Welt durchzutragen. Verheißungen sind nicht einfach Automatismen, sondern Absichtserklärungen Gottes, zu deren Verwirklichung er unsere Mitarbeit gebrauchen möchte. So manche Verheißung will erbeten sein, will über lange Zeiten hindurch im Gebet getragen und innerlich durchgerungen werden.

Gleichzeitig spürte ich, dass es darauf ankam, dass nicht nur ich, sondern wir als ganzer CVJM und als ganze Mitarbeitergemeinde unser Ja sprachen und uns die Sache endgültig zu Eigen machten. Nach einer langen Phase des suchenden Tastens, Überlegens und des Dialogs war es von zentraler Bedeutung, dass wir eine klare Entscheidung treffen würden. Dies musste einmütig geschehen und von der ganzen Mitarbeitergemeinde getragen werden. Zu diesem Zeitpunkt war mir deutlich, dass ein längeres Zögern nicht zu verantworten war. Wir brauchten eine Entscheidung.

Wir widmeten deshalb den Mitarbeiterabend im November 2008 dieser Frage. In einer längeren Rede verdeutlichte ich uns noch einmal den Weg, den wir bisher gegangen waren. Am Schluss stand die Frage im Raum, ob wir als Mitarbeitergemeinde dieses Projekt gemeinsam tragen wollten. Trotz einzelner Bedenken sprachen wir sehr einmütig unser Ja. Später folgte dann die Abstimmung in der Mitgliederversammlung mit einer überwältigenden Mehrheit.

Bei den weiteren Planungen stellte sich schnell heraus, dass der Baubürgermeister und auch der Oberbürgermeister mit dem ersten Entwurf des Architekten nicht einverstanden waren. Er schien ihnen zu bieder für ihre Pläne einer anspruchsvollen Gestaltung des neuen Stadteingangs. Zu unserem großen Erstaunen machte die Stadt uns das Angebot, einen Architektenwettbewerb auszuschreiben und zu bezahlen. Wir ließen uns darauf ein und erlebten, wie wir uns als CVJM mit einbringen konnten und partnerschaftlich an der Entscheidung beteiligt waren. Das gute Miteinander mit dem Oberbürgermeister und mit den Gemeinderatsfraktionen öffnete uns viele Türen. Ein finanzieller Zuschuss in enormer Höhe seitens der Stadt Esslingen, den die (meisten) Gemeinderatsfraktionen in den Haushalt einbrachten, unterstützte uns dabei kräftig.

Den Löwenanteil finanzierten jedoch die ehrenamtlichen Mitarbeiterinnen und Mitarbeiter des CVJM. Als es schließlich ums konkrete Bauen ging, motivierte mich der Satz aus Nehemia 2,18: „Auf, lasst uns gemeinsam bauen!“ Wir konnten die Mitarbeiterinnen und Mitarbeiter dazu gewinnen, neben den Spenden auch konkret durch Eigenleistung zum Gelingen des Erweiterungsbaus beizutragen. Ich übernahm die Koordination dieser Eigenleistungen und half ganz praktisch mit. So wurde dieses Gebäude wirklich zu unserem Haus. Am Ende stand ein ausgesprochen gut gelungenes, großes Gebäude mit einem Saal für 300 Personen, Jugendräumen, Büro- und Ladenräumen unübersehbar direkt am Stadteingang. Seit der Fertigstellung 2015 hat der CVJM alles mit Leben gefüllt. Der riesige Erweiterungsbau ist aus unserer Arbeit nicht mehr wegzudenken und bewirkte einen gewaltigen Schub nach vorn. Gebet und Gesellschaftspolitik finden hier statt. Junge Menschen werden zum Leben und zum Glauben ermutigt und befähigt.

Selten spürte ich die Spannung zwischen der Verheißung und den Herausforderungen so stark wie bei diesem Bauvorhaben. Nun ist es mein Gebet, dass dieses große Haus immer mehr zu dem wird, was mir am Anfang gezeigt wurde: zu einem Ort für die königliche Priesterschaft.

VII. Der Ruf zur Einheit

1. Die Partitur wird im Himmel geschrieben

„Gerhard, steh auf im Land!“

Völlig unerwartet kam dieser Impuls im Gebet, und das Reden Gottes ging weiter: „Das Land wird neu vermessen“, hörte ich und sah gleichzeitig ein Vermessungsgerät vor meinem inneren Auge, wie es z. B. im Straßenbau eingesetzt wird. Ich war gespannt, was das für unser Land zu bedeuten hatte und welche Herausforderungen unser Herr für mich persönlich dabei bereithalten würde. Jedenfalls empfing ich eine Fülle ähnlicher Impulse in den Jahren 1997-1999 und war deshalb innerlich auf das, was sich ereignen würde, vorbereitet. Beim *Treffen von Verantwortlichen* im Frühjahr 1999 sollten sich dann erste Umrisse des Kommenden zeigen.

„Vom Wehen des Geistes“ war das beeindruckende Video überschrieben, das uns Severin Schmid und Marianne Schneppe, die Sprecher der Fokolar-Bewegung in Deutschland, bei diesem Treffen zu später Stunde vorführten. Das Video nahm uns in die Begegnung der weltweiten katholischen geistlichen Bewegungen hinein, die Papst Johannes Paul II. zu Pfingsten 1998 nach Rom auf den Petersplatz eingeladen hatte. Der Platz und die angrenzenden Straßen waren mit einer halben Million Mitglieder der Bewegungen gefüllt, und auf der Bühne war der Papst im Gespräch mit deren Gründerinnen und Gründern, Leiterinnen und Leitern zu sehen. Papst Johannes Paul II. ordnete die Bewegungen der charismatischen Dimension der Kirche zu und sagte: „Das Institutionelle und das Charismatische sind für die Konstitution der Kirche gleichermaßen wesentlich. Sie tragen beide, wenn auch auf verschiedene Weise, zu ihrem Leben, ihrer Erneuerung und der Heiligung des Gottesvolkes bei.“ [16] Auf diese Weise ließ er die geistlichen Bewegungen ihren Platz innerhalb der Katholischen Kirche finden. Über ihre Bedeutung für die Kirche sagte er: „Sie sind die Antwort des Heiligen Geistes auf die dramatische Herausforderung (die Säkularisierung) unserer Zeit." [17] Chiara Lubich, die Gründerin der Fokolar-Bewegung, versprach Papst Johannes Paul II. vor den Anwesenden, sich um das Miteinander der geistlichen Bewegungen zu kümmern.

Uns im *Treffen von Verantwortlichen* sprach in diesem eindrücklichen Video insbesondere die Aussage von Papst Johannes Paul II. an, dass die charismatische und die institutionelle Dimension für die Kirche gleich wesentlich (co-essential) sind. Wir verstanden uns schließlich als Ausdruck dieser charismatischen Dimension im Sinne einer direkt aus dem Geist und nicht als Auftrag der Kirche hervorgegangenen Bewegung.

Beim *Treffen von Verantwortlichen* kommen Leiterinnen und Leiter von Kommunitäten, geistlichen Gemeinschaften, christlichen Zentren, Initiativen und Werken sowie verschiedener Kirchen zusammen. Seine Geschichte begann 1969 mit der weltweit wirkenden charismatischen Erneuerung, die auch in Deutschland zu zahlreichen Aufbrüchen führte. Zu den Grundhaltungen des *Treffens von Verantwortlichen* gehörte von Anfang an, sich nicht als „Funktionäre", sondern als Schwestern und Brüder zu begegnen. Der geschwisterliche Austausch und das Gebet sind elementare Bestandteile, und der Blick für das Ganze des Reiches Gottes und nicht nur für die eigene Kirche oder Bewegung ist Voraussetzung. Der Versuch, die Zeichen der Zeit zu verstehen und beim hörenden Beten zu erkennen, was Gott einzelnen oder Gemeinschaften sagen will, sind ein Schwerpunkt der jährlich stattfindenden Treffen. Im Jahr 1997 kamen die Sprecher der deutschen Fokolar-Bewegung mit ihrem katholischen Hintergrund dazu. In den folgenden Jahren wurden die Teilnehmenden, die in der Mehrzahl einen evangelischen oder freikirchlichen Hintergrund haben, durch verschiedene Impulse für die Übernahme größerer Verantwortung des *Tref-*

fens von Verantwortlichen auf dem Weg zur Einheit des Volkes Gottes sensibilisiert.

Am 31. Oktober 1999 fand in der St. Anna Kirche in Augsburg die feierliche Unterzeichnung der gemeinsamen Erklärung zur Rechtfertigung zwischen der Katholischen Kirche und dem Lutherischen Weltbund statt. Dies war ein gewaltiger Meilenstein auf dem Weg der Ökumene und eine Frucht des jahrzehntelangen Dialogs. Am Nachmittag dieses Tages hatte das ökumenische Lebenszentrum in Ottmaring bei Augsburg zu einer Begegnung mit Chiara Lubich, der Gründerin der Fokolar-Bewegung, und Andrea Riccardi, dem Gründer der Gemeinschaft Sant' Egidio, eingeladen. Für mich war es eigentlich unmöglich, an dieser Begegnung teilzunehmen, weil ich zeitgleich die Werkstatt der Hoffnung zu leiten hatte. Doch die Freunde aus Ottmaring und München drängten mich sehr, dass ich als neuer Leiter des *Treffens von Verantwortlichen* nicht fehlen dürfe. Deshalb tat ich etwas, das ich bis dahin stets vermieden hatte: Ich klinkte mich an diesem Nachmittag aus der Werkstatt der Hoffnung aus und fuhr zusammen mit Margarete nach Ottmaring.

Zwei Welten begegneten sich dort. Einerseits ca. 50 Leitende aus dem evangelisch geprägten *Treffen von Verantwortlichen* und andererseits die katholischen Gründer- und Leiter-Persönlichkeiten weltweiter Bewegungen aus Rom, die an den Feierlichkeiten der Unterzeichnung teilgenommen hatten. Nach der Unterzeichnung zur gemeinsamen Erklärung zur Rechtfertigung hatten einige der Kirchenvertreter davon gesprochen, dass es nun gelte, dieses Dokument mit Leben zu füllen. Mit diesen Worten im Ohr ahnten wir, dass etwas Neues beginnen würde, auch wenn wir es im Augenblick noch nicht konkret fassen konnten. Am Ende des Nachmittags fragte einer der Moderatoren Chiara Lubich, wie es nun konkret weitergehen würde. Ihre Antwort wurde für uns zu einem goldenen Satz, der uns seitdem leitete: „Die Partitur wird im Himmel geschrieben." Im gemeinsamen Hören auf den Geist Gottes wird man verstehen, was zu tun ist.

Doch wie würde dieses gemeinsame Hören konkret und wie könnten wir den nächsten Takt der himmlischen Partitur erkennen? Diese Frage bewegte mich, und ich suchte nach Ende des offiziellen Teiles das Gespräch mit Chiara Lubich. Spontan lud ich sie zum nächsten *Treffen von Verantwortlichen* ein, das vier Monate später stattfinden sollte. Sie versprach, den Vorschlag zu prüfen, und zu unserer großen Überraschung sagte sie zu, mit einigen aus ihrem Leitungsteam zu kommen. Weil Bischof Ulrich Wilckens seitens der evangelischen Kirche in Deutschland der Ansprechpartner für die geistlichen Gemeinschaften war, luden wir ihn ebenfalls zu diesem Treffen ein und baten ihn um ein Referat.

Dieses *Treffen von Verantwortlichen* in Rothenburg ob der Tauber im März 2000 sollte zu einem außerordentlich bemerkenswerten Ereignis werden. Es veränderte das *Treffen von Verantwortlichen*. Neues wurde geboren, das auch mein Leben und meinen Dienst künftig prägen sollte. Als Chiara ihr Referat beginnen wollte, musste sie zunächst um Worte ringen. Für sie ein völlig ungewöhnlicher Vorgang, berichteten ihre Freunde. Sie spürte in dem Raum eine solche Gegenwart des Heiligen Geistes und den Gleichklang mit ihrem Charisma, dass sie völlig ergriffen war. In ihrem exzellenten Referat unter der Überschrift: „Die Liebe untereinander als Weg zur Einheit" hörten wir denselben starken Impuls zur Einheit, der das *Treffen von Verantwortlichen* von Anfang an geprägt und für den uns der Heilige Geist in den vergangenen Jahren erneut sensibilisiert hatte. Jetzt erkannten wir: Hier kamen zwei Strömungen zusammen, die denselben Ursprungsimpuls, dasselbe Charisma, hatten.

Bischof Ulrich Wilckens führte uns in seinem Referat anschaulich vor Augen, wie sehr die Kirchenspaltung der Reformationszeit die Glaubwürdigkeit des Evangeliums infrage gestellt und der Säkularisierung Vorschub geleistet hatte. Am Beispiel der Gerichtsbarkeit verdeutlichte er uns, dass die Spannung, welches Recht zu gelten hatte, ob evangelisches oder katholisches, jenen Kräften Auftrieb gab, die ein neutrales, säkulares Rechtswesen forderten. Natürlich war uns vieles aus der Geschichte der Trennung der Kirchen bekannt. Aber ihre tiefgreifenden Auswirkungen auf die Gesellschaft berührten ganz neu unsere Herzen und machten uns sehr betroffen.

Ich spürte, dass wir nicht wie geplant mit dem Programm fortfahren konnten. Eigentlich waren für den Nachmittag Gesprächsgruppen mit persönlichem Austausch und Gebet füreinander vorgesehen. Diese sehr persönlichen Gebetsgruppen bilden ein Kernstück des *Treffens von Verantwortlichen*. Weil es das erste Treffen war, das ich letztverantwortlich zu leiten hatte, war die Programmänderung zunächst mit einem kleinen Kraftakt innerhalb des Trägerkreises verbunden. Aber es war zu offensichtlich, dass wir auf dieses Referat, das uns so betroffen gemacht hatte, zu reagieren hatten. Deshalb kamen wir am Nachmittag zusammen, um in Stille und Gebet dem verkündigten Wort Gottes unter uns Raum zu geben. In diese gemeinsame Stille hinein bat ein katholischer Priester einem inneren Impuls folgend die anwesenden evangelischen Geschwister um Vergebung für all das, was die Katholische Kirche den evangelischen Christen in den letzten 500 Jahren angetan hatte. Evangelische Geschwister entsprachen dieser Bitte gerne und baten ihrerseits die katholischen Geschwister um Vergebung. Es war, als ob mit dieser Bitte Schleusen in der unsichtbaren Welt geöffnet wurden. Der Geist Gottes setzte uns mit einer enormen Dynamik in Bewegung. Gebete der Reue und Buße, persönlich oder stellvertretend für eine ganze Gemeinschaft oder Konfession, wurden mit bewegenden Worten ausgesprochen. Es war eine Stunde Gottes, die wir erleben durften. So vieles gab es zu bekennen: zwischen Evangelischen und Katholischen, zwischen Großkirchen und Freikirchen, zwischen Kirchen und Bewegungen. Mich selbst erschütterte im Gebet plötzlich der Gedanke, dass noch heute evangelische Christen den Papst als Antichrist bezeichnen und die Katholische Kirche als Hure Babylon. Doch ich zögerte, dies im Gebet als Schuld zu bekennen, weil diese Gedanken nicht meiner persönlichen Haltung entsprachen, sondern Ausdruck einer stellvertretenden Solidarität gewesen wären. So bat ich still darum, dass jemand anderes doch diese Bitte aussprechen möge. Aber keiner brachte sie zum Ausdruck. Deshalb sprach ich sie nach einer Viertelstunde der inneren Abwehr aus. Kaum ausgesprochen, spürte ich einen tiefen inneren Frieden und wusste, dass es äußerst wichtig war, auch diese Schuld konkret benannt zu haben.

Das *Treffen von Verantwortlichen* ist zwar offen für charismatische Elemente, aber es ist kein emotionales Treffen. Doch an diesem Nachmittag flossen viele Tränen. Fast jeder der ca. 100 Verantwortlichen hatte feuchte Augen. Es fiel mir schwer, selbst mit Tränen in den Augen diese „Gebetsstunde“ zu leiten. Doch wussten wir danach, dass hier aus der Umkehr und tiefen Ergriffenheit heraus Neues begonnen hatte. Weder vorher noch nachher habe ich eine solch von Herzen kommende Bußbewegung erlebt. Sie berührte natürlich unsere Gefühle, wir wussten jedoch, dass nicht nur unsere Emotionen beteiligt waren, sondern dass in unseren Gebeten eine ergreifende Berührung des Heiligen Geistes geschehen war.

Einheit ist wichtig, das wusste ich wie jeder aufmerksame Bibelleser längst. Doch welchen Stellenwert die Einheit im Herzen Gottes hat und wie viele meiner „Glaubensargumente“ deutlich weniger wichtig sind als die Einheit des Leibes Christi, das habe ich in jener Stunde zutiefst erfahren. Sie hat mich – sie hat uns – verändert. In jener Stunde habe ich mit seltener Klarheit etwas von dem Schmerz des himmlischen Vaters über die Zerrissenheit der Kirche, der Braut seines Sohnes, gespürt und den leidenschaftlichen Ruf Gottes vernommen: „Sammelt mir mein Volk." Die Sammlung des einen Volkes Gottes wurde zu meinem und unserem Auftrag.

Als wir am nächsten Tag zum Abschlussgespräch mit Chiara Lubich zusammenkamen, fragte sie uns, ob wir uns gemeinsam auf den Weg machen wollten als evangelische und katholische Bewegungen, als deutsche und italienische. Sie wählte ein starkes Wort dafür, indem sie sagte: „Wollen wir uns verloben?" Stellvertretend für das *Treffen von Verantwortlichen* reichte ich ihr die Hand und stimmte ihrem Vorschlag zu. Aus der Versöhnung wurde Neues geboren: die Miteinander-Bewegung. Gemeinsam machten wir uns auf den Weg und überlegten, wie die nächsten Schritte aussehen könnten. Erneut versuchten wir, den nächsten Takt der himmlischen Partitur zu erlauschen.

Ein Team wurde gebildet, das dieser Frage nachspürte. Weitere Gruppierungen wie die Schönstatt-Bewegung kamen hinzu. Aus dem gemeinsamen Hören, Überlegen und Wahrnehmen entstand der Gedanke, einen Tag des Miteinanders in München zu gestalten.

Am 8. Dezember 2001 trafen sich in München unter dem Thema: „Miteinander – wie sonst" 800 Verantwortliche am Vormittag in der St. Matthäuskirche und etwa 5000 Mitglieder der geistlichen Bewegungen am Nachmittag im Dom. Chiara Lubich sprach über den verlassenen Jesus und Bischof Wilckens über den Gekreuzigten. Zwei Referate, zwei sehr unterschiedliche Personen, zwei Konfessionen, zwei unterschiedliche Sprachen und doch derselbe Inhalt. Wieder erlebten wir die himmlische Regie. Spontan griffen Helmut Nicklas (CVJM München) und Pater Michael Marmann (Schönstatt-Bewegung) einen Gedanken von Chiara Lubich auf und schlugen den Verantwortlichen vor, ein Bündnis der gegenseitigen Liebe zu schließen. Dieses wurde dann zur Grundlage von vielem, was sich später im *Miteinander für Europa* entwickelte. Eine kleine Begebenheit am Rande dieses Bündnisses sollte mir die Augen öffnen: Am Morgen dieses Tages sah ich in meiner persönlichen Gebetszeit ein inneres Bild, dem ich die Überschrift „Freundschaft" gab. Es war die Erinnerung an ein reales Bild aus einem meiner Fotoalben mit einem Freund aus der Kindheit. Als ich beim Bündnis der gegenseitigen Liebe neben Pater Michael Marmann stand, musste ich an dieses Bild denken und war verblüfft über eine gewisse Ähnlichkeit zwischen dem Gesichtsausdruck von Michael Marmann und dem Freund aus der Kindheit. Ich wusste sofort, dass das Bild aus dem Gebet mich für diesen Moment vorbereitet hatte und dass nun eine gemeinsame Geschichte mit Michael Marmann, den ich an diesem Tag zum ersten Mal bewusst wahrgenommen hatte, vor mir lag.

Nun hatte ich ein Bündnis der gegenseitigen Liebe mit jemand geschlossen, den ich überhaupt nicht kannte und deshalb war der Gedanke naheliegend, ihn und die Schönstatt-Bewegung zu besuchen, um einander kennenzulernen. Eines Tages rief mich Friedrich Aschoff, der damalige Vorsitzende der Geistlichen Gemeinde-Erneuerung (GGE) an und fragte mich, ob ich nicht auch Interesse hätte, die Schönstatt-Bewegung kennenzulernen. Gerne willigte ich ein, und so vereinbarte er einen Besuch in Schönstatt bei Vallendar. Aufgrund unterschiedlicher Dienste war uns eine gemeinsame Anreise nicht möglich. Mein Weg führte über das Johanneum in Wuppertal, um als Mitglied des Vorstands an der Vorstandssitzung teilzunehmen. In Wuppertal eingetroffen, trafen wir uns am Abend vor der Sitzung zu einer gemütlichen Runde. Wir kannten uns alle gut, und in einer sehr offenen Atmosphäre tauschten wir uns über verschiedene

Erfahrungen unseres Dienstes aus. In dieser Atmosphäre wagte ich es deshalb, von persönlichen Erfahrungen mit dem Heiligen Geist zu berichten. Obwohl ich sehr persönlich gesprochen hatte, löste mein Beitrag bei meinen Freunden sofort eine theologische Auseinandersetzung aus, die mich innerlich verletzte, weil sie weder meiner persönlichen Erfahrung noch einer liebevollen sachlichen Diskussion gerecht wurde, sondern eher Ausdruck von Abwehrreflexen und Gefangensein in theologischen „Richtigkeiten" war. Mein Versuch, am nächsten Tag darüber noch einmal ins Gespräch zu kommen scheiterte, weil meine evangelikalen Freunde meinten: „Wir haben doch nur sachlich diskutiert."

Am Spätnachmittag fuhr ich weiter nach Vallendar, um zum ersten Mal die Schönstatt-Bewegung zu besuchen und kennenzulernen. Zwischen Koblenz und Vallendar hörte ich beim Autofahren plötzlich die sanfte und für mich doch nicht zu überhörende Stimme des Heiligen Geistes: „Gerhard, lass dein theologisches Seziermesser in der Tasche." Ich verstand sofort, dass ich offen und vorurteilsfrei dem gegenüber bleiben sollte, was den Geschwistern in Schönstatt heilig geworden ist und zu ihrer ursprünglichen und intimen Glaubenserfahrung gehört.

Nachdem ich Friedrich Aschoff am Bahnhof in Vallendar abgeholt hatte, fuhren wir gemeinsam die letzten Kilometer nach Schönstatt, wo wir sehr herzlich und offen empfangen wurden. Die Freunde berichteten uns authentisch, aufgeschlossen und ehrlich von dem, was die Schönstatt-Bewegung prägte. Wir erfuhren, welch wichtige Schlüsselrolle Maria in ihrem Glaubensleben spielt. Auch die bedeutende Rolle des Gründers, Pater Josef Kentenich, wurde uns erklärt. Für mich klang das doch sehr nach Heiligenverehrung und war mir mehr als fremd. Tief in mir spürte ich Abwehrreflexe. Der Evangelikale in mir wollte sofort in eine theologische Diskussion einsteigen. Ohne den eindringlichen Ruf des Heiligen Geistes wäre ich sicher versucht gewesen, mich abwehrend zu verhalten oder hätte womöglich in meiner Abgrenzung die Gefühle der anderen verletzt. Doch ich hatte am Tag vorher eine wichtige Lektion lernen dürfen. Da, wo wir uns füreinander öffnen, wo wir dem anderen Anteil geben an der Innenseite unseres Glaubens, an dem, was uns „heilig" ist, sind wir besonders verletzbar. Deshalb bedarf es des behutsamen gegenseitigen Verstehens. Ein Seziermesser ist für den Umgang mit einem toten Körper geeignet, nicht jedoch für den lebendigen Dialog über die persönlichen Glaubenserfahrungen. Dennoch gehörte es zu meiner Authentizität, dass ich ihnen nicht verschwieg, bei manchen ihrer Überzeugungen nicht mitgehen zu können, und dass ich mich mit Maria sicherlich noch intensiver zu beschäftigen hätte.

Beim zweiten Besuch in Schönstatt schenkte mir Pater Peter Wolf sein wunderschönes Buch „Christsein mit Maria". Darin waren biblische Texte zu Maria enthalten, künstlerische Bilder, die die Texte auf ihre Weise sprechen ließen, Meditationen und Praxisanregungen. Den biblischen Texten konnte ich natürlich sofort zustimmen. Maria als Vorbild des Glaubens war mir ebenfalls vertraut. Die Praxisanregungen blieben mir jedoch fremd. Aber ich konnte sie als ihre Form der Spiritualität stehen lassen, diese mussten ja nicht die Meinen werden.

Doch einer der Texte forderte mich durch die Überschrift, mit der er versehen war, und mit seiner Interpretation, besonders heraus. Wenn in Johannes 19,27 Jesus zu Johannes sagt: „Siehe, das ist deine Mutter", dann hatte ich das bislang als persönliche Zuordnung der beiden verstanden und als Bitte an Johannes, die Verantwortung für Maria zu übernehmen. Ich konnte der Interpretation „Maria als Mutter der Kirche" in keiner Weise folgen. Die Theologie, in der ich groß geworden bin, verwehrte mir dies eindeutig.

Im folgenden Jahr las ich zusammen mit einer Gruppe junger Mitarbeitender das Johannesevangelium. Schritt für Schritt erklärte ich ihnen, wie symbolisch viele Texte des Johannesevangeliums zu verstehen sind. Als wir zu Johannes 19 kamen, tauchte in mir die Frage auf: Und warum verweigerst du die symbolische Bedeutung von Johannes 19,27? Könnte es sein, dass Johannes nicht nur persönlich gemeint war, sondern symbolisch für die Jünger und damit für die Kirche steht? Ist die katholische Version womöglich näher am Verständnis dieses Textes ist als deine durch theologische Abgrenzung entstandene? Kannst du dich darauf einlassen, vom anderen her zu denken und zumindest versuchen, seine Sicht von innen her zu verstehen? Zaghaft traute ich mich, den Gedanken zu Ende zu denken. Mein theologisches Verstehen wurde geweitet, ja ich konnte das denken. Aber meine eigene Prägung macht es mir nicht möglich, mir diese Ansicht zu eigen zu machen. Ich kann das andere denken und ahne die größere Perspektive. Gleichzeitig darf ich zu mir und meiner Tradition stehen.

Im Miteinander der geistlichen Bewegungen durften wir viel vom Reichtum Gottes entdecken. Unglaubliche Schätze traten zutage. Der Glaube wurde reicher, weiter und tiefer. Doch dabei verloren wir unsere Identität nicht. Im Gegenteil: Die Treue zur eigenen Tradition und die Klarheit des eigenen Charismas wurden sogar gestärkt. Der Heilige Geist ebnete die Unterschiede nicht ein, aber er veränderte unsere Haltung. Wir konnten einander als Geschwister entdecken und erkennen. Wir konnten Jesus im anderen sehen und staunten in den folgenden Jahren darüber, in welch fremden äußeren Formen wir denselben „Herzschlag des Glaubens“ vernehmen durften. Wir lernten, vom anderen her zu denken und versuchten, auch die Grundüberzeugungen, die hinter der oft vordergründigen Logik der anderen Konfession oder Spiritualität stecken, zu begreifen. Als wir Jahre später zu einem *Treffen von Verantwortlichen* in Schönstatt waren, war das für viele Teilnehmende mit freikirchlichem und evangelikalem Hintergrund eine echte Herausforderung. Doch am Ende der drei Tage brachte es ein Teilnehmer sehr treffend zum Ausdruck, als er sagte: „Ganz anders und innerlich doch so nah."

„Die Partitur wird im Himmel geschrieben." Mit diesem Impuls von Chiara Lubich begann dieser Abschnitt. Gemeinsam hinhören und sich Stück für Stück auf einzelne Takte dieser himmlischen Musik einzulassen, war der Schlüssel für den weiteren Weg, der uns manchen Takt dieser himmlischen Musik erschloss. Die theologische Reflexion und die daraus gewonnene Erkenntnis erfolgten häufig eher im Rückblick.

2. Gott akustisch hören?

„Gerhard, Gerhard!"

Klar und deutlich hörte ich, wie mein Name gerufen wurde. Ich drehte mich um, damit ich sehen konnte, wer mich gerufen hatte, doch da war niemand zu erkennen. Ich stand mitten auf einem sehr belebten Platz in Mumbai, dem ehemaligen Bombay, und wartete auf den jungen Kollegen, der nach vorne gegangen war, um einen Slum aus nächster Nähe zu sehen. Ich hatte schon so viele Slums in Indien gesehen, dass mir nicht danach zumute war. So wartete ich an diesem Platz, an dem hunderte von Indern geschäftig hin und her liefen. Ich schaute noch einmal genauer, ob nicht doch zufällig jemand Bekanntes mich gesehen und nach mir gerufen hatte, doch da waren nur unbekannte Menschen. Mein Kollege, der mit mir unterwegs war, konnte es nicht gewesen sein, denn er war in die andere Richtung gelaufen und kam nach einigen Minuten auch von dort zurück. Wir beendeten unseren letzten, kleinen Ausflug in Indien, gingen gemeinsam zum YMCA, holten unser Gepäck und fuhren zum Flughafen.

Als wenige Stunden später das Flugzeug zum Start auf die Rollbahn fuhr und durchstartete – Start und Landung sind für mich immer gute Gelegenheiten zum Gebet – schaute ich in den Nachthimmel hinaus und fragte Jesus: „Herr, was war das vorhin? Ich habe deutlich hörbar eine akustische Stimme vernommen, die mich gerufen hat, aber da war niemand. Ich bin etwas irritiert. Hast du mich gerufen? Willst Du mir etwas sagen?" Kaum hatte ich meine Gedanken im stillen Gebet formuliert, hörte ich innerlich den Ruf Gottes, der an den Propheten Jesaja ergangen war: „Wen soll ich senden, wer will unser Bote sein?" (Jes 6,8). Die vielen Eindrücke dieser Indien-Reise traten in den Hintergrund, und mich beschäftigte dieser Ruf Gottes. Warum ruft mich Gott erneut? Mein Leben hatte ich ihm doch längst zur Verfügung gestellt.

Zu Hause angekommen, schrieb ich diese Erfahrung in mein Stille-Zeit-Buch. Beim Durchblättern stellte ich zu meinem großen Erstaunen fest, dass ich in den persönlichen Gebeten am Morgen bzw. bei einer Tagung in den Wochen zuvor bereits zweimal diesen Ruf Gottes aus Jesaja 6 aufgeschrieben hatte. Doch er hatte mich irgendwie nicht erreicht, so dass ich ihn wieder vergaß. Diesmal war er dermaßen eindrücklich, dass ich ihn weder überhören noch als Stimme meiner Seele abtun konnte. Doch die Frage blieb, was dieser Ruf Gottes zu Beginn des Jahres 2002 denn nun konkret für mich bedeuten sollte. Erneut stellte ich Gott mein Leben zur Verfügung und bat ihn, mir die Augen für die Umsetzung dieses Rufes zu öffnen.

Ich suchte das Gespräch mit Helmut Nicklas. Er erinnerte mich an unser gemeinsames Anliegen, das wir von Gott gehört hatten: „Sammelt mir mein Volk!" Hatten wir nicht beim *Treffen von Verantwortlichen* auf verschiedene Weise den Ruf vernommen, dass wir uns über das eigene Werk hinaus Gott für sein Anliegen zur Verfügung stellen sollten? War jetzt die Zeit gekommen, die Grenzen des *Treffens von Verantwortlichen* zu überschreiten und die Gemeinschaften und Werke zu bitten, gemeinsam ein großes Reich-Gottes-Fest zu veranstalten? Durch die *„Miteinander-wie-sonst"* Bewegung war Neues entstanden. Sollte dieses Gefäß nun gebraucht werden, um das Volk Gottes in einer großen Veranstaltung zu versammeln? Dieser Gedanke, ein Herzensanliegen von Helmut Nicklas, traf zusammen mit dem Ruf Gottes aus Jesaja 6 und fiel bei mir auf offene Ohren. So beschlossen wir, uns gemeinsam auf den Weg zu machen. Als Leiter des *Treffens von Verantwortlichen* war ich bereit, die Gesamtverantwortung für eine solche Veranstaltung zu übernehmen. Wir dachten über die Gestalt nach, und bald stand uns ein Mitarbeiterkongress mit 2.000 Mitarbeitenden aus den verschiedensten Strömungen des Volkes Gottes vor Augen. Beim nächsten *Treffen von Verantwortlichen* brachten wir unsere Überlegungen ein, die auf eine große Resonanz stießen und zur Bereitschaft führten, gemeinsam einen Kongress für Verantwortliche und Mitarbeitende zu gestalten.

Parallel zu diesen Überlegungen bildete sich eine zweite Spur heraus. Chiara Lubich hatte nach dem eindrucksvollen *„Mit-ein-ander-wie-sonst"* am 8. Dezember 2001 eine Einladung nach Rom ausgesprochen, um dort mit ihr und anderen Leitungspersönlichkeiten der geistlichen Bewegungen der Frage nachzugehen, was jetzt auf europäischer Ebene wichtig wäre.

Im Mai 2002 kamen wir in den Räumen von Sant' Egidio in Rom Trastevere zusammen. Chiara Lubich erzählte uns von Gesprächen mit Romano Prodi, dem damaligen Kommissionspräsidenten der EU, der darum gebeten hatte, dass die Christen in Europa ihre Stimme erheben. Nur auf diese Weise könne er die christlichen Aspekte in der Politik unterstützen. Andrea Riccardi malte uns eindrücklich vor Augen, dass sich Europa aus der Weltgeschichte verabschieden würde, wenn es unfähig sei, sich zu einen. Europa eine Seele geben, sich nicht nur am Euro und an der Wirtschaft zu orientieren, sondern die christlichen Werte wiedergewinnen – das waren einige Stichpunkte aus unserer Begegnung. So kam für uns zu der Vision von dem geeinten Volk Gottes die Perspektive hinzu, als Volk Gottes Verantwortung für unsere Gesellschaft zu übernehmen. Als Christen sollen wir Salz und Licht sein. Wir erkannten: Es musste uns auch um die Erneuerung unseres Kontinents von seinen christlichen Wurzeln her gehen. Ein Satz von Romano Guardini im Blick auf unseren Kontinent bewegte uns dabei immer wieder: „Wir haben die Wurzeln abgeschnitten und wundern uns, dass die Früchte vertrocknen." Es entwickelte sich die Idee, im Jahr 2004 in Deutschland eine große Veranstaltung zur Begegnung von Mitgliedern christlicher Bewegungen verschiedener Kirchen aus ganz Europa durchzuführen. Sie sollte den Schwerpunkt „Europa" haben. „Ein anderes Europa ist möglich", formulierte Friedrich Aschoff. Das *Miteinander für Europa* begann.

Beide Pläne wurden in der Folgezeit zusammengefügt: Am 6. und 7. Mai 2004 fand der Kongress „Miteinander Reichtum entdecken und teilen" mit 2.000 Mitarbeitenden und Verantwortlichen in der Liederhalle in Stuttgart statt und am 8. Mai 2004 die Großveranstaltung *Miteinander für Europa* in der Hanns-Martin-Schleyer-Halle in Stuttgart mit 10.000 Teilnehmern. Für den Mitarbeiterkongress hatte ich die Hauptverantwortung übernommen, für die Großveranstaltung gehörte ich mit zum Leitungsteam, um beide Veranstaltungen in guter Weise miteinander zu verzahnen. Die Wahl des Termins lag schlicht und einfach daran, dass zu diesem Zeitpunkt sowohl die Hanns-Martin-Schleyer Halle für die Großveranstaltung als auch die Liederhalle für den Kongress gebucht werden konnten. Als wir uns auf diesen Termin festlegten, war noch in keiner Weise absehbar, dass wenige Tage vor der Veranstaltung eine ganze Reihe von Ländern Osteuropas der EU feierlich beitreten würden. Europa war in aller Munde. Die Handschrift der himmlischen Partitur offenbarte sich bis hinein in die Termingestaltung. Diese „Termin-Zufälligkeit“ sollte nur der Auftakt sein. Immer wieder erlebten wir bei unseren Veranstaltungen von *Miteinander für Europa* eine auffällige Parallele zu besonderen politischen Ereignissen bis hin zum Kongress im Sommer 2016 in München, der drei Tage nach der englischen Brexit-Entscheidung stattfand.

Nach der Entscheidung für die Veranstaltungen folgten zwei Jahre intensivster Vorbereitung. Das Leitungskomitee für die Großveranstaltung *Miteinander für Europa* traf sich alle zwei bis drei Monate in Rom (gefühlt war es monatlich). Dass dies bei den Leitenden der geistlichen Bewegungen und ihrem vollen Terminkalender möglich wurde, zeigte die ungeheure Dynamik und innere Überzeugungskraft, mit der wir unterwegs waren. Parallel dazu galt es, den Mitarbeiterkongress vorzubereiten, für den es ebenfalls keine Vorlage gab. Er musste von Grund auf konzipiert werden. Dies erforderte eine breit angelegte Netzwerkarbeit, die weit über das bisherige *Treffen von Verantwortlichen* hinausreichte und die unterschiedlichsten Strömungen in Deutschland und Europa miteinander verbinden musste. In enger Zusammenarbeit mit Severin Schmid von der Fokolar-Bewegung, aber auch einem sehr engagierten Team aus den Bewegungen, gestalteten wir diese Arbeit. Jeden freien Abend und jeden Samstag nutzte ich, um das Netz zu knüpfen. Das damals noch relativ neue Medium der E-Mails war ein riesiges Geschenk für diese Herkulesaufgabe.

Im Laufe der Zeit wurde mir immer deutlicher, warum ich den Ruf Gottes: „Wen soll ich senden, wer will unser Bote sein?“ gehört hatte. Es war mir, als ob eine weitere Berufung zu den bisherigen hinzugekommen wäre. Nach dem Kongress 2004 sprach Chiara Lubich davon, dass es für das *Miteinander für Europa* eine zweite Berufung benötige und es gelte, beide Berufungen zu leben. Es brauche Menschen, die mit voller Überzeugung ihre Bewegung leiten und gleichzeitig eine zweite Berufung erhielten, das Volk Gottes zusammen mit anderen zu führen. „Wir brauchen Menschen, die mit beiden Beinen in ihrer Bewegung stehen und von diesem Stand aus ihre Bewegung ins Miteinander führen." Die zweite Berufung sei nicht einfach ein ad on, ein Sahne-Häubchen, welches die Sache verschönere, sondern eine Berufung, die Liebe, Kraft, Zeit und manche Ressourcen benötige.

Das Stichwort der zweiten Berufung verstand ich sofort. Doch trotz des klaren Rufes Gottes blieb die Begrenzung von Raum und Zeit und es war unausweichlich, dass Veränderungen in meinem Dienstauftrag nötig würden. Für mich war es deshalb ein besonderes Geschenk, in einem CVJM zu sein, der für die Führungen Gottes offen ist und bereit, immer wieder neu über die nötigen Konsequenzen nachzudenken. Die Vorsitzenden förderten diesen Prozess, und in den verschiedenen Gremien überdachten wir unsere Struktur. Wir veränderten Leitungsebenen in der Mitarbeitergemeinde, indem wir drei qualifizierte Personen mit einem neuen Modell „Hauptamtlich-Ehrenamtlich" dafür gewinnen konnten, sich in Teilzeit und doch größtenteils ehrenamtlich umfassend in die CVJM Arbeit einzubringen. Eine davon, Gabriele Deutschmann, war bereit, die Mitarbeitergemeinde mit mir zusammen zu leiten. Das bedeutete für mich eine enorme Entlastung.

3. Erkenntnisse und Reflexionen auf dem Weg zur Einheit

Auf dem Weg zum Kongress durften wir eine Fülle von Schlüsselerfahrungen machen. Einige der damit verbundenen Erkenntnisse und Einsichten möchte ich an dieser Stelle reflektieren.

„Die Partitur wird im Himmel geschrieben"

Aus dieser Überzeugung heraus folgte für uns die Aufgabe, diese Partitur zu erspüren, zu ertasten, immer wieder neu hinzuhören. Uns leitete kein strategisches Programm, sondern die Offenheit für den Geist. Deshalb wurde *Miteinander für Europa* keine Organisation, sondern entwickelte sich in Form eines Netzwerkes, das durch Beziehungen und Freundschaft unter den Verantwortlichen entstand und wuchs. Wir nahmen Kontakt miteinander auf und besuchten einander. Immer wieder wies Helmut Nicklas darauf hin, dass die eigentliche Netzwerkarbeit in den Wohnzimmern und durch Freundschaften geleistet wird. Auf diese Weise war es uns möglich, eine sehr flexible und dynamische Struktur zu entwickeln. Erst später wurde mir bewusst, dass wir an dieser Stelle ein typischer Ausdruck der Postmoderne waren, in der Beziehungen und Freundschaft und die Verbundenheit in Form eines Netzes wesentliche Grundprinzipien darstellen.

Reichtum entdecken und teilen

Dieses Thema hatten wir für den 1. Kongress 2004 in Stuttgart gewählt. Unser Anliegen war, den in den verschiedenen Gemeinschaften vorhandenen spirituellen Reichtum erkennbar und im Miteinander erfahrbar werden zu lassen. Sehr bewusst bereiteten wir den Kongress deshalb mit ganz unterschiedlichen Gemeinschaften und Bewegungen vor. Die Fülle von Foren und Podien wurden so gestaltet, dass sie jeweils von mindestens drei verschiedenen Gemeinschaften, möglichst aus unterschiedlichen Konfessionen und Spiritualitäten, vorbereitet wurden. Zur Vorbereitung gehörten vor allem auch gegenseitige Besuche, um sehr bewusst in die Atmosphäre, Spiritualität und Identität der jeweiligen Gemeinschaft einzutauchen.

Es ging uns darum, unsere Blickrichtung zu ändern, weg von (theologischen) Vorbehalten und Vorurteilen hin zur Suche nach der Gnade, dem Charisma, das der Heilige Geist in der jeweiligen Gemeinschaft hervorgebracht hatte. Wir besuchten einander in der Überzeugung, dass jede Gemeinschaft ein Ausdruck der Gnade Gottes ist. Anstatt auf Abgrenzung und Unterscheidung aus zu sein, wollten wir das Geheimnis Gottes in der anderen Bewegung erkennen. Dadurch wurde unsere Haltung verändert. Ich merkte an mir selbst diese Veränderung. Wie leicht war es mir mit meiner pietistischen Prägung gefallen, die Einseitigkeiten, Schieflagen oder gar Irrlehren der anderen Bewegungen und Kirchen zu erkennen. Im Lernprogramm des Heiligen Geistes lernte ich, im Anderssein des anderen Gottes Handschrift zu erkennen und zu achten. Im Nachhinein wurde mir noch deutlicher, dass die Veränderung der inneren Haltung der Verantwortlichen einer der entscheidenden Schritte für den Weg des Miteinanders war.

Das Bild der Deesis aus der Hagia Sofia wurde für uns zum Leitbild für die entsprechende Haltung. Wir gaben ihm den Titel „Zuwendung". Es zeigt Johannes den Täufer auf der einen Seite, Maria, die Mutter Jesu, auf der anderen und in der Mitte Jesus. Der Letzte des Alten Bundes und die Erste des Neuen Bundes wenden sich Jesus zu. Indem sie dieses tun, wenden sie sich zugleich einander zu. Dieses Bild wurde für uns ein Schlüssel zum Miteinander. Jesus ist unsere Mitte. Wir wenden uns Jesus zu und damit zugleich dem anderen. Wie Johannes der Täufer und Maria bleiben wir dabei an unserem angestammten Platz, dürfen unsere Identität behalten und können dennoch Gemeinschaft miteinander haben.

Durch die Begegnungen und Besuche auf dem Weg zu den Kongressen wandten wir uns einander zu, tauchten in die uns z.T. fremde Spiritualität der anderen Bewegungen und Konfessionen ein und entdeckten, wie lebendig Christus in unserer Mitte war. Dabei erkannten wir so vieles von dem Reichtum Gottes. Unser Glaube wurde reicher, tiefer und weiter. Wir verloren dabei unsere eigene Identität nicht. Im Gegenteil: Die Treue zur eigenen Tradition und die Klarheit des eigenen Charismas wurden sogar gestärkt. Der Heilige Geist ebnete die Unterschiede nicht ein, sondern half uns, einander als Geschwister zu entdecken, die durch Jesus Christus erlöst und errettet sind. Jesus in der Mitte wurde zum zentralen Schlüssel für das Miteinander.

Einheit in Vielfalt –
Die Unterschiedlichkeit der Gemeinschaften

Eine nahezu unübersehbare Fülle an Gemeinschaften und Bewegungen begegneten sich. Waren es zu Beginn im Jahr 2004 ungefähr 170, so wuchs ihre Zahl auf etwa 250 im Jahr 2007. Wie erwähnt, leitete uns kein strategischer Plan, wer alles mit dabei sein müsste, sondern die Einladungen wurden von Person zu Person, von Bewegung zu Bewegung weitergegeben. Die konfessionelle und spirituelle Bandbreite war enorm. Kaum einer hätte es kurz vorher für möglich gehalten, dass so unterschiedlich geprägte Bewegungen einander begegnen, sich gegenseitig verstehen und bereit sein würden, sich gemeinsam auf den Weg zu machen. Dabei kamen gewaltige Herausforderungen auf die einzelnen Gruppen zu.

Da traf eine evangelikal-missionarische Gruppe auf die Fokolar-Bewegung mit ihrem aus der Liebe zu allen Menschen herrührenden Ansatz der vorbehaltlosen Akzeptanz aller Religionen. Die Evangelikalen, die eher auf die Betonung der Wahrheit Wert legten und leicht zu Abgrenzung tendierten, bekamen Bauchschmerzen. Es bedurfte mancher Begegnung und vertiefender Gespräche, um die Fokolar-Bewegung von innen, von ihrem Charisma der Liebe und Einheit her zu verstehen, ihre klare Christuszentriertheit zu erkennen und den stillen oder deutlich geäußerten Vorwurf des Synkretismus beiseitezulegen. Und umgekehrt: Die Fokolar-Bewegung begann zu erkennen, dass manche ihrer Haltungen und Formulierungen missverstanden werden konnten, und dass eine persönliche Entscheidung für ein Leben mit Jesus wichtig ist.

Oder ich denke an jene missionarische CVJM-Gruppe, die einer katholischen Gemeinschaft begegnete, die als Selbstbeschreibung „marianisch und papsttreu" gewählt hatte. Es bedurfte einer enormen inneren Überzeugung, sich nicht durch befremdliche Formulierungen oder Verhaltensweisen abschrecken zu lassen, sondern den Weg in die tiefere Begegnung zu riskieren.

Meine eigene Erfahrung (Stichwort Seziermesser) hatte es mir ein wichtiges Anliegen werden lassen, die Gemeinschaften für den Umgang miteinander zu sensibilisieren und sie gleichzeitig zu ermutigen, die Innenseite ihrer Spiritualität mit den anderen zu teilen. Ich wies immer wieder darauf hin, dass dies nur möglich ist, wenn wir sensibel mit dem umgehen, was dem anderen „heilig“ ist.

Indem wir uns darauf einließen, erlebten wir, dass uns der Heilige Geist zu Grenzüberschreitungen ermutigte, die äußerst herausfordernd waren. Die Erfahrung des Petrus in Apostelgeschichte 10 diente uns als biblische Orientierung. Ich hielt deshalb in jener Zeit einige Bibelarbeiten über diesen Text. Petrus hätte sich mit gutem Grund auf seine Tradition und die Heilige Schrift berufen können. Doch der Heilige Geist nötigte ihn, die bisherigen Grenzen zu überwinden und forderte ihn auf, die unreinen Tiere zu schlachten und zu essen, was ihm seine jüdische Tradition nicht erlaubte. Aber der Heilige Geist ermutigte ihn: „Was Gott rein gemacht hat, das nenne du nicht unrein“ (Apg 10,15). Zu hören, dass manches von dem, was uns theologisch äußerst fragwürdig erscheint, von Gott geheiligt ist, forderte uns heraus, die bisherigen Grenzen zu überschreiten und die „Häuser“ der anderen zu besuchen. Das ließ uns die beglückende Erfahrung machen, dass der Geist Gottes in unsere Mitte kam. Hätten wir nicht miteinander die starke Bewegung des Heiligen Geistes gespürt und in den anderen nicht die Liebe zu Jesus und zur Heiligen Schrift erkannt, wir hätten den Weg nicht gehen können, zu tief waren die theologischen Abwehrreflexe.

Eine kleine Begebenheit auf diesem gemeinsamen Weg prägte sich mir unvergesslich ein. Nach einem intensiven Arbeitstag zur Vorbereitung des Kongresses saßen wir abends im kleinen Kreis gemütlich zusammen. Unsere Dienste und Persönliches flossen im Gespräch ineinander. Bei dieser Gelegenheit erzählte ich den anderen von Momenten innigster Gotteserfahrung in meinem Leben. Ich teilte mit ihnen, dass in Lobpreis und Anbetung, wenn wir mit Anbetungsliedern einen inneren Weg gegangen sind, manchmal Augenblicke der tiefen inneren und äußeren Stille folgen, die ich als intensivste Momente der Gegenwart Gottes erfahre. Es sei mir dann, als ob wir einen Weg vom Vorhof des Tempels über das Heiligtum bis ins Allerheiligste gehen und dort eine Unmittelbarkeit der Gegenwart Gottes erleben dürften. Spontan entfuhr Pater Lothar Penners, dem Leiter der Schönstatt-Bewegung, der kurze Ausruf des Erstaunens: „Aber Gerhard, die Eucharistie!" Damit hatte er seinen Punkt der tiefsten Gotteserfahrung benannt. Diese Erkenntnis, dass es für das gleiche geistliche Erleben unterschiedliche Zugänge geben kann, teilte ich später mit den Mitarbeiterinnen und Mitarbeitern des CVJM Esslingen bei einem Wochenende. Unter der Überschrift „Zugänge zu Jesus" referierte ich über sieben verschiedene Spiritualitäten und ihren jeweiligen Zugang zu Jesus.

Doch nicht alle konnten sich zum damaligen Zeitpunkt auf diesen Weg des Miteinanders einlassen. Mir gelang es leider nicht, Hartmut Steeb, den Generalsekretär der Deutschen Evangelischen Allianz, dem ich seit vielen Jahren freundschaftlich verbunden war, für den Weg des Miteinanders zu gewinnen. Er begründete seine Absage mit den Worten: „Gerhard, ich kann nicht zum Kongress nach Stuttgart kommen. Wenn ich komme, dann spalte ich die Evangelische Allianz. Was haben wir dann an Einheit gewonnen?" Die Barrieren zwischen der Deutschen Evangelischen Allianz und der Katholischen Kirche waren zum damaligen Zeitpunkt offensichtlich noch nicht zu überbrücken. Aber er beobachtete sehr aufmerksam unseren Weg und nahm die innere Dynamik wahr. Weil ihm die Einheit sehr am Herzen lag, suchte er in kluger und beharrlicher Weise nach Wegen. Doch davon später.

Mich leitete auf unserem Weg die Überzeugung: Gott sammelt sein Volk. Im hörenden Gebet wurde mir das Wort 2. Korinther 6,2 wichtig: „Siehe, jetzt ist die Zeit der Gnade, siehe, jetzt ist der Tag des Heils!" Dies machte mich gewiss, dass wir uns ganz konkret in einer besonderen Zeit der Gnade, an einem Kairos, für das Eins-Werden des Volkes Gottes befanden. Deshalb sprach ich bei den Vorbereitungen und beim Kongress selbst wiederholt über diese biblische Verheißung. Gemeinsam konnten wir im Nachhinein staunend bekennen: Gott hatte in der Tat eine Zeit der Gnade für das Eins-Werden seines Volkes geschenkt.

Die einzelnen Inhalte des Kongresses 2004 in Stuttgart und der Großveranstaltung können an dieser Stelle nicht entfaltet werden, doch möchte ich eine kleine Passage aus meiner Eröffnungsrede beim Kongress als Schlaglicht aufleuchten lassen. Der Originalton kann einen kleinen Einblick in die innere Dynamik der Entwicklung vermitteln:

> „An der Geburtsstunde dieses Kongresses stand die Wahrnehmung von uns als Verantwortlichen, dass Gott sein Volk zusammenruft. (…) ‚Spurensuche' nennen das die einen, ‚Hören auf die Stimme Gottes' die anderen. Aus dem Wahrnehmen und Hören heraus sind wir der Überzeugung, dass wir in einer besonderen Gnadenzeit für das Miteinander leben (2. Kor 6,2). Mit hoher Dringlichkeit hören wir den Ruf Gottes. Deshalb bin ich der Überzeugung, dass diese Tage in Stuttgart geradezu eine prophetische Dimension enthalten: Den Ruf ins Miteinander! Gott selbst ruft und sammelt sein Volk. Es ist Gnadenzeit für die Ökumene der Herzen mitten in einer Zeit, in der die Ökumene der Kirchen manche Hürde zu überwinden hat und manche Resignation vorhanden ist. Im Raum der geistlichen Bewegungen spielen die konfessionellen Unterschiede eine untergeordnete Rolle."[18]

Als Verantwortlicher für den Kongress war es mir eine besondere Freude, weite Teile des Kongresses zusammen mit Sr. Anna-Maria aus der Wiesche (Communität Christusbruderschaft

Selbitz) moderieren zu dürfen. Seit dem Beginn meiner Leitung des *Treffens von Verantwortlichen* wusste ich mich für solche Dienste mit ihr zusammengestellt und erlebte im Laufe der Jahre wiederholt, dass sich Türen öffneten, wenn wir beide miteinander die Leitung von Veranstaltungen übernahmen. Eine solche Tür öffnete sich auch am Abschlussabend des Kongresses. Wir erneuerten als geistliche Gemeinschaften das Bündnis der gegenseitigen Liebe, das wir in München 2001 miteinander geschlossen hatten. Jeder Teilnehmer in der Liederhalle erhielt drei verschiedenfarbige Fäden. In einer kleinen Aktion knüpften immer drei Personen miteinander eine „dreifache Schnur", um auf diese Weise das Bündnis symbolisch zum Ausdruck zu bringen. An diesem Abend waren auch etwa 50 Bischöfe der unterschiedlichsten Kirchen unter uns und sie erwiesen sich als die Kreativsten. Sie verbanden ihre Fäden zu einem einzigen großen Band, das alle Bischöfe miteinander verband. Im Programm war für die Bischöfe keine Rede vorgesehen, aber dieser besondere Moment verlangte nach einem unterstreichenden Wort. Spontan entschied ich zusammen mit Sr. Anna-Maria, Kardinal Walter Kasper, Präsident des Päpstlichen Rates zur Einheit der Christen, und Bischof Christian Krause, Präsident des Lutherischen Weltbundes, auf die Bühne zu bitten, um einige kurze Sätze an den Kongress zu richten. „I have a dream", begannen sie nahezu gleichzeitig und Kardinal Walter Kasper fuhr fort „und heute ist er Wirklichkeit geworden bzw. beginnt er, Wirklichkeit zu werden: der Traum von der einen Kirche Jesu Christi, den Sie hier schon verwirklicht sehen." Die Begeisterung in der Halle über die gemeinsame Sehnsucht der Bischöfe und uns als Bewegungen war einer der markantesten Momente.

Wir alle spürten, dass sich in diesem Moment mehr ereignete als das Reden von zwei Bischöfen. Und das hatte folgenden Vorlauf: Die Bischöfe waren per Bus zur Liederhalle gekommen, trafen jedoch aufgrund eines Verkehrsstaus erst nach Kongressbeginn in der Halle ein. Weil sich die für sie reservierten Plätze in einem vorderen Bereich befanden, mussten sie zwischen allen Teilnehmern quer durch die Liederhalle zu ihren Plätzen gehen. Während sie das taten, brandete spontan begeisterter Applaus auf. Viele spürten, dass dies ein besonderer Moment war, weil zusammenkam, was zusammengehört: Die Bischöfe und das Volk Gottes, die Kirchenleitungen und die geistlichen Bewegungen. Man konnte ahnen, dass dies Auswirkungen auf die Zukunft haben würde. Amt und Bewegungen, oder wie Papst Johannes Paul II. formulierte, die petrinische und die marianische Dimension der Kirche fanden zusammen und wirkten je auf ihre Art und Weise. Das berührte und veränderte die Herzen. Ich hörte von vielen aus unserem CVJM, dass sie eine neue Liebe für ihre Kirche bekamen. Für mich begann an jenem Abend eine langjährige Partnerschaft und Freundschaft mit Bischof Christian Krause und Kardinal Walter Kasper, die in vielen Begegnungen, spontanen Telefonaten und unkomplizierten E-Mails einen sehr feinen Ausdruck erhielt.

Der Kongress und die Großveranstaltung von *Miteinander für Europa* im Mai 2004 übertrafen unsere Erwartungen bei weitem. Der Heilige Geist war in einer sanften, aber überaus deutlich erfahrbaren Weise unter uns gegenwärtig und löste eine Freude und Verbundenheit unter uns aus, dass wir nur staunen konnten. Einige der anwesenden Bischöfe sprachen wenige Wochen später bei ihrer Pfingst-Predigt darüber, dass sie in Stuttgart geradezu ein aktuelles Pfingst-Erlebnis gehabt hatten. Auch ein Großteil der Teilnehmer, die keinen charismatischen Hintergrund hatten, spürten die überaus starke Präsenz des Geistes. Zu einem Höhepunkt wurde dabei in einer Lobpreiszeit das Lied von Albert Frey „Siehst Du das Lamm“. Wir waren tief vereint in der gemeinsamen Anbetung vor dem Thron Gottes. Was wir erlebten, war ein Vorgeschmack der Vision aus Offenbarung

7,9: „Danach sah ich … eine große Schar, die niemand zählen konnte, aus allen Nationen und Stämmen und Völkern und Sprachen, die standen vor dem Thron und vor dem Lamm …" In unsere Situation übertragen: Da war das eine Volk Gottes aus allen Sprachen und Nationen, aus vielen Konfessionen und Denominationen, aus vielen Gemeinschaften und Bewegungen. Wir ahnten, wie es eines Tages sein wird, wenn wir alle im himmlischen Lobpreis vor dem Thron Gottes stehen werden. Gleichzeitig durften wir miteinander erfahren, dass wir jetzt schon in einer Zeit der Gnade für das Eins-Werden des Volkes Gottes leben. Das Geschenk der Einheit wurde unter uns real.

Während beim Mitarbeiterkongress der Schwerpunkt Sammlung und Eins-Werden im Mittelpunkt stand, lag er bei der Großveranstaltung mehr auf der gesellschaftlichen Dimension. Romano Prodi, der Präsident der EU-Kommission, Erwin Teufel, der Ministerpräsident von Baden-Württemberg, Königin Fabiola von Belgien und viele Politiker ließen es sich nicht nehmen, bei der Großveranstaltung mit dabei zu sein. Es waren Tage, von denen eine enorme Hoffnung ausging. „Möge in Europa die Hoffnung zuhause sein", formulierte Helmut Nicklas in einem Schlusswort und brachte damit für alle zum Ausdruck, welche Hoffnung *Miteinander für Europa* ausgelöst hatte.

„Gott schreibt Geschichte, und wir dürfen dabei sein", schrieb ich nach dem Kongress an die Verantwortlichen. Das sind starke Worte und doch hatten wir gemeinsam den Eindruck, dass wir an einem Meilenstein der Geschichte Gottes mit seinem Volk dabei sein durften. Für mich ist es atemberaubend zu sehen, wie spannend und erfüllend es ist, sich auf das Wagnis der Reise mit Gott einzulassen. Er führt in die Weite und in Dimensionen, die ich mir nicht selbst ausgesucht habe.

4. Ökumene der Herzen

Die vom Heiligen Geist geschenkte Einheit auf dem Weg des Miteinanders und die wache Wahrnehmung der „offiziellen" Ökumene ließen uns sehr schnell auf die Fragen stoßen: Worauf beruht die Einheit, was fördert sie, und wo liegen ihre Grenzen?

Die Ebene des offiziellen ökumenischen Dialogs der Kirchen hatte durch die gemeinsame Erklärung zur Rechtfertigung einen konkreten Ausdruck erhalten. Einige Theologen unter uns verspürten Freude und Leidenschaft für diesen Dialog. Wir als geistliche Bewegungen sahen es jedoch nicht als unsere Aufgabe, die ganze Fülle theologischer Fragen zu erörtern. Wir sahen uns auf einer anderen Ebene und wussten uns einen anderen Weg geführt: den Weg der Ökumene der Herzen.

Das Stichwort „Herz" könnte in dem Sinn missverstanden werden, dass es um eine Wohlfühl-Ökumene geht, bei der Gefühle oder Sympathie eine entscheidende Rolle spielen. Bei der „Ökumene der Herzen" legen wir jedoch den biblischen Begriff des Herzens zugrunde. Nach diesem Verständnis ist das Herz das Zentrum des Menschen, Ausdruck seines Willens und Wollens. Es ist das Organ, das auf den Anruf Gottes reagiert. Paulus übersetzt das aus dem ursprünglichen hebräischen Verständnis in die griechisch denkende Welt hinein. Er verwendet dafür den Begriff „Geist". Dieser ist das Organ der Kommunikation mit Gott. Der Geist des Menschen weiß, was im Menschen ist, der Geist Gottes weiß, was in Gott ist, und die beiden kommunizieren miteinander (1. Kor 2). Mit menschlicher Weisheit und Ratio können wir Gott nicht erkennen. Und so kommt Paulus zu dem Schluss: „Der natürliche Mensch vernimmt nichts vom Geist Gottes" (1. Kor 2,14, Lutherbibel 1984).

Mit der Ökumene der Herzen sehen wir genau diesen inneren Vorgang beschrieben, einander „im Geist" zu erkennen: Christus im anderen erkennen, auch wenn die Ausdrucksweise seines Glaubens eine andere ist als die meine, auch wenn er oder sie einen anderen Zugang zu Jesus hat als ich.

Weil dieses Erkennen vom Geist Gottes gewirkt wird, werden wir in die Lage versetzt, etwas vom Leben des Geistes in der Spiritualität des anderen zu „vernehmen". Das wiederum führt zu der Einheit, die Paulus im Epheserbrief beschreibt. Jesus Christus stiftet sie. Unter ihm ist alles zusammengefasst (Eph 1,10). Christus ist der große „Symbolos", auf dt.: Zusammenbringer (im Gegensatz zum Teufel, dem Diabolos, auf dt.: Durcheinanderbringer). Er ist das Haupt der Gemeinde (Eph 1,22f). Er hat aus zweien (Juden und Heiden) eins gemacht und den Zaun abgebrochen, der dazwischen war (Eph 2,14), und hat sie „versöhnt mit Gott in seinem Leib durch das Kreuz, indem er die Feindschaft tötete durch sich selbst" (Eph 2,16). Dadurch hat Christus die Einheit gestiftet. Unser Auftrag besteht darin, sie zu bewahren. „Seid darauf bedacht, zu wahren die Einigkeit im Geist durch das Band des Friedens" (Eph 4,3).

Die „Einigkeit im Geist", wie sie in Epheser 4,3 beschrieben wird, wenigstens in Ansätzen erleben zu dürfen, ist eines der wunderbaren Geschenke, das uns auf dem Weg des Miteinanders zuteil wurde. Gleichwohl ist es von dort noch ein weiter Weg bis zur „Einheit des Glaubens" (Eph 4,13).

Deshalb war es uns wichtig, Kriterien für den gemeinsamen Weg zu formulieren. Wir wollten nicht in postmoderne Beliebigkeit verfallen. In „Grundlagen des Miteinanders"[19] benannten wir als Kriterien zum einen die konfessionelle und spirituelle Vielfalt und die Selbständigkeit der Gemeinschaften und zum anderen als entscheidende gemeinsame Basis: Jesus in der Mitte, das Bündnis der gegenseitigen Liebe, die Bibel als gemeinsame Grundlage, das Zeugnis des Glaubens und die Mitgestaltung unserer Gesellschaft.

Grundlagen des Miteinanders

Das Miteinander christlicher Bewegungen, Gemeinschaften und Kommunitäten ist gelebte Gemeinschaft unter selbständigen Gruppierungen mit unterschiedlichen Charismen und Strukturen. Zu ihnen gehören evangelische, katholische, orthodoxe, anglikanische und reformierte Christen, ebenso Mitglieder von Freikirchen und neuen Gemeinden.

1. Dieses Miteinander lebt aus dem Bündnis der gegenseitigen Liebe im Sinne der Worte Jesu: „Ein neues Gebot gebe ich euch: Liebt einander! Wie ich euch geliebt habe, so sollt auch ihr einander lieben" (Joh 13,34).

2. Bindeglied unter den Einzelnen und unter den Bewegungen ist deshalb Jesus selbst, der verheißen hat: „Wo zwei oder drei in meinem Namen (in seiner Liebe) versammelt sind, da bin ich mitten unter ihnen" (Mt 18,20).

3. Der Sinn des Miteinanders liegt darin, auf diese Weise Jesus in die Welt zu bringen, damit er auch durch die vielfältigen Gaben, die Gott den Bewegungen anvertraut hat, für die Menschen in unserer Zeit wirken kann. Das Zeugnis vom Evangelium Jesu Christi wird durch dieses Miteinander glaubwürdiger.

4. Das Gebet Jesu Christi um die Einheit ist die Grundlage unserer Vision vom Miteinander des Volkes Gottes in der Vielfalt der unterschiedlichen Bewegungen. Unser Ziel ist nicht die organisatorische Einheit oder das Verschmelzen, sondern das Miteinander eigenständiger christlicher Bewegungen, die je ihr Charisma und ihre Spiritualität leben und diese ins Miteinander einbringen. Die Mitte ist

Jesus Christus und die Treue zu seinem Evangelium, wie es uns in der Heiligen Schrift begegnet.

5. In den Bewegungen finden sich reichhaltige und vielfältige Spiritualitäten. Sie helfen in der je eigenständigen Form zu einer lebendigen Gottesbeziehung und laden ein zu einem konsequenten Leben aus dem Glauben.

6. Das Miteinander der Bewegungen stellt einen Teil des Eins-Werdens des Volkes Gottes dar. Da zu den Bewegungen Glieder der verschiedenen Konfessionen und kirchlichen Gemeinschaften gehören, und alle ihrer kirchlichen Tradition treu bleiben, erhält die Ökumene durch dieses Miteinander eine neue Dimension und neue Impulse.

7. Die Bewegungen setzen sich in vielen Lebensbereichen ein: Familie, Schule, Arbeitswelt, Wirtschaft, Medizin, Medien, Politik, Umwelt, Sport, soziale Brennpunkte, Jugend- und Friedensarbeit, Kunst und Kultur. Sie haben durch ihr Miteinander gesellschaftlich und politisch eine stärkere Bedeutung.

Oktober 2005 [20]

Deutlich wird: Es geht nicht um Einebnung der Unterschiede oder gar um Verschmelzung, sondern um eine versöhnte Vielfalt in Einheit. Einer der Schwerpunkte beim 2. Kongress 2007 war deshalb die Frage, welche Einheit uns auf diesem gemeinsamen Weg leitet. Besonders die Referate von Sr. Anna-Maria aus der Wiesche [21], Br. Franziskus Joest und P. Lothar Penners [22] reflektierten dieses Thema auf hoher theologischer und philosophischer Ebene und verstanden es gleichzeitig, die Erkenntnisse in einer praxisrelevanten Sprache zu vermitteln.

„Einheit und Unterschiedlichkeit sind gleich ursprünglich“ [23] formulierte Br. Franziskus beim *Miteinander für Europa*-Kongress 2007. Ganz ähnlich Piero Coda: „Wenn Gott Dreieinigkeit ist, sind Einheit und Vielfalt nicht nur kein Widerspruch, sondern gleich ursprünglich.“ [24] Mit der Ökumene der Herzen haben wir uns auf einen Weg gemacht, der das Anderssein des anderen nicht nur anerkennt und achtet, sondern gerade darin Christus erkennt. Es gilt, auf diesem Weg weiter voranzukommen mit dem Ziel, die Einheit zu leben, um die Jesus gebetet hat.

5. Früchte der Einheit

Im Jahr 2005 nahm Hartmut Steeb das Gespräch mit mir wieder auf, um Möglichkeiten der Zusammenarbeit zwischen der Deutschen Evangelischen Allianz und *Miteinander für Europa* zu erörtern. Er schlug vor, dass sich die beiden Leitungsgremien zu einer dreitägigen Klausur in Bad Blankenburg, dem Sitz der Deutschen Evangelischen Allianz, treffen könnten. Dies entsprach unserem bisherigen Weg des Vorgehens und wurde deshalb von unserer Seite aus sehr begrüßt. Um einander im geschützten Rahmen begegnen zu können, war es ihm wichtig, dass die Presse nicht mit dabei war. Deshalb luden wir gemeinsam zu einem „Treffen unter Freunden“ im Jahr 2006 ein. In einer überschaubaren Gruppe von ca. 25 Personen kamen wir zusammen. Hier trafen zwei Wirklichkeiten aufeinander, die bisher keine offiziellen Begegnungen hatten: die Deutsche Evangelische Allianz und katholische Bewegungen. Offene Gesprächsrunden, biblische Besinnungen, das Hören aufeinander und der persönliche Austausch prägten diese Tage. Am Ende stand eine erstaunliche Offenheit füreinander. Brücken wurden gebaut und gegenseitiges Verstehen möglich. In der Schlussrunde, in der manches erstaunliche Feedback zu hören war, brachte einer der Teilnehmer seine Dankbarkeit darüber zum Ausdruck, wie klar und eindeutig Pater Michael Marmann in seiner Verkündigung über Jesus Christus gesprochen hatte. Eine solch klare Jesus-Zentriertheit habe er bei einem Katholiken nicht vermutet. Alte (Feind-) Bilder zerbröselten und Christus wurde im anderen erkannt. Helmut Nicklas schlug im Interesse einer zukünftigen Zusammenarbeit vor, das „Evangelisch" im Namen der Evangelischen Allianz künftig als inhaltliche Ausrichtung am Evangelium zu verstehen und nicht konfessionell. Ein erster Schritt ins Miteinander war gelungen, aber es war auch klar, dass noch viele weitere folgen müssten. Jahrhundertealte Trennlinien lassen sich nicht mit einer Begegnung auf Leitungsebene beseitigen, sondern bedürfen behutsamer Schritte der Annäherung. Drei Jahre später war Hartmut Steeb bei einem großen deutschlandweiten Treffen von *Miteinander für Europa* im Dom zu Würzburg dabei. Vor 1.500 Teilnehmern reichte er mir nach seiner Rede die Hand und versicherte uns offiziell, dass die Deutsche Evangelische Allianz künftig mit uns zusammenarbeiten würde. Ein nächster Schritt war getan. Mit diesem Brückenschlag wurden alte Gräben zugeschüttet. Früchte des Miteinanders wurden sichtbar.

Innerhalb der evangelikalen Welt entstand in Laufe der Zeit Offenheit für die Zusammenarbeit mit der Katholischen Kirche. Alte Denkbarrieren wurden durchlässig für eine neue Wahrnehmung. Für einige wurde es immer deutlicher, dass sie als Evangelikale in manchen ethischen Überzeugungen und auch in Glaubensaussagen näher bei der Katholischen als bei der Evangelischen Kirche standen. Diese Erkenntnis zuzulassen und gedanklich zu verarbeiten, benötigte seine Zeit. Doch weil dieser Sachverhalt für mich offensichtlich war, ließ ich nicht nach, meine evangelikalen Freunde einzuladen. Einer von ihnen war Rolf Hille, Rektor des Albrecht-Bengel-Hauses (theologisches Studienhaus) in Tübingen und Vorsitzender des theologischen Ausschusses der Weltweiten Evangelischen Allianz. Ihn lud ich zum zweiten Kongress und zur Großveranstaltung von *Miteinander für Europa* im Jahr 2007 nach Stuttgart ein. In einem Telefonat versicherte er mir, dass er großes Interesse an einer Teilnahme habe, ein Teil der Zeit bei ihm jedoch bereits durch andere Termine belegt wäre. Er bedaure das, denn es läge ihm besonders an einer Begegnung mit Kardinal Walter Kasper. So nahm ich Kontakt mit Kardinal Kasper auf, und wir vereinbarten eine Begegnung der beiden nach dem Mittagessen beim Europatag. Rolf Hille war erstaunt, dass ich selbst nicht beim Gespräch dabei sein wollte, aber mein Platz war im Leitungsteam beim Europatag, dessen Nachmittagsprogramm zu diesem Zeitpunkt begann. Meine Rolle war die des Brückenbauers. Beide Seiten erlebten das Gespräch sehr positiv, und am Ende lud Kardinal Kasper Rolf Hille nach Rom zu einer nächsten Begegnung ein. Aus den zarten Anfängen beim Europatag 2007 folgten Dialoge auf Weltebene zwischen der Katholischen Kirche und der Weltweiten Evangelischen Allianz, die schließlich zu der gemeinsamen Erklärung „Das christliches Zeugnis in einer multireligiösen Welt" führten. Thomas Schirrmacher, der Nachfolger von Rolf Hille bei der Weltweiten Evangelischen Allianz, veröffentlichte dieses Papier mit folgendem Hinweis: „03.08.2011 – Heute schreiben wir Geschichte." Wir vom *Miteinander für Europa* durften am Beginn einen kleinen Beitrag leisten, der wie ein Same ausgestreut wurde und später Frucht getragen hat.

Bei Stuttgart II, wie wir die Veranstaltung 2007 nannten, wurde sichtbar, dass die beteiligten christlichen Bewegungen und Gemeinschaften in allen Ländern Europas vertreten sind. Durch die wachsende Verbundenheit unter ihnen entsteht ein Netzwerk geschwisterlicher Beziehungen, das die verschiedenen Völker und Kulturen Europas verbindet. *Miteinander für Europa* macht deshalb in Ansätzen eine Einheit Europas in seiner Vielfalt sichtbar, aus der Impulse für das gesellschaftliche, politische und kulturelle Leben hervorgehen. Das gesellschaftliche Engagement der geistlichen Gemeinschaften und Bewegungen wurde in einem 7-fachen Ja[25] formuliert: Ja zum Leben, Ja zu Ehe und Familie, Ja zur Schöpfung, Ja zu einer Wirtschaft, die den Menschen dient, Ja zur Solidarität mit den Armen und Benachteiligten, Ja zum Frieden, Ja zur Verantwortung für unsere Gesellschaft, insbesondere für Kinder und Jugendliche.

Es war uns wichtig, deutlich zu machen, dass wir nicht gegen etwas sind, sondern dass wir uns *für* unsere Gesellschaft und *für* Europa engagieren. Dabei konzentrierten wir uns auf Felder, in denen viele der Bewegungen sich sehr konkret engagierten. Eindrücklich und mit vielen Beispielen wurde dieses 7-fache Ja vor allem auch von jungen Menschen zum Ausdruck gebracht. Dies verdeutlichte den anwesenden Politikern und Kirchenleitungen, dass die Bewegungen Wesentliches zum Wohl des Kontinents beitragen. Kardinal Miloslav Vlk aus Prag sagte im Smalltalk nach dem eindrucksvollen Tag in der Hanns-Martin-Schleyer-Halle spontan: „Ich wünschte mir sehr, dass unser Tschechischer Präsident diesen Tag miterlebt hätte, um eine Ahnung davon zu erhalten, welche gesellschaftsgestaltende Kraft in den christlichen Bewegungen und Kirchen liegt."

Einer der Schlüssel zur Einheit lag darin, die gefühlte Vorrang stellung der eigenen Theologie und Spiritualität zurückzustellen. Um dies zu erreichen und noch tiefer in die verschiedenen Spiritualitäten eintauchen zu können, beschlossen wir deshalb, den Abend des Gebets beim Kongress nicht zentral durchzuführen, sondern in zehn verschiedenen Räumen, mit jeweils einem anderen Ausdruck von Spiritualität. Ich erinnere mich in diesem Zusammenhang noch gut an ein Gespräch mit Frère Alois in Taizé. Zusammen mit Margarete und Sr. Anna-Maria hatte ich ihn im Vorfeld des Kongresses besucht, um die Mitwirkung von Taizé bei Stuttgart II abzustimmen. Einen Gebetsabend konnte er sich natürlich sehr gut vorstellen, denn das gemeinsame Gebet ist eines der Herzensanliegen von Taizé. Aber mit dem Gedanken, zehn parallele Gebete durchzuführen, tat er sich anfangs schwer. Nach seinem Verständnis finden im Taizé-Gebet alle Konfessionen zusammen. Er hielt es deshalb verständlicherweise für die geeignete Form. Ähnlich dachten die Charismatiker. Wir ermutigten jedoch die Teilnehmer des Kongresses, beim Gebetsabend nicht am Gebet der gewohnten, eigenen Spiritualität teilzunehmen, sondern sich mit ganzem Herzen auf eine nicht vertraute einzulassen. Die Rückmeldungen waren außerordentlich positiv. Viele Teilnehmende fühlten sich reich beschenkt.

Nach dem Kongress wurde ich immer wieder gefragt, welche Wirkung von Stuttgart I und II ausgegangen ist. Ganz knapp zusammengefasst, lautete meine Antwort: Stuttgart I und Stuttgart II hatten beide eine prophetische Dimension. Bei Stuttgart I war es die Verheißung aus 2. Korinther 6, 2: „Siehe, jetzt ist Zeit der Gnade …", die uns in eine Gnadenzeit für das Eins-Werden des Volkes Gottes führte. Für Stuttgart II hörten wir den prophetischen Ruf: „Steh auf, Volk Gottes in Europa!" Durch diese Zuwendung Gottes erhielten wir Würde und Auftrag. Stuttgart I ließ unsere Berufung erkennen, Stuttgart II unsere Sendung.

„Die Partitur wird im Himmel geschrieben", hatte uns Chiara Lubich am 31. Oktober 1999, am Beginn des Miteinanders, zugerufen. Wir sind gespannt auf die nächsten Takte. Am Ende von Stuttgart II klangen ein paar an, als spontan Teilnehmer aus verschiedenen Ländern Afrikas zueinander sagten: „Wir veranstalten ein Miteinander für Afrika." Patriarch Nersès Bédros XIX. sagte am Abend des Europatages: „Es braucht ein Miteinander für den Libanon, und ich bitte Euch, mich dabei zu unterstützen."

Der Ökumene-Preis

Der starke Impuls zum Eins-Werden des Volkes Gottes, der von diesem Miteinander ausging, blieb auch anderen nicht verborgen. Zu unserer großen Überraschung wählte uns die Initiative „Unita Dei Christiani", die alle zwei Jahre den Ökumene-Preis für besondere Verdienste an der Ökumene verleiht, im Jahr 2008 als Preisträger aus. Nach einem feierlichen Gottesdienst in der Stiftskirche in Stuttgart unter Leitung von Landesbischof Frank Otfried July und Kardinal Walter Kasper wurde uns in der anschließenden Festveranstaltung der Ökumene-Preis 2008 überreicht. Kardinal Kasper würdigte den Weg von *Miteinander für Europa* und sagte unter anderem:

„Was mich hoffen lässt ist, dass die geistlichen Gemeinschaften den siebenmal gescheiten Bedenkenträgern konkrete gelungene Beispiele entgegensetzen können. Sie leben ein Leben der Geschwisterlichkeit und bilden damit heute ein staatenübergreifendes und auch ein konfessionsübergreifendes Netzwerk. So sind sie Samenkörner und oft erst zarte Pflänzchen, die sich nach dem Evangelium zu einem großen Baum und zu einer größeren Einheit auswachsen können."

„Die Gemeinschaften versuchen vor allem eine biblisch fundierte Spiritualität. Über der Bibel haben wir uns getrennt, über der Bibel – so die letzte Bischofssynode – müssen wir auch wieder zusammenfinden. Als Gebets- und Bibelgruppen hat die ökumenische Bewegung begonnen; nur als solche kann sie im 21. Jahrhundert Zukunft haben. Wir müssen zu den Anfängen zurückkehren und neu aus ihr Kraft schöpfen."

6. Fünf Schlüssel zur Einheit

Beim Ökumenischen Kirchentag 2010 in München konnten wir auf vielfältige und kreative Weise einen Tag in der Eissporthalle gestalten. Es war mir wichtig, unsere reichhaltigen Erfahrungen, Schlüsselmomente und theologischen Reflexionen so zusammenzufassen, dass sie leicht zu erfassen wären und entsprechend multipliziert werden könnten. Unter dem Motto: „Einheit ist möglich – Schlüsselerfahrungen des Miteinanders für die Zukunft der Kirche“ fassten wir in einem gemeinsamen Prozess fünf Schlüssel zur Einheit zusammen, die Edith Wenger, Leiterin von Teen Challenge Metzdorf, und Pfarrer Thomas Römer, Leiter im CVJM München, beim ÖKT mit Beispielen aus ihrer Erfahrung vortrugen. Zur Illustration der fünf Schlüssel zur Einheit wurden den anwesenden katholischen, evangelischen und orthodoxen Bischöfen Schlüssel überreicht. Es war eine einprägsame symbolische Handlung, aber wir fragten uns natürlich, ob es angebracht wäre, dass Thomas Römer als evangelischer Pfarrer dem katholischen Bischof Schlüssel überreicht, bezieht sich doch die katholische Kirche sehr zentral auf die Schlüssel, die Jesus Petrus gab. Mit etwas Humor ließ sich auch diese kleine Herausforderung meistern. Für mich sind die fünf Schlüssel zur Einheit nach wie vor ein Extrakt unseres Weges. Deshalb möchte ich sie an dieser Stelle in einer komprimierten Fassung wiedergeben:

Jesus Christus in der Mitte.

Jesus sagt im Evangelium: „Wo zwei oder drei in meinem Namen versammelt sind, da bin ich mitten unter ihnen“ (Mt 18,20). Das ist für uns ein Schlüsselwort. Jesus Christus in der Mitte. Es geht dabei um eine einfache Entdeckung: Menschen in anderen Bewegungen, Gemeinschaften und Kirchen leben auch mit Jesus. Sie leben mit dem Evangelium und erfahren den auferstandenen Jesus in ihrer Mitte. Wir sind anderen Gemeinschaften begegnet, haben sie kennengelernt. In der persönlichen Begegnung haben wir beim anderen Jesus Christus entdeckt. Er verbindet uns.

Das Bündnis der gegenseitigen Liebe.

Das Bündnis der gegenseitigen Liebe stand am Anfang des gemeinsamen Weges. Es ist eine Entscheidung füreinander. Weil Jesus in der Mitte ist, ist auch sein Gebot unter uns wirksam: „Liebt einander! Wie ich euch geliebt habe, so sollt auch ihr einander lieben“ (Joh 13,34). Wir haben beschlossen, dieses Gebot Jesu zu leben, und haben einander diese Liebe versprochen. Wir erkennen unter uns unterschiedliche theologische Auffassungen und Frömmigkeitsformen, aber sie sollen uns nicht mehr trennen, denn was uns verbindet ist mehr als das, was uns trennt: Uns verbindet Jesus Christus und sein Gebot. Dem geben wir Vorrang. So entsteht ein Lebensraum, in dem wir in gegenseitiger Achtung über alle Unterschiede sprechen und verhandeln können.

Das Wort Gottes.

Das Wort Gottes stiftet Einheit und verbindet uns. Wir lernten den Umgang der anderen Gemeinschaften mit der Bibel kennen. Die Bibel, das Wort Gottes, hat in allen Gemeinschaften Heimat gefunden, und darum finden wir in der anderen Gemeinschaft die Heimat wieder. Wir erleben zwar Unterschiede im Ausdruck des Glaubens, in der Tradition und Konfession, ja auch eine ganze Menge Fremdes im Miteinander mit anderen Bewegungen und Gemeinschaften, aber das Wort Gottes stiftet Einheit und verbindet uns. Wir sind eins darin, dass wir miteinander das Wort Gottes hören und danach leben wollen. Im Miteinander sehen wir klarer, dass im Evangelium Antworten auf drängende Fragen unserer Zeit liegen. Wir engagieren uns an unterschiedlichen Brennpunkten unserer Gesellschaft und suchen, wo immer möglich, die Zusammenarbeit.

Versöhnung überwindet Grenzen.

Am Anfang des Miteinanders wurde uns die Erfahrung der Versöhnung geschenkt. Weiter oben habe ich beschrieben, wie wir beim *Treffen von Verantwortlichen* im Jahr 2000 durch das Wirken des Heiligen Geistes zu dieser Erfahrung geleitet wurden. Mauern fielen, Gräben wurden zugeschüttet und tiefe Versöhnung fand statt. Wir sprachen einander Vergebung zu und konnten voneinander Vergebung empfangen. Wir erlebten dieses Versöhnungsgeschehen unter uns als ein Wunder. Der gemeinsame Weg ist ständig bedroht durch Verletzungen, die aus einer langen Geschichte von Spaltungen, Missverständnissen und Schuld herrühren. Versöhnung führt aus dieser Geschichte des Gegen- und Nebeneinanders heraus: Einander um Vergebung bitten und einander vergeben, wo wir und unsere Kirchen aneinander schuldig geworden sind, ist der entscheidende Schritt der Versöhnung, den wir nicht übergehen dürfen. Am Anfang jeden Miteinanders – auch des Miteinanders der Kirchen – steht die Bereitschaft: Ich will vergeben und selbst um Vergebung bitten.

Veränderte Haltungen.

Wir fingen an, andere Gemeinschaften und Gruppen zu besuchen. Wichtig war dabei eine veränderte Haltung. Wir kamen nicht, um zu prüfen, wo die Schieflage der anderen Gruppe zu finden ist, sondern um ihren Reichtum und die Ergänzung, die sie für uns bedeutet, zu erkennen. Diese Haltung erforderte die Bereitschaft, Eigenes zurückzustellen und in Demut einander zu dienen. Eine Gemeinschaft kann nicht das Ganze des Reiches Gottes abdecken. „Ein jeder diene mit der Gabe, die er von Gott empfangen hat“ (1. Petr 4,10). Wir lernten, vom anderen her zu sehen. Es wurde uns wichtig, einander als Freunde und Geschwister zu begegnen, nicht als Funktionäre. Wir wollen den Weg der Freundschaft weiter gehen. Wo die Freundschaft an Grenzen stößt, erkennen wir diese Grenzen an. Auch im Miteinander der Kirchen achten wir bestehende Grenzen, arbeiten aber als Freunde an ihrer Überwindung.

Schritt für Schritt geführt.
Auf dem Weg des Miteinanders ließen wir uns Schritt für Schritt führen, ganz gleich ob durch Impulse Einzelner oder im gemeinsamen Hör- und Wahrnehmungsprozess. Wir erleben diesen gemeinsamen Weg als Geschenk. Die Frage, welche äußeren Faktoren die Einheit fördern, fand in den fünf Schlüsseln zur Einheit eine erste Antwort. Friedrich Aschoff unterstrich dies mit einem Bild aus der Fotografie sehr einprägsam: „Es geht darum, die Mitte scharf zu stellen, dann dürfen die Ränder durchaus verschwommen sein“. Jesus Christus, der Gekreuzigte und Auferstandene, ist unsere Mitte.

7. Gott schreibt Geschichte – Die unüberwindbare Wand

Eine Tür der Kirchengeschichte öffnet sich

Gebetsberg Lüdenscheid 24.11.2002:

> „Gerhard, du hast wahrscheinlich das Wort erhalten: ‚Siehe, ich habe vor dir eine offene Tür gegeben und niemand kann sie zuschließen'. Ich sehe, wie du von Tür zu Tür gegangen bist. Du bist durchgegangen, sie haben sich geöffnet vor dir. Jetzt sehe ich dich vor einer großen Wand stehen. Es ist klar, dass du mit deiner Kraft diese Wand nicht überwinden kannst. Doch dann sehe ich, wie diese Wand wie eine riesige Tür ist. Der Türgriff ist so weit oben, dass du selbst überhaupt nicht rankommen kannst. Du legst dich vor der Tür auf den Boden und betest, dass Gott die Tür öffnet. Nur er kann sie öffnen. Es ist eine schöne alte Tür. Es ist, als ob die ganze Kirchen- und Segensgeschichte in dieser Tür wäre. In der Tür ist das Zeichen des Kreuzes, nein der Gekreuzigte (Kruzifix) selbst. Dahinter ist ein weites Land … (positiv). Gott wird dir Kraft geben zur Versöhnung von Kirchen und Bewegungen. Du wirst zusammenbringen und verbinden. Im Nachhinein werden die Leute sagen, sie hätten gar nicht gedacht, wie einfach das ist, eins zu werden."

Bei diesen Worten, die Walter Heidenreich prophetisch über mir betete, fühlte ich eine starke Resonanz in mir, die mich darauf hinwies, dass hier tatsächlich ein Reden des Heiligen Geistes geschah. Deshalb hielt ich diese Worte sofort fest. Gleichzeitig sagte mir mein Verstand, dass die Richtung dieses prophetischen Wortes für mich zwar stimmig war, aber die Ausformung wohl doch etwas zu weit griff. Der Weg des Miteinanders hatte bereits begonnen, wir wurden Schritte der Versöhnung innerhalb der geistlichen Gemeinschaften und Bewegungen geführt, und vor mir stand der Kongress *Miteinander für Europa*, der durchaus wie diese unüberwindbare Wand bzw. wie eine riesige Tür vor mir stand, viel zu groß, als dass sich die Tür wirklich öffnen könnte. Auch wenn ich sehr viel von diesem Kongress erwartete und deshalb viel Zeit und Kraft hineininvestierte, erschien mir das Stichwort „Kirchengeschichte" doch überzogen. Trotzdem konnte ich dieses Wort gut aufnehmen. Ich erlebte es als eine starke Ermutigung auf dem Weg des Miteinanders, und es sollte mich einen Weg weisen, auf den ich viele Jahre später nur staunend zurückblicken konnte: Gott selbst wird die Türen öffnen.

Wie oben beschrieben, öffneten die Veranstaltungen von *Miteinander für Europa* 2004 und 2007 gewaltige Türen, und deshalb war es uns wichtig, diese Erfahrungen der Einheit auch beim Ökumenischen Kirchentag (ÖKT) 2010 in München einzubringen. Beim ÖKT öffnete sich eine weitere Tür. Wir berichteten Bischof Johannes Friedrich, Landesbischof der Evangelisch-Lutherischen Kirche in Bayern und leitender Bischof der Vereinigten Evangelisch-Lutherischen Kirche Deutschlands, unter anderem von unseren Versöhnungserfahrungen beim *Treffen von Verantwortlichen* im Jahr 2000. Mit Interesse hörte er sich unseren Bericht an, gab aber gleichzeitig zu verstehen, dass er bisher über keinerlei derartige Erfahrungen verfüge. Er lud uns jedoch zu einem vertiefenden Gedankenaustausch im November 2010 in sein Büro ein. Er empfing uns als kleines ökumenisches Team [26] mit den Worten: „Jetzt weiß ich, worüber Sie mit Ihren Versöhnungserfahrungen gesprochen haben." Und dann berichtete er uns von dem Versöhnungsakt zwischen dem Lutherischen Weltbund und den Mennoniten, der im Herbst 2010 in Stuttgart stattgefunden hatte. Ein jahrelanger Dialog fand bei jenem Treffen einen Zielpunkt, als die Delegierten des Lutherischen Weltbundes die Vertreter der Mennoniten um Vergebung für die Schuld der vergangenen Jahrhunderte baten. Es wurde der Märtyrer der Mennoniten während der Reformation gedacht, ihrer Verurteilung und Vertreibung und um Vergebung gebeten. Noch heute sehe ich vor mir, wie ein sichtlich bewegter Landesbischof von diesen ergreifenden Momenten berichtete, bei denen die Delegierten spontan auf ihre Knie gegangen waren. Wir konnten uns tief verstehen, weil unsere Erfahrung beim *Treffen von Verantwortlichen* und seine beim Lutherischen Weltbund sehr ähnlich war.

Sensibilisiert durch dieses Erleben sprach Johannes Friedrich darüber, dass er zu seinem Bedauern bei so manchen seiner Kollegen eine skeptische Haltung gegenüber der Katholischen Kirche wahrnehme. Selbstverständlich befände man sich im ökumenischen Dialog und bemühe sich um Freundlichkeit, aber außerhalb der offiziellen Begegnungen zeige sich immer wieder eine distanzierte Haltung. Wir versprachen ihm, den einen oder anderen evangelischen und katholischen Bischof zu besuchen, um mit ihnen über unsere Versöhnungserfahrungen zu sprechen.

Einer der ersten, die wir danach um ein Gespräch baten, war Erzbischof Robert Zollitsch, der damals Vorsitzender der Deutschen Bischofskonferenz war. Er lud uns Anfang des Jahres 2011 nach Freiburg ein. Zu unserer Freude fanden wir bei ihm offene Ohren für unser Anliegen und vereinbarten weitere Gespräche. Bevor es dazu kam, baten wir Präses Nikolaus Schneider, den damaligen Ratsvorsitzenden der EKD, ebenfalls um ein Gespräch. Auch hier durften wir erleben, dass sich Türen öffneten und wir als ökumenisches Team zu einem Gespräch im März 2011 nach Düsseldorf eingeladen wurden. Dieses Gespräch ist mir aus zweierlei Gründen in besonderer Erinnerung. Zum einen, weil ich erst am Tag vorher nach einer Achillessehnen-Operation aus dem Krankenhaus entlassen wurde und nun mit Krücken und einem überdimensionierten Stiefel den endlos langen ICE entlang humpelte (der reservierte Platz war im ersten Wagen, und die Reihenfolge der Waggons hatte sich verändert und nun musste ich zum letzten Wagen). Zum anderen, weil es ein sehr offenes, aber auch kritisches Gespräch mit einem für mich sehr überraschenden Ausgang war. Nachdem wir über den Weg von *Miteinander für Europa* gesprochen und über unseren Prozess zur Einheit berichtet hatten, fragte ich Präses Schneider, ob diese Erfahrungen die Möglichkeit erschließen würden, das Reformationsjubiläum 2017 gemeinsam mit der Katholischen Kirche zu feiern und damit ein deutliches Zeichen der Einheit zu setzen. „Sagen Sie mir einen vernünftigen Grund, warum ich mit der Katholischen Kirche zusammen das Reformationsjubiläum feiern sollte", antwortete er. Da ich nicht unvorbereitet in dieses Gespräch gegangen war, konnte ich ihm in aller Kürze fünf Gründe nennen. Er zeigte sich von meinen Argumenten überrascht und wurde sehr nachdenklich, weil sie ihm echte Perspektiven zu eröffnen schienen. Aus Zeitgründen musste das Gespräch an dieser Stelle beendet werden, aber er versprach, uns im Sommer in die Zentrale der EKD nach Hannover einzuladen, um es dort fortzusetzen. Bei unserem Besuch im Sommer trafen wir auf einen offenen Gesprächspartner, der sich gerne auf einen weiteren Weg mit uns einließ. Die Tür für einen weiteren Dialog war geöffnet.

Zu unserem zweiten Gespräch mit Erzbischof Zollitsch hatte dieser auch Landesbischof Friedrich nach Freiburg eingeladen. Im Verlauf des Gesprächs machte er den Vorschlag, dass wir vom *Miteinander für Europa* zu einem ökumenischen Bischofstreffen im Blick auf 2017 einladen sollten. Er sagte zu, dabei zu sein. Ich weiß noch, wie ich versuchte, ihn zu motivieren, doch selbst dazu einzuladen, doch er meinte, dass die Initiative bei uns in guten Händen wäre. Wieder zu Hause war ich sehr dankbar für die positive Entwicklung. Gleichzeitig fühlte ich mich völlig überfordert, zu einem ökumenischen Bischofstreffen einzuladen. Nachdem ich die Sache zwei Wochen lang hin und her bewegt hatte, fasste ich mir ein Herz, rief bei Erzbischof Zollitsch an und ließ ihn an meinen Zweifeln teilhaben. Aber er blieb dabei, dass wir die Einladung aussprechen sollen. Ich hatte das Gefühl, wir überheben uns, wenn wir als geistliche Bewegungen die Bischöfe einladen. Aber nach seinem eindeutigen Votum machten wir uns auf die Suche nach einem geeigneten Ort und Termin. Zu unserem Bedauern mussten wir von der ersten Reservierung, die wir in einem Begegnungszentrum vorgenommen hatten, wieder Abstand nehmen, weil der dortige Ortsbischof diesem Gedanken kritisch gegenüberstand. Doch schließlich fanden wir in Stuttgart ein geeignetes Tagungshaus und konnten für Mai 2013 zu einem ökumenischen Bischofstreffen einladen. In der Einladung formulierten wir unter anderem folgenden Gedanken:

> „Im Jahr 2017 wird der 500. Gedenktag des Thesenanschlags Martin Luthers begangen. Unser gemeinsamer Weg seit der Gemeinsamen Erklärung ermutigt uns zu dem Vorschlag, diesen Gedenktag nicht nur konfessionell, sondern auch ökumenisch zu begehen. Hierfür könnten wir die Erfahrungen einbringen, die wir im Miteinander der unterschiedlichen Gemeinschaften gemacht haben. Unsere Hoffnung ist es, dass das Jahr 2017 – das uns ja nicht nur an einen geistlichen Aufbruch, sondern auch an manches Leid erinnert – zu einem Jahr von Versöhnung und vertiefter Gemeinschaft wird.
>
> Vertreter unseres Netzwerkes haben bereits Gespräche mit Erzbischof Zollitsch und Landesbischof i. R. Friedrich geführt und dabei über die Vorbereitung des Jahres

> 2017 gesprochen. Beide sind an einem Austausch der Bischöfe mit unseren Gemeinschaften interessiert. Auch Präses Schneider konnte einem solchen Weg zustimmen. In Fortsetzung dieser Gespräche laden wir heute ein zu einem Ökumenischen Bischofstreffen mit Vertretern geistlicher Bewegungen, vom 23.-24.05.2013“

Wie schon bei der Begegnung mit der Deutschen Evangelischen Allianz lag uns daran, dass dieses Treffen in einem geschützten Bereich (ohne Öffentlichkeit und Presse) stattfand. Es sollte von einer Atmosphäre der Offenheit und des Vertrauens geprägt sein können. Wir wollten mit unseren Erfahrungen und der Kultur des Miteinanders den Rahmen dafür schaffen.

Bis zum letzten Moment war es spannend, ob das Treffen tatsächlich zustande kommen würde, weil sich zunächst kaum katholische Bischöfe anmeldeten. Ich hörte von ihnen: „Da müssten wir uns doch erst intern als katholische Bischöfe über eine gemeinsame Linie abstimmen.“ Doch unser Ansatz war ja genau ein anderer. Wir wollten offene Begegnung, Hören aufeinander und im gemeinsamen Gebet erspüren, welche Türen sich wohl öffnen würden. Erzbischof Zollitsch stand zu seinem Wort und war einer der ersten, der sich anmeldete. Auch Kardinal Miloslav Vlk aus Prag sagte sofort zu. Manche Bischöfe waren sogar bereit, für die Teilnahme persönliche Opfer zu bringen, wie zum Beispiel Landesbischof July, der seinen geplanten Urlaub früher beendete oder Weihbischof Thomas Maria Renz, der auf eine Pilgerfahrt der Diözese verzichtete.

Beim ökumenischen Bischofstreffen begegneten sich schließlich 20 Bischöfe und zehn Vertreter von *Miteinander für Europa*. Aus der Begegnung mit den wertvollen Gedanken zur Ökumene und dem offenen Austausch untereinander erinnere ich mich besonders an zwei Sätze: Bischof Gerhard Feige, Ökumene-Beauftragter der Katholischen Kirche, sprach in seinem Impuls über das Zweite Vaticanum davon, dass es eine Wende „von der Gegenreformation zur Mit-Reformation" einleitete. Metropolit Serafim Joanta von der Rumänisch Orthodoxen Kirche bezog sich auf die vertrauensvolle Atmosphäre, als er sagte, dass in einer solchen Geschwisterlichkeit eigentlich eine gemeinsame Mahlfeier möglich sein müsste, „aber wir alle tragen auch die Fesseln unserer Kirchen".

Vor der Abendpause luden wir zum Gebet mit einer Andacht von Br. Franziskus ein. Sie hatte das Thema „Zuneigung" und bestand aus der Bildbetrachtung des Bildes Deesis aus der Hagia Sofia, das uns auf unserem Weg so wichtig geworden war. Während dieser Zeit veränderte sich die Atmosphäre deutlich. Das, was unser zentrales Anliegen war, schien in die Herzen gefallen zu sein, denn anschließend war eine große Offenheit und Bereitschaft zu erkennen, gemeinsame praktische Schritte zu unternehmen. Es stellte sich die Frage, wie diese aussehen könnten und wie sie sich verwirklichen lassen würden.

Ich weiß noch, wie ich beim Abendessen von Tisch zu Tisch ging und fragte: „Wie müsste denn das Reformationsgedenken gestaltet sein, dass Sie als Katholische Kirche daran teilnehmen würden?" Es kristallisierte sich bald heraus, dass ein gemeinsames Feiern umso schwieriger würde, je stärker eine Würdigung Martin Luthers im Zentrum des Jubiläums stünde. Wäre der Mittelpunkt hingegen die Wiederentdeckung des Evangeliums der Gnade, wäre ein gemeinsames Feiern möglich.

Als ich diese Gedanken in der abendlichen Schlussrunde ins Plenum einbrachte, nahm Präses Schneider sie auf und schlug vor, ein Christusfest zu feiern. Wenn Jesus Christus und das Evangelium in der Mitte dieses Jubiläums stünden, könnten die Katholiken ohne Probleme mitfeiern, antwortete Bischof Feige darauf. Das Eis war gebrochen, eine gemeinsame Linie zeichnete sich ab und durch eine Fülle persönlicher Statements der Bischöfe wurde ihre ökumenische Grundhaltung und der Wunsch nach weiteren Schritten zur Einheit erkennbar.

Im Nachgespräch bekräftigten wir noch einmal unsere Vereinbarung, dass wir trotz großartiger Impulse und einer bahnbrechenden Offenheit für ein gemeinsames Reformationsgedenken keine Presseerklärung abgeben würden. Der Auftrag des Treffens war erfüllt, indem eine gemeinsame Vision entstanden war. Alles Weitere sollte jetzt Aufgabe der zuständigen Gremien bleiben, denen in keiner Weise vorgegriffen werden sollte.

Der gemeinsame Weg mit den Bischöfen wurde auf unterschiedlichen Ebenen fortgesetzt. Besonders eindrücklich war für uns der Besuch und die Rede von Erzbischof Zollitsch beim jährlichen deutschlandweiten Treffen von *Miteinander für Europa* am 6. Dezember 2014 in Würzburg. Wir spürten einen solch starken Gleichklang mit unserem Anliegen der Einheit bei seinem Vortrag und dem Gespräch mit ihm, dass alle Beteiligten voller Hoffnung von diesem Treffen nach Hause fuhren. Das Volk Gottes und dieser Bischof suchten miteinander den Weg des Eins-Werdens.

Bei *Miteinander für Europa* standen bald die Planungen für einen nächsten großen Kongress an. Wir beschlossen, ihn im Jahr 2016 durchzuführen, weil wir bewusst das Jahr des Reformationsjubiläums freihalten wollten. Unser Gedanke war, dafür nach Frankfurt oder nach Berlin zu gehen. Angebote von Kongresszentren wurden eingeholt, und beim Treffen des europäischen Leitungskomitees diskutierten wir darüber, welche Stadt die geeignete wäre. Doch es war merkwürdig: Obwohl aus beiden Städten realisierbare Vorschläge auf dem Tisch lagen, sprang der Funke bei keiner dieser Varianten über. Beim Beten und Hören zur Frage nach der geeigneten Stadt kam mir plötzlich ein Gedanke. Ich fragte: „Warum gehen wir nicht nach München?“ Obwohl diese Frage so spontan und unvermittelt kam, fand sie bei den anderen eine erstaunliche Resonanz. Die Freunde aus München prüften die Realisierbarkeit und fanden im Zirkus Krone einen Ort für den Mitarbeiterkongress. Die große Veranstaltung wollten wir nicht in einer Halle durchführen, sondern unser Anliegen in aller Öffentlichkeit in der Mitte der Stadt präsentieren. Wir entschieden uns schließlich für eine Kundgebung auf dem Stachus, dem zentralen Platz Münchens. Zum Zeitpunkt der Entscheidung für den Austragungsort war noch nicht abzusehen, dass zum Kongress im Juni 2016 beide Hauptverantwortlichen der großen Kirchen aus München kommen sollten: Kardinal Reinhard Marx, der Vorsitzende der Deutschen Bischofskonferenz, und Landesbischof Heinrich Bedford-Strohm, der Ratsvorsitzende der EKD. Diese „Fügung" war nicht planbar. Im Nachhinein konnten wir erkennen, wie sich dadurch die Anliegen von *Miteinander für Europa* und insbesondere der Impuls zur Einheit im Miteinander der Kirchen entfalten konnten. Wir fragten, tasteten, hörten – und Gott fügte zusammen.

Als Kongress und Kundgebung 2016 stattfanden, durften wir erleben, wie sich die riesige Tür öffnete, von der das prophetische Wort gesprochen hatte. Schon im Vorfeld erwies sich das ökumenische Bischofstreffen auch für den weiteren Weg des *Miteinanders für Europa* als fruchtbar. Als es um die Ausgestaltung der Tage ging, fanden wir offene Türen bei den Bischöfen. Besonders Kardinal Marx nahm sich mehrfach und ausgiebig Zeit, um im Gespräch mit uns Kongress und Kundgebung zu fördern und zu gestalten. Als schließlich bei der Kundgebung Pater Heinrich Walter die beiden Repräsentanten der großen Kirchen interviewte, durften wir staunend und dankbar miterleben, wie jahrhundertelange Spaltungen überwunden und der Weg des Miteinanders mit dem erkennbaren Willen zur Einheit des Volkes Gottes beschritten wurde.

Landesbischof Bedford-Strohm betonte: „Hier sind lauter Menschen, die von Herzen Christus in sich tragen. Die Einheit steht vor mir. Christus kann gar nicht anders, als uns zur Einheit rufen. Wenn wir beide, Kardinal Marx und ich, von Christus sprechen, dann sprechen wir nicht über einen katholischen Christus oder einen evangelischen Christus oder einen orthodoxen Christus, dann ist es der eine Herr, der dann, wenn wir auf ihn hören, seine Kirche zur Einheit ruft. Und wenn wir diesem Ruf folgen, können wir gar nicht anders, als diese Sehnsucht nach der Einheit der Kirchen im Herzen zu tragen. Das habe ich heute hier gespürt – den ganzen Nachmittag, und deswegen ist dieser Nachmittag für mich ein Nachmittag der Hoffnung." [27]

Er fuhr fort: „Wir werden zum ersten Mal in der Geschichte ein Reformationsjubiläum, ein Jahrhundert-Jubiläum, nicht zur Selbstprofilierung feiern, sondern in dem einen Geist, um den es Martin Luther selbst ging. Martin Luther wollte auf Christus hinweisen. Nichts anderes wollte er. Und wir wollen ein großes Christusfest feiern und heute neu auf Christus hinweisen, und das können wir nur zusammen. Ich freue mich riesig, dass Kardinal Marx und ich an dieser Stelle eigentlich völlig einer Meinung sind, völlig eines Sinnes. Wir werden dafür sorgen – das will ich einfach mal ankündigen, – dass wir dieses Reformationsjubiläum gemeinsam feiern werden."

Kardinal Marx antwortete: „Das will ich unterstreichen, was der Landesbischof gesagt hat. Meine Erfahrung ist: Wir sind eigentlich nicht getrennt. Das Wort Trennung ist mir viel zu stark. Wir sind unterschiedlich, aber wir müssen einen gemeinsamen Weg gehen. Gemeinsam Christus bezeugen. Das ist für die Welt wichtig. Wenn wir gemeinsam Christus bezeugen, einen Gott, der in Jesus seine Barmherzigkeit der Welt gezeigt hat und schenkt, dann können wir diesen Gott und diesen Glauben nie benutzen für unsere eigenen Zwecke. Gemeinsam Christus bezeugen heißt, alle Menschen einladen, die Barmherzigkeit Gottes zu entdecken. Gemeinsam Christus zu bezeugen, bedeutet für mich auch, den Blick Jesu auf alle Menschen zu richten. Jeder Mensch ist einmalig und deswegen ist das menschliche Leben heilig und kostbar. Vom ersten Augenblick des Daseins bis zum letzten Augenblick. Und deswegen ist das Haus der Schöpfung nicht für einige wenige da, sondern für alle. Das heißt für mich: Christus gemeinsam bezeugen in dieser Welt. Und deswegen ist es – glaube ich – sehr wichtig, dass wir uns gemeinsam auf die Socken machen, ihr auch mit uns zusammen, und dass am Ende des Jahres 2017 vielleicht auch in der Öffentlichkeit sichtbar wird: Diese Christen, die bekommen wir nicht mehr auseinander, die gehören zusammen." [28]

Dieses unübersehbare und unüberhörbare Zeichen der Einheit der beiden Vertreter der großen Kirchen in Deutschland wurde mit großer Dankbarkeit aufgenommen und stieß eine Tür der Hoffnung auf.

Bei der Kundgebung auf dem Stachus in München wurde dann ein weiteres Tor geöffnet, das Tor der Versöhnung. „Begegnung. Versöhnung. Zukunft." – So hatten wir den Kongress und die Kundgebung überschrieben. Begegnung und Hoffnung – vor allem im Blick auf das gemeinsame Reformationsjubiläum – durften wir schon ein Stück weit voller Freude und Dankbarkeit vor unseren Augen sehen. Wir wünschten uns aber einen weiteren Schritt, einen Akt der Versöhnung. Versöhnung war der Beginn des *Miteinanders für Europa*. Mit der tiefgreifenden Versöhnungserfahrung beim *Treffen von Verantwortlichen* 2000 hatte unser Weg begonnen. Im Laufe der Jahre hatte das immer weitere Kreise gezogen. Jetzt war es unser Anliegen, dass das, was im geschützten Raum des *Treffens von Verantwortlichen* geschenkt wurde, auch in der Öffentlichkeit vollzogen wird. Ich wurde nicht müde zu sagen, dass es unsere Aufgabe sei, einen „roten Teppich" für die Kirchen auszurollen, auf dem sie den

Weg der Versöhnung beschreiten und die Schritte gehen könnten, die nur in ihrer Kompetenz liegen.

Über dieses Anliegen hatten wir verschiedene Gespräche in Rom und Stuttgart mit Kardinal Kurt Koch, Präsident des Päpstlichen Rates zur Förderung der Einheit der Christen, und Landesbischof Frank Otfried July, Vizepräsident des Lutherischen Weltbundes

Bei einem der Treffen in Stuttgart überlegten wir mit Landesbischof July, welches Symbol geeignet wäre, den Akt der Versöhnung zu unterstreichen. Versöhnung eröffnet Zukunft, hatte ich als Motto vorgeschlagen. Georg Eberhardt, der persönliche Referent des Bischofs, schlug vor, das Symbol eines Tores zu verwenden. Je länger wir darüber nachdachten, desto mehr gefiel uns dieser Gedanke, und wir verständigten uns darauf, auf der Bühne ein großes Tor anzubringen, das nach dem Versöhnungsakt geöffnet werden sollte.

Um diesen wichtigen Akt gut abzustimmen, war allen Beteiligten ein gemeinsames Vorbereitungsgespräch wichtig. Kardinal Koch bot an, dafür nach Deutschland zu kommen, da die meisten Beteiligten ja aus Deutschland kämen. Mit dem Freitag vor Pfingsten 2016 fanden wir einen gemeinsamen Termin und trafen uns in der Residenz von Landesbischof July in Stuttgart. An einem langen Nachmittag konnten wir ohne Zeitdruck dieses sensible Thema erarbeiten. Sr. Anna-Maria aus der Wiesche und ich sollten diesen Teil bei der Kundgebung moderieren, Kardinal Koch, Landesbischof July und Metropolit Serafim die inhaltlichen Beiträge formulieren. Für uns beide war es eine große Freude, zu sehen, wie wichtig den anwesenden Bischöfen die Sache war. Ihr Ringen um die Balance zwischen kirchenrechtlicher Seite und Herzensbotschaft war spürbar, auch wenn in manchen Phasen des Gesprächs die vorsichtige, diplomatische Sprache überwog. Mir lag daran, die Bischöfe über das eher

Formelle hinaus, zu einer echten Bitte um gegenseitige Vergebung zu motivieren. „Herr Proß, ich spüre, Sie sind noch nicht zufrieden", sagte Landesbischof July zwischendurch. Nein, war ich zu diesem Zeitpunkt noch nicht, und so legten wir eine neue Gesprächsrunde ein, in der wir nochmals tiefer in die Frage der gegenseitigen Vergebung vordrangen.

Das Gespräch war ursprünglich auf maximal drei Stunden angesetzt, doch wir nahmen uns deutlich mehr Zeit. Im Anschluss lud uns Landesbischof July zum Abendessen ein. Mit einem Abend, der von Begegnung, Offenheit und persönlichem Austausch gekennzeichnet war, klang dieser bedeutende Tag aus.

Bei der Kundgebung von *Miteinander für Europa* am 2. Juli 2016 auf dem Stachus war diese Versöhnung für mich der wichtigste Punkt. Unter der gemeinsam abgesprochenen Überschrift „Versöhnung eröffnet Zukunft" fasste ich unsere Erfahrungen im Miteinander der geistlichen Gemeinschaften und Bewegungen zusammen und leitete so die Beiträge von Kardinal Koch, Landesbischof July und Metropolit Serafim ein, an deren Ende sie in einem Gebetsakt um Vergebung baten.

> „... Wir haben den Leib Christi zerteilt ... das tut uns aufrichtig leid. In deiner Gegenwart bitten wir einander um Verzeihung ..." [29]

Im Anschluss an das Gebet unterstrich Landesbischof July die gegenseitige Bitte um Vergebung noch einmal mit den Worten: „Wir werden uns jetzt auch als Bischöfe umarmen. Wir tun dies heute als ein Zeichen, dass wir einander um Vergebung bitten und dass uns Vergebung gewährt wird. Und so soll ein Zeichen der Versöhnung unter uns heute in München aufstehen, das uns auch in Zukunft, wo wir auf dem Weg der Einheit sein wollen, weiterhin begleitet. Dieses Zeichen wollen wir miteinander nicht mehr vergessen. Gott gebe es."
Mit diesem historischen Schritt der Versöhnung zwischen den

Kirchen öffneten Kardinal Koch, Landesbischof July und Metropolit Serafim stellvertretend für ihre Kirchen das Tor in die Zukunft weit. Und es blieb nicht bei der Umarmung auf der Bühne. Entzündet durch das zeichenhafte Handeln der Bischöfe sprang es sofort auf die 5000 Teilnehmenden der Kundgebung über. In einem eindrücklichen Akt der Versöhnung unter den Konfessionen umarmten sich viele der Teilnehmenden und baten einander stellvertretend für ihre Kirchen um Vergebung. Versöhnung eröffnet Zukunft.

Wie seinerzeit in Stuttgart besprochen, wurde als Symbol dieser Öffnung das Tor auf der Bühne geöffnet, und viele Kinder und Jugendlichen sprangen tanzend und singend hindurch.

Am 2. Juli 2016 wurde das Tor zur Zukunft in München weit aufgestoßen. Für mich war es folgerichtig, dass jetzt weitere Schritte zu folgen hätten. Deshalb telefonierte ich im September 2016 mit Kardinal Miloslav Vlk, um ihn zum Reformationsfest am 31. Oktober 2016 nach Stuttgart einzuladen. Die Zeit war reif, um einen katholischen Bischof am Reformationsfest in der evangelischen Stiftskirche in Stuttgart predigen zu lassen. Doch Miloslav war leider verhindert, weil er am Reformationsfest bereits anderes geplant hatte. Er wollte dabei sein, wenn auf der großen Weltbühne Schritte gegangen werden sollten, wie wir sie in München vollzogen hatten. Papst Franziskus hatte nämlich zugesagt, den Lutherischen Weltbund am Reformationsfest zu

besuchen, reiste dafür nach Lund/Schweden, und Kardinal Vlk war einer derjenigen, die ihn dabei begleiteten. Mein Freund Miloslav sagte mir am Telefon: „Lund ist ein sehr wichtiger Schritt für die Ökumene, aber da seid ihr vom *Miteinander für Europa* ja auch nicht unbeteiligt." Ich wiegelte ab, denn ich wollte mich nicht mit fremden Federn schmücken. Zwar brachte ich meine echte Freude darüber zum Ausdruck, betonte aber gleichzeitig, dass wir zu dieser Entwicklung nichts beigetragen hätten. „Doch, doch!" meinte Miloslav, und erinnerte mich an mein Schlusswort bei einer Podiumsveranstaltung mit Bischöfen beim ÖKT 2010 in München. Damals hatte ich gesagt:

> „Mein Wunsch wäre, das Jahr 2017 als „heiliges Erlassjahr" auszurufen. Jedes 50. Jahr in Israel sollte ein Erlassjahr sein, in dem die Schulden erlassen werden. Nach 500 Jahren Streit sollten wir dieses Datum des Anschlags der Thesen zu einem Jahr der Vergebung und Versöhnung nutzen. Der Papst und der Präsident des Lutherischen Weltbundes, begleitet vom Generalsekretär der ÖKR und vom ökumenischen Patriarchen der Orthodoxen Kirche sollten gemeinsam nach Wittenberg kommen, um Thesen über die Einheit der Christen an die Schlosskirche anzuschlagen. Eine Ökumene der Versöhnten würde Hoffnung und Zukunft eröffnen."

Das stimmte natürlich. Diese Ansicht hatte ich immer vertreten und oft genug auch an anderer Stelle eingebracht, z. B. im Gespräch mit Kardinal Marx. Sollte dieses Samenkorn jetzt wirklich Frucht getragen haben?

Der Prozess der Versöhnung nahm weitere Fahrt auf. Im direkten Anschluss an München luden die Evangelische und die Katholische Kirche unter dem Thema „Healing of Memories" zum Auftakt des Reformationsjubiläums für März 2017 nach Hildesheim ein. Sie wählten diesen Anlass, um die Last einer

500-jährigen Schuldgeschichte ans Kreuz zu bringen, einander zu vergeben, um Vergebung zu bitten und so befreit gemeinsam in die Zukunft zu gehen. Dieser wichtige Schritt der Kirchen hatte natürlich verschiedene Wurzeln. Gott hat viele Wege, um seine Impulse ins Ziel zu führen. Das *Miteinander für Europa* war nur einer davon. Dennoch war es für manche befremdlich, dass wir nicht zu den Eingeladenen gehörten. Aber uns war allein das Anliegen der Versöhnung wichtig. Auch wenn die Liste der für Hildesheim Eingeladenen keine geistlichen Bewegungen oder Gemeinschaften enthielt, sondern nur mit Blick auf kirchliche und staatliche Hierarchien erfolgte, motivierten wir unsere Freunde vom *Miteinander für Europa* – voller Freude über diesen vor kurzem noch unvorstellbaren Schritt – dieses Ereignis am Fernseher mitzuverfolgen und innerlich mitzutragen.

Letztlich war es uns nur eine erneute Bestätigung, dass unsere Aufgabe darin bestand, Impulse des Heiligen Geists aufzugreifen, weiterzugeben, das Unsere dazu zu tun und sie dann wieder loszulassen.

Bei der Verleihung des Europäischen St. Ulrichs-Preises 2014 an *Miteinander für Europa* hatte ich meine Dankesrede mit „Soli Deo Gloria" beendet. Das war auch hier das Entscheidende. Gott wollten wir die Ehre dafür geben, dass dieser wichtige Schritt der Versöhnung, der Heilung der Erinnerung, nun auch auf nationaler Ebene vollzogen wurde. Wir durften still in den Hintergrund treten.

Als ich auf die Ereignisse beim *Miteinander für Europa* in München und den langen Weg dorthin zurückschaute, leuchtete plötzlich das prophetische Wort von Walter Heidenreich wieder in meinem Innern auf. Hatte er nicht Jahre zuvor von einer Tür gesprochen, in der die ganze Kirchengeschichte enthalten sei und die zu öffnen über mein Vermögen ging? Der Türgriff war viel zu hoch, als dass ich sie öffnen könnte. Ich hatte dieses

Wort trotzdem als Auftrag und Verheißung für mich begriffen. Doch das Entscheidende konnte weder ich noch sonst jemand beitragen, es bedurfte des Eingreifens Gottes. Er machte sich auf, diese verschlossene Tür zu öffnen und uns in ein weites Land der Zukunft zu führen.

Ich holte das prophetische Wort von Walter hervor, druckte es aus und klebte es auf die eine Seite und das Gebet der Bischöfe in München mit dem dazu gehörenden Bild auf die gegenüberliegende Seite meines Stille-Zeit Buches. Wie schon so oft ergriff staunende Dankbarkeit mein Herz. Es war kaum zu fassen, wie Gott unsere Bereitschaft und Hingabe genutzt hatte, um daraus Zukunft zu gestalten. Meine Gedanken von damals, dass dieses Wort viel zu vollmundig wäre, musste ich revidieren und dem lebendigen Gott danken, dass er zu seinen Verheißungen steht.

VIII. Am Puls der Zeit – Gott führt ins Neue

1. „Hören, was der Geist den Gemeinden sagt“[30]

„Ich bin erstaunt und erfreut, in welche geistliche Atmosphäre ich beim *Treffen von Verantwortlichen* eintauchen durfte“, war das Resümee von Weihbischof Thomas Maria Renz, der für zwei Tage an einem *Treffen von Verantwortlichen* teilgenommen hatte. „Ich wünschte mir, dass wir bei der Deutschen Bischofskonferenz in einen ähnlichen „Hörprozess“ hineinkommen könnten, wie ich das hier beim *Treffen von Verantwortlichen* unter dem Stichwort ‚Hören, was der Geist den Gemeinden sagt‘ erleben durfte. Dabei möchte ich nicht missverstanden werden“, fuhr er fort. „Natürlich beginnen wir die Bischofskonferenz mit einem Gottesdienst und mit dem Hören auf das Wort Gottes. Doch dann folgt die festgelegte Agenda. Hier beim *Treffen von Verantwortlichen* darf ich eintauchen in ein wohl vorbereitetes Programm, das jedoch Raum lässt und einlädt, immer wieder innezuhalten und auf die Stimme des Heiligen Geistes zu hören.“ Damit beschrieb jener Bischof sehr treffend ein Grundcharakteristikum des *Treffens von Verantwortlichen*: „Hören, was der Geist den Gemeinden sagt“. Dieses Hören vollzieht sich auf unterschiedliche Weise. Zum einen gilt es, auf die Stimmen der Zeit zu hören, um unsere Sinne zu schärfen und unsere Wahrnehmungen zusammenzutragen: Was erleben wir gerade in unseren Gemeinschaften, an den Orten, an denen wir leben, in der Gesellschaft insgesamt? Zum anderen geben wir bewusst der Stille Raum, um im Gebet – jeder für sich – auf die Stimme des Heiligen Geistes zu hören. Schließlich sind es Lobpreiszeiten, in denen wir anbetend vor den Thron Gottes treten. Oft folgt den gesungenen Liedern und gesprochenen Gebeten eine Stille, in der wir gemeinschaftlich hinhören, ob wir etwas von dem vernehmen, was der Geist den Gemeinden sagt. Es ist nicht immer leicht, in der Fülle der Impulse den roten Faden zu finden und die Erwartungen und Anliegen einzelner nicht mit der Stimme des Heiligen Geistes zu verwechseln. So bleibt es ein tastendes Hören, das uns jedoch über die Jahre hinweg immer wieder für das Wehen des Geistes in unserer Zeit sensibilisiert hat. Das beginnt schon bei der Vorbereitung des Treffens, bei dem sich der Trägerkreis regelmäßig Zeit nimmt, um im Hören innere Linien zu erkennen, die in der Folge in Thematik und Gestaltung des *Treffens von Verantwortlichen* einfließen. Einige Beispiele, die mir wegen ihrer späteren Auswirkungen in besonderer Weise in Erinnerung geblieben sind, mögen das Gesagte illustrieren:

- In den Jahren 1997-1999 hörten wir wiederholt den Ruf: „Stellt euch Gott als Dienerschaft für das Land zur Verfügung“. Wir ahnten nicht, wie dieser Ruf konkrete Gestalt gewinnen sollte. Doch als der Weg des *Miteinanders für Europa* begann, waren wir vorbereitet und trugen die Gewissheit in uns, dass der Heilige Geist uns mit seinem Ruf auf diese Situation vorbereitet hatte.

- Im tastenden Hören wurden wir so geführt, dass wir uns intensiv mit dem Thema „Freundschaft“ und „Heimat“ auseinandersetzten, zu denen jeweils ein *Treffen von Verantwortlichen* gestaltet wurde. Indem wir uns damit beschäftigten und auch konkrete Schritte z. B. zum Thema Freundschaft unternahmen, wurde uns eine Ahnung zuteil, wie Umrisse einer zukünftigen Gestalt der Kirche aussehen könnten. Dazu später mehr.

- Mehrfach vernahmen wir im Gebet die Aufforderung, das *Treffen von Verantwortlichen* symbolisch im „Obergemach“ zu verbringen. So wird in der Apostelgeschichte der Saal bezeichnet, in dem die Jünger im Gebet auf den Heiligen Geist warteten (Apg 1,13). Die Bitte um den

Heiligen Geist wurde zum zentralen Anliegen und bewirkte sowohl beim Treffen selbst als auch in vielen Gemeinschaften und Bewegungen eine neue Offenheit für den Heiligen Geist und ein kontinuierliches Bitten, dass er in neuer Weise unser Land berühren möge.

- Im gemeinsamen Hören auf den Heiligen Geist beim *Treffen von Verantwortlichen* 2019 handelten viele Worte für uns überraschend von dem aktuellen Zustand der Kirchen. Die kirchlichen Erschütterungen waren sehr präsent, verbunden mit einer starken Ermutigung, Gottes neuen Wegen für die Zukunft zu vertrauen. Sr. Anna-Maria aus der Wiesche fasste das damals gemeinsam Gehörte in folgende Worte:
  „Macht euch keine Sorgen über den Zerbruch, das Ärmer- und Bedeutungsloser-Werden der Kirche. Gott wird Neues schaffen! Seid offen, macht euch bereit, lasst euch überraschen!"

Inmitten aller Krisen und besonders der später folgenden Corona-Krise mit ihren vielfältigen Herausforderungen für die Kirchen, Gemeinschaften und Bewegungen hat mich dieses Wort oft getragen und ermutigt.

„Hören, was der Geist den Gemeinden sagt", ist für uns beim *Treffen von Verantwortlichen* ein bleibender Auftrag. Doch auch in den anderen christlichen Netzwerken gehört die Bereitschaft zum Hören auf die göttlichen Impulse zu den grundlegenden Haltungen, ganz gleich, ob sie wie Chiara Lubich von der „himmlischen Partitur" sprechen oder wie die Freunde aus Schönstatt von „Spurensuche" und „Zeitenstimmen". Die Formen sind vielfältig und ergänzen sich gegenseitig. Von entscheidender Bedeutung ist eine Haltung der Offenheit und der Verzicht darauf, die eigene Position durchzubringen. Diese innere Haltung und Bereitschaft zum Loslassen will eingeübt werden. Sie wächst unter uns und ist keineswegs selbstverständlich. Konkret bedeutet es, die eigenen Gedanken, Überzeugungen und Wahrnehmungen ohne Scheu und Zurückhaltung in die Gemeinschaft einzubringen, sie dann jedoch loszulassen, damit wir miteinander prüfen können, welche Linien sich ergänzen und verdichten. Als ein Beispiel will ich eine für viele Beteiligte eindrückliche Begebenheit schildern: Bei der Vorbereitung für die Veranstaltung *„Miteinander-wie-sonst"* in München schlug Helmut Nicklas vor, dass jeder nach der Austauschrunde einen Gedanken aufgreifen und unterstreichen sollte, der von einer anderen Person genannt worden war. Das sollte unser Vertrauen darauf stärken, dass der Heilige Geist in anderen die Impulse hervorrufen würde, die ihm wichtig sind. Es war eine eindrückliche Erfahrung, dass durch das bewusste Loslassen der eigenen Gedanken diese keineswegs verloren gingen, sondern in anderen Widerhall fanden.

Macht und Anspruchshaltungen sind Killer für eine Atmosphäre der Offenheit und des Hörens. Oft leitete uns bei unseren Begegnungen Offenbarung 4,10: „Die vierundzwanzig Ältesten fielen nieder vor dem, der auf den Thron saß und beteten den an, der da lebt von Ewigkeit zu Ewigkeit und legten ihre Kronen nieder." In der Anbetung Gottes haben die eigenen „Kronen" keinen Platz; genauso wenig, wenn wir gemeinsam hinhören, was der Geist den Gemeinden sagt. Diese Haltung muss auch unter geistlichen Leiterinnen und Leitern immer wieder in Erinnerung gerufen werden. Die Versuchung, mit der eigenen Erkenntnis, den eigenen Erfolgen und großartigen Veranstaltungen zu glänzen, ist unter uns ständige Realität. Manchmal werde ich dadurch sehr herausgefordert, weil einzelne damit die Atmosphäre der Offenheit gefährden. Für mich gehört es deshalb zu einer der Schlüsselqualifikationen für die Leitung solcher Prozesse, liebevoll dafür zu sorgen, dass das Eigene zurückgestellt wird. Manchmal staune ich darüber, wie uns diese Haltung wie selbstverständlich geschenkt wird und wir mit großer Leichtigkeit durch solche Prozesse gehen können. Mein Eindruck ist: Jesus, der auferstandene Herr, wartet darauf, dass wir in dieser Haltung der Anbetung „hören, was der Geist den Gemeinden sagt".

2. Gott lässt nicht locker

Es war ein überraschender Anruf von Bischof Ulrich Wilckens bei Sr. Anna-Maria aus der Wiesche an jenem Morgen im August 2016. Er hatte in der Nacht einen Traum gehabt, der ihm keine Ruhe ließ. Deshalb suchte er das Gespräch mit ihr und auch mit mir. Seine Beunruhigung rührte daher, dass in diesem Traum die Hecken zwischen den Kirchen und auch die zwischen den geistlichen Bewegungen immer noch erschreckend hoch waren.

Es war erst zwei Monate her, dass wir den großartigen Kongress *Miteinander für Europa* in München und die Kundgebung auf dem Stachus mit der starken Erfahrung der Versöhnung erlebt hatten. War dieser Traum eines uns sehr verbundenen Bischofs ein neuer Impuls, ein Reden Gottes, das es zu beachten galt? Oder handelte es sich schlicht um den Traum eines Altbischofs, dem die Einheit am Herzen lag und dessen Unterbewusstes natürlich auch bei Nacht die Dinge verarbeitete. Bischof Wilckens hatte Jahre zuvor versucht, geistliche Bewegungen und Erneuerungskräfte in den Kirchen zu sammeln, weil er davon überzeugt war, dass wir als Christen nur aus der Einheit heraus eine Chance haben, unser Gewicht in die Gesellschaft einbringen zu können. Einzelne ihrer Verantwortlichen teilten seine Überzeugung, aber innerhalb der vorwiegend evangelikalen Gruppierungen hatte es teils Abwehrreaktionen gegeben, so dass es ihm nicht gelungen war, sie zusammenzubringen. Wegen seiner abnehmenden körperlichen Kraft und beunruhigt durch diesen Traum gab Bischof Wilckens das Anliegen wie einen prophetischen Aufruf an das *Treffen von Verantwortlichen* weiter.

Um mehr Klarheit in dieser Frage zu gewinnen, telefonierte ich zwei Tage später mit ihm. Als ich den Telefonhörer wieder aufgelegt hatte, wusste ich, dass der Traum kein Ausfluss persönlicher Überlegungen war, weil diese um andere Themen kreisten. Im Gespräch mit Sr. Anna-Maria wurde uns beiden klar, dass wir sehr ernsthaft zu prüfen hätten, welcher Impuls Gottes hinter dem Traum stehen könnte. Wenn der Traum wirklich ein Reden Gottes war, dann müssten wir den Gedanken des Eins-Werdens des Volkes Gottes noch einmal auf viel breiterer Ebene angehen. Die Früchte der Einheit, die Gott im *Miteinander für Europa* geschenkt hatte, waren großartig. Der Lernprozess in meinem persönlichen Leben und in dem von vielen geistlichen Gemeinschaften und Bewegungen war enorm. Und doch ließ uns dieser Traum von Bischof Wilckens keine Ruhe mehr, weil wir gleichzeitig sahen, dass die Hecken und Zäune zwischen den Kirchen und zwischen den geistlichen Bewegungen nach wie vor zu hoch waren. Große Teile des Leibes Christi, wie z. B. die Pfingstkirchen oder Teile der evangelikalen Bewegung, konnten sich noch nicht auf den Weg des Eins-Werdens einlassen.

Wir beschlossen also, den Traum zur Prüfung in den Trägerkreis des *Treffens von Verantwortlichen* einzubringen, der sich im Oktober 2016 in der evangelischen Tagungsstätte Hofgeismar traf. Wie immer gab es eine reich gefüllte Tagesordnung. Wir waren vor allem damit beschäftigt, eine Perspektive für die kommende Phase unter Einbeziehung einer nächsten Generation zu gewinnen. Deshalb hatten wir in diesem Jahr auch einen Tag länger eingeplant. Am Ende unseres Trägerkreis-Treffens, buchstäblich fünf Minuten vor zwölf, informierte Sr. Anna-Maria die anderen über die Gedanken von Bischof Wilckens. Um 12 Uhr wartete das Essen auf uns, die Koffer waren bereits gepackt und die Gedanken schon halb bei der Heimfahrt. Doch kaum hatte sie den Impuls eingebracht, entwickelte sich unter uns eine solche Dynamik des Gesprächs und des Gebetes, dass das Mittagessen eine halbe Stunde auf uns warten musste. Alle Müdigkeit nach zwei intensiven Tagen war im Nu verflogen. Wir spürten: Wir dürfen nicht einfach zur Tagesordnung übergehen, wenn der Geist Gottes uns innerlich derart bewegt. Am Anfang unseres Trägerkreises hatten wir viel Zeit darauf verwandt, das Verhältnis von *Treffen von Verantwortlichen* und *Miteinander für Europa* zu bestimmen, weil es manche Doppelung in der Arbeit dieser beiden Netzwerke gab. Das *Treffen von Verantwortlichen* sollte der geistliche Innenraum und Impulsgeber für das *Miteinander für Europa* sein, das im öffentlichen Raum sichtbar und gesellschaftsgestaltend wirken sollte. War es jetzt dran, über eine weitere Initiative nachdenken? Jeder von uns steckte in genügend Beziehungen und Netzwerken. Und doch spürten wir den dringenden Ruf Gottes. Er drängte uns förmlich nach vorn und in uns war die tiefe Überzeugung, dass uns der Heilige Geist erneut ruft, mutig Schritte zu gehen und das Netz weiter zu knüpfen.

Am Ende dieser Überlegungen stand das gemeinsame Gebet. In ihm wurden Henning Dobers und ich dafür gesegnet, Schritte auf die anderen Netzwerke und auf Verantwortliche der Kirchen zuzugehen, um zu einer gemeinsamen Sammelbewegung einzuladen. „Kommt zusammen, sucht mich gemeinsam!" hörten wir als Berufungsworte Gottes für diese Sammelbewegung. Gott lässt nicht locker. Er will die Einheit seines Volkes. Er sammelt sein Volk, weil es sein Anliegen ist, dass die Braut Christi für das eschatologische Hochzeitsfest vorbereitet wird.

3. „Kommt zusammen, sucht mich gemeinsam!“ – Die Entstehung des Christlichen Convents Deutschland

Ich machte mich zusammen mit Henning Dobers auf den Weg zu den Leitern verschiedener Netzwerke. Wenn wir von dem Traum von Bischof Wilckens berichteten, erzählten uns manche von prophetischen Endrücken, die in dieselbe Richtung wiesen. Besonders denke ich dabei an einen bildhaften Eindruck aus der Gebetszeit einer Gruppe von geistlichen Leitern im Westen Deutschlands, zu der wir bis dahin keine Beziehung hatten. Einer der Teilnehmer sah vor seinem inneren Auge zehn Autobahnen, die parallel nebeneinander liefen und hörte dazu die Worte, dass es jetzt an der Zeit sei, Querverbindungen zwischen diesen Autobahnen zu schaffen. Genau auf diese Querverbindungen kam es uns an.

Schließlich trafen wir uns im kleineren Kreis mit Heinrich Christian Rust (Kreis charismatischer Leiter), Hartmut Steeb (Deutsche Evangelische Allianz) und Franz Adolf Kleinrahm (Katholische Gemeinschaften). Am Ende unserer Begegnung teilten wir alle, trotz unserer übervollen Terminkalender, die Überzeugung: „Der Geist Gottes drängt regelrecht. Wir dürfen den Zeitpunkt nicht verpassen“. Deshalb beschlossen wir, einen nächsten Schritt zu gehen und in einer zweitägigen Klausur Schlüsselpersonen aus den verschiedensten christlichen Netzwerken, Initiativen und Erneuerungsbewegungen zusammenzubringen. In unserem Einladungsbrief schrieben wir: „Es geht jetzt darum, dass das gemeinsame Zeugnis aller Christen gefragt ist. Dieses Zeugnis geht in eine doppelte Richtung: gemeinsam das Evangelium zu verkündigen und die gesellschaftsgestaltende Kraft des Evangeliums einzubringen.“ Wir wiesen mit großer Klarheit darauf hin, dass es uns nicht um die Planung einer gemeinsamen Aktion ging, sondern vielmehr darum, einander zu begegnen und gemeinsam auf Gott zu hören, weil wir den Eindruck hatten, „dass wir auf eine Zeit des ´Rüttelns und Schüttelns` zugehen, eine Zeit von Prüfung, Gericht und darin ganz neuen Aufbrüchen." Wir formulierten: „Wir glauben, dass Gott uns jetzt zusammenruft, damit wir einmütig zusammenstehen und vorbereitet sind, wenn diese Ereignisse kommen werden."

Dieser Einladung folgten 25 Leitende. Im Mai 2017 trafen wir uns das erste Mal in Fulda und im November 2017 ein zweites Mal in Bad Blankenburg. Dort beschlossen wir, ausgehend von unseren persönlichen Beziehungen, aber auch darüber hinaus, Verantwortliche aus Kirchen, Gemeinschaften, Bewegungen und Werken für Juni 2018 zu einem *Christlichen Convent Deutschland* (CCD) nach Kirchheim/Hessen einzuladen. Von Anfang an war es uns wichtig, die gesamte Breite des Volkes Gottes in den Blick zu nehmen. Bewusst wollten wir Verantwortliche aller Kirchen und Schlüsselpersonen aus dem Bereich der geistlichen Bewegungen mit sehr unterschiedlichen Frömmigkeitsstilen und theologischen Überzeugungen für diesen gemeinsamen Weg gewinnen. Briefe an den Vorsitzenden der Deutschen (katholischen) Bischofskonferenz Kardinal Reinhard Marx und an den Ratsvorsitzenden der EKD, Landesbischof Heinrich Bedford-Strohm sowie Briefe und Gespräche mit weiteren Bischöfen prägten die Vorbereitung auf den ersten CCD. Als schließlich 200 Verantwortliche der Einladung folgten, konnte man auf eine beeindruckende Vielfalt aus vielen Teilen des Leibes Christi treffen. Ich selbst kannte von den unterschiedlichsten Bezügen her die Hälfte von ihnen, aber allen anderen begegnete ich hier zum ersten Mal. Die spannende Frage war: Würde es gelingen, bei einer solch großen und zum Teil konträren theologischen Bandbreite zu einem Miteinander zu kommen?

Manche waren der Einladung zum CCD mit gemischten Gefühlen gefolgt. Vertreter der Pfingstkirchen und evangelikaler Werke, die bisher die Zusammenarbeit mit der katholischen Kirche gemieden hatten, trafen hier auf katholische Bewegungen und katholische Bischöfe. Vertreter der Amtskirche begegneten Gruppierungen, die sie lieber ihren Sektenbeauftragten überlassen hätten. Doch das Wissen darum, dass Jesus für die Einheit seiner Jünger betete (siehe Joh 17,21), leitete uns alle. Deshalb waren wir bereit, mehr voneinander zu erfahren. Die tiefsten Begegnungen gab es in kleinen Vierergruppen, die wir bewusst konfessionell und spirituell gemischt zusammensetzten. Sie wurden einer der Schlüssel für die „Ökumene der Herzen". Hier gaben wir einander Anteil an sehr persönlichen geistlichen Erfahrungen und ließen uns ins Herz schauen. Wir sprachen über Bekehrungs- oder Berufungserfahrungen und erzählten einander von „heiligen Momenten", die wir erlebt hatten. Wie bereits Jahre zuvor beim *Miteinander für Europa* erlebten wir zu unserer Freude, dass sich die Türen füreinander weit öffneten, weil wir Christus im anderen erkannten. Doch jetzt war die theologische Bandbreite größer, die Erfahrung der tiefen geistlichen Einheit jedoch dieselbe. Am Ende des CCD sprach Heinrich Christian Rust in seiner Zusammenfassung von einem Vierklang der Ökumene, den Gott uns in diesen Tagen hatte erleben lassen:

- Die Ökumene der Anbetung, die wir in diesem CCD in besonderer Weise in den gemeinsamen Anbetungszeiten erfuhren. Vor dem Thron Gottes wurden wir eins.

- Die Ökumene der Herzen, die trotz unterschiedlicher theologischer Positionen dort entsteht, wo wir Christus im anderen erkennen. Deshalb rede ich an dieser Stelle am liebsten von der geistlichen Ökumene.

- Die Ökumene der Wahrheit. Wir bemühen uns darum,

indem wir theologisch an verschiedenen Sachfragen arbeiten. Die Wahrheit ist uns nicht gleichgültig, sondern miteinander ringen wir um eine gemeinsame Erkenntnis bzw. wollen den anderen in seinem Erkenntnisweg verstehen.

- Die Ökumene der Sendung. Viele der Anwesenden hatten ein missionarisches Anliegen. Die Frage, wie wir gemeinsam die Menschen in unserem Land mit dem Evangelium erreichen, war einer der Schwerpunkte dieses CCD. Dabei wollten wir die Ökumene der Sendung nicht auf die evangelistische oder missionarische Dimension beschränken, sondern sehr bewusst leuchteten die verschiedensten gesellschaftlichen Zusammenhänge auf, in die wir als Christen berufen sind.

Auf erschütternde Weise führte uns ein Video vom Abriss des Immerather Doms im Braunkohleabbaugebiet in Erkelenz vor Augen, wie das Christentum in unserm Land dabei ist, nicht nur an Bedeutung zu verlieren, sondern geradezu in sich zusammenzufallen. Henning Dobers unterstrich mit diesem Videoclip die Situation unserer Tage: „Wir leben in einer Zeitenwende, wie sie nur alle 500 Jahre stattfindet“, betonte er, „in der die alte Gestalt von Kirche geradezu ‚abgerissen‘ zu werden scheint.“ Für uns wurde es weit mehr als eine rationale Einsicht: Gott ruft uns mit einer solchen Dringlichkeit zusammen, damit wir die Radikalität der Veränderung begreifen und gemeinsam hinhören, welche Botschaft er uns für diese Zeit aufs Herz legt.

4. Notre-Dame brennt – Hören, erkennen, deuten

Der CCD II im Juni 2019 war wesentlich vom Hören und Wahrnehmen dessen geprägt, was geistlich und gesellschaftlich in unserer Zeit vor sich ging. Es galt, aus der Vielgestaltigkeit des Hörprozesses,[31] der nicht zuletzt durch die unterschiedlichen Frömmigkeitsstile seinen Ausdruck fand, die Stimme Gottes herauszuhören. Für einige bedeutete das im Wesentlichen ein Reden Gottes durch direkte Eingebung des Heiligen Geistes, für andere war Prophetie eher wie bei manchen alttestamentlichen Propheten in zeit- und sozialkritischen Stimmen zu finden. Wieder andere betonten, wie wichtig es sei, in aktuellen Ereignissen und Zeitströmungen das Reden und Handeln Gottes zu erkennen.

In der Vorbereitung auf diesen CCD stellte Heinrich Christian Rust „Prophetien" aus charismatischen und pfingstkirchlichen Kongressen der letzten Jahre unter der Fragestellung zusammen, ob sich daraus Linien des Redens Gottes für uns heute erkennen ließen. Für mich war diese Zusammenstellung insofern höchst interessant, weil ich sie dahingegen befragte, wie wir aus einer Fülle von Eindrücken zu einer Unterscheidung kommen. Wodurch werden echte Impulse Gottes für unsere Zeit erkennbar? Welche Worte sind im Wesentlichen in die jeweilige Situation hinein zu verstehen, ganz zu schweigen von denen, die eher die Wünsche und Hoffnungen der jeweiligen Personen zum Ausdruck bringen. Folgende Gedanken formulierten wir deshalb als unsere Richtschnur für den CCD: Das Zeugnis des Neuen Testaments geht von einer christlichen Prophetie aus, die gekennzeichnet ist durch Offenbarungen, die der Heilige Geist schenkt. Gleichzeitig werden alle Christen dazu aufgerufen, die Zeit wachsam zu deuten (Lk 12,56) und auf das zu hören, was der Geist den Gemeinden sagt. Von besonderer Bedeutung sind dabei auch die Gaben des Heiligen Geistes. So betont der Apostel Paulus: „Strebt nach der Liebe, doch bemüht euch eifrig um die Geisteswirkungen; am meisten aber, dass ihr weissagt!“ (1. Kor 14,1). Aposteln und Propheten kommen bei dieser Art der geistlichen Leitung und der Stärkung der Gemeinde eine wichtige Funktion zu (Vgl. 1. Kor 12,28; Eph 2,20; 3,5; 4,11), damit unterschiedliche Gaben des Geistes und ein gutes Zusammenspiel von Offenbarung und Vernunft zum Tragen kommen können.

Bei dem gemeinsamen Prüfprozess dieser Worte war uns das Zusammenspiel von Offenbarung und Vernunft wichtig. Das kam in der Weise zum Ausdruck, dass wir unter Gebet und mit wachem Verstand all die „Prophetien“ in uns klingen ließen. Dabei verdichteten sich für uns verschiedene Linien. Mit diesen Linien, die für uns aus den prophetischen Stimmen erkennbar wurden, eröffneten wir den Hör- und Wahrnehmungsprozess beim CCD und erweiterten sie durch verschiedene Zeitenstimmen aus Soziologie, Forschung und Entwicklung. Unsere Wahrnehmungsfähigkeit wurde geschärft. In Verbindung mit vielen Gesprächen in der Vorbereitung und ergänzt durch verschiedene Lektüre verhalf mir das zu neuen Perspektiven und einer noch differenzierteren Deutung des Zeitgeschehens. Klar trat zu Tage, dass sich unsere Gesellschaft in einem radikalen Veränderungsprozess befindet und dass gewaltige Umbrüche auf uns zukommen, die zu großen Erschütterungen führen werden. So wie der Buchdruck und die daraus folgende „Revolution“ der Kommunikation und des Wissens die Welt vor 500 Jahren radikal veränderte, stehen wir heute mit Digitalisierung und Globalisierung an einer Zeitenwende. Die Kirchen werden von diesen Erschütterungen in besonderer Weise betroffen sein, doch gleichzeitig leuchtet das Neue schon auf und lässt uns Konturen des Künftigen erkennen. In den folgenden sechs Punkten fasse ich diese Zeit-Deutung zusammen:

Umbruch –
wir leben in einer Zeit der radikalen Veränderung

Prof. Michael Hochschild hatte schon beim Kongress *Miteinander für Europa* 2016 davon gesprochen, dass die Massen und die Mehrheiten in immer kleinere Mengen zerfallen werden. Die Institutionen (Kirchen, Staat, Parteien, UNO etc.) werden die Zukunft nicht mehr bewältigen. Beim CCD 2019 wählte er gar das Wort vom „Ende der Gesellschaft". Neue Formen werden entstehen. Die Welt ist in Bewegung, vieles wird „Bewegung". Der „Bewegung" gehört die Zukunft. „Wir sind ‚Heimatvertriebene' aus der Moderne. Es gilt, die neue Heimat in der neuen Zeit zu bauen, und nicht in der neuen Zeit die alte Heimat wieder herzustellen." [32]

Aus einer säkularen Perspektive heraus wurden uns hier die Augen dafür geöffnet, dass Gott in den großen zeitgeschichtlichen Umbrüchen längst dabei ist, seine Impulse zu setzen, um inmitten der Umbrüche Orientierung, Halt und Zukunft zu ermöglichen. Sind wir im *Christlichen Convent Deutschland* und als *Miteinander für Europa* nicht schon Teil einer Antwort Gottes auf die radikalen Veränderungen und drängenden Herausforderungen? Sind diese Netzwerke nicht ein prophetisches Zeichen der Hoffnung und Bild eines künftigen Miteinanders? Sr. Anna-Maria aus der Wiesche formulierte dazu beim CCD folgenden Satz: „Beieinander bleiben in einer sich verändernden Welt trotz unterschiedlicher Gefühle, Verständnisse, Deutungen – das ist das Wirken des Heiligen Geistes. So sind wir sein Zeichen in der Gesellschaft." [33]

Für mich liegt darin geradezu ein prophetischer Auftrag:

- In den Fliehkräften unserer Zeit ruft Gott: „Kommt zusammen!"
- Im Zerbrechen der Strukturen schenkt Gott Netzwerke, die verbinden.

- In der „Blasen-Bildung“ unserer Zeit haben wir den Auftrag zur Begegnung und damit zum Brückenbauen.
- In der Zeit, in der jeder seine eigene Welt baut und seine Weltsicht für die entscheidende hält, sind wir aufgerufen, die größere Perspektive des Reiches Gottes einzunehmen.
- In der Zeit der Abgrenzung sind wir gerufen, dem Fremden zu begegnen.
- In der Polarisierung sind wir zur Versöhnung gerufen.

Prof. Klaus Henning sprach über die „Rück-Umkehr“ der Gutenberg-Revolution durch KI (Künstliche Intelligenz) und damit vom Ende des Zeitalters der Vernunft. „Die Kommunikation mit Bildern und Mythen ist wiedergekommen und dominiert die menschliche Kommunikation zunehmend mehr als menschliche Vernunft.“ [34] Das Spannungsfeld zwischen Virtualität und Realität schaffe ein neues Verständnis von Wirklichkeit. Dabei werde die Künstliche Intelligenz alle Arbeitsplätze verändern, so Klaus Henning. [35] „Künstliche Intelligenz macht keinen Halt vor irgendwelchen kulturellen, nationalen oder politischen Grenzen.“ Er plädierte leidenschaftlich für die aktive Mitgestaltung dieses Veränderungsprozesses: „Wir haben die Chance, diese digitale Transformation mit Künstlicher Intelligenz verantwortlich zu gestalten, bevor es andere verantwortungslos tun. Es geht uns alle an. Noch haben wir Zeit dazu!“

Das Ende des Zeitalters der Vernunft wird begleitet sein von einer Relativierung der Wahrheit. Der Begriff des „Postfaktischen“ gehört in diesen Zusammenhang genauso wie Manipulation durch KI oder Wahlfälschungen. Es wartet eine andere Ebene der Auseinandersetzung auf uns. Künftig wird der Schwerpunkt auf Überzeugen und Beziehungen liegen. Wir sind gefragt, den Glauben attraktiv (Johannes Hartl) und überzeugend (Markus Spieker) zu vermitteln, ohne dabei in die Relativität der Post-Postmoderne zu verfallen.

Eine Zeit der Erschütterung im kirchlichen Bereich

Die Bilder der brennenden Kathedrale Notre-Dame an Karfreitag 2019 waren vielen noch sehr präsent. „Jeder spürt: Hier geht es um mehr als nur um ein historisches Gebäude. Da stand mehr in Flammen als nur ein uralter Dachstuhl", schrieb Henning Dobers. BILD-Reporter Alexander von Schönburg kommentierte: „Symbole sind sichtbare Zeichen unserer Identität! In Paris brannte ein Teil unseres geistigen Erbes. Und von diesem Erbe, von unserer Identität, ist das Christentum nicht wegzudenken. Wenn eine der wichtigsten Kirchen des Abendlandes brennt, spürt man, dass da mehr auf dem Spiel steht als der Verlust eines architektonisch einmaligen Baudenkmals. Der Brand von Notre-Dame führt vor Augen, was verloren geht, wenn das Christentum aus Europas Herz schwindet. Ist dieser Brand vielleicht selbst ein Symbol? Das ganze Christentum Europas ist ja gerade dabei, seine Rolle als Leitplanke unserer Kultur einzubüßen. Anders gesagt: Das Christentum fackelt ab. Und wir schauen hilflos, zum Teil mitleidslos, sensationslüstern, vielleicht sogar schadenfroh zu." [36] Damit trifft er einen Nerv der kirchlichen und gesellschaftlichen Situation.

Die Erschütterungen im kirchlichen Bereich sind nicht zu übersehen, auch wenn viele kirchliche Stellungnahmen versuchen, sie klein zu reden oder mit demoskopischen Entwicklungen zu erklären. Inzwischen sind die Kirchenaustritts-Zahlen so markant, dass ihre Folgen nicht länger ausgeblendet werden können. Der Relevanzverlust der Kirche ist unübersehbar.

Eine neue Zeitepoche bricht an

Gleichzeitig bricht für das Volk Gottes eine neue Zeitepoche an. Es braucht nicht in Schockstarre seinen Blick auf die unübersehbaren Abbrüche zu heften, sondern ist eingeladen, ihn auf das aufbrechende Neue zu richten. Das Wort aus Jesaia 43,19 leuchtet wie ein roter Faden immer wieder bei den prophetischen Worten auf: „Siehe, ich will ein Neues schaffen, jetzt wächst es auf, erkennt ihr's denn nicht?".

Noch sind es vor allem prophetische Worte, die uns zu diesem Blickwechsel auffordern. Doch da und dort ist bereits Konkretes sichtbar, z. B. in der Gebetshaus-Bewegung, in der Loretto-Gemeinschaft, die an Pfingsten in Salzburg mit Tausenden von jungen Menschen die Kathedrale füllt, die „MEHR-Konferenz" des Gebetshauses in Augsburg oder das große Online-Gebet „Deutschland betet gemeinsam" vor Ostern 2020 bzw. die Bitte um den Heiligen Geist beim Online-Gebet vor Pfingsten 2020 und 2021, um nur einiges zu nennen.

Die Frage des Propheten: „Erkennt ihr's denn nicht?" (Jes 43,19) motiviert uns, genauer hinzusehen. Offensichtlich benötigt es eine Sehhilfe, um das neu Aufwachsende wahrzunehmen. Der *Christliche Convent Deutschland* ist für mich eine solche Sehhilfe, weil wir gemeinsam unseren Blick auf die Zeichen der Hoffnung richten. Inmitten vieler Abbrüche in der kirchlichen Landschaft wächst die Sehnsucht nach einem geistlichen Klimawandel, nach einer Atmosphäre des Glaubens.

Es wird eine neue Gestalt der Kirche heranwachsen

Bereits beim Kongress *Miteinander für Europa* 2016 in München beschäftigte uns die Frage nach einer neuen Gestalt von Kirche. Nun rückte sie beim *Christlichen Convent Deutschland* erneut in den Focus. Auf sie werde ich im Kapitel X eingehen.

Schöpfung und Ökologie – „There is no planet B"

Während des Hör- und Wahrnehmungsprozesses in der Vorbereitung des CCD kristallisierte sich ein weiteres, unbedingt zu bedenkendes Thema heraus: die ökologische Herausforderung.

Sr. Nicole Grochowina aus der Communität Christusbruderschaft Selbitz zeichnete in ihrem engagierten Impulsreferat ein Bild der brennenden Thematik unter der Überschrift „There is no planet B". Die wachsende Bewegung und Unruhe in der Welt lassen erkennen, wie dringend der Handlungsbedarf sei. In Anlehnung an den Schöpfungsauftrag, den Gott den Menschen gegeben habe, schloss sie mit den herausfordernden Worten: „Macht jetzt eure Hausaufgaben, die ihr schon seit Anbeginn der Zeit habt!"

Antworten des Glaubens in einer Zeit der radikalen Veränderung

Zeiten der Veränderung sind Zeiten der Verunsicherung und auch der Angst. Den Glaubenden kann eine Widerstandskraft zuwachsen, die ihnen hilft, in diesen schwierigen Zeiten zu bestehen. Es wird darauf ankommen, dass wir die Resilienz fördern und die Menschen befähigen, aus dem Glauben heraus zu leben. Einc tiefe Verwurzelung im Glauben an den, der gesagt hat: „In der Welt habt ihr Angst, aber seid getrost, ich habe die Welt überwunden" (Joh 16,33), wird der Schlüssel für die Bewältigung der Zukunft sein. Wir dürfen mithelfen, stabile Persönlichkeiten zu entwickeln: empathisch, aufmerksam, vertrauend. Wir werden in Zukunft äußerer Sicherheiten beraubt werden, doch wir werden diese Verunsicherungen und Veränderungen gut durchstehen, wenn wir im Herzen eine klare Verwurzelung in Jesus Christus haben. In seiner Liebe ist unser Zuhause. Wissen über den Glauben wird zu wenig sein, wir brauchen lebendige Gotteserfahrungen. Das Gebet als gelebte Gottesbeziehung wird dabei eine entscheidende Rolle spielen, denn es ist ungeachtet seiner vielfältigen Ausdrucksformen in erster Linie Begegnung mit dem ganz Anderen: mit Gott, dem Lebendigen.

Im Gebet finden wir auch zu uns selbst, doch wir bleiben nicht bei uns. In der Begegnung mit ihm, dem lebendigen Gott, dürfen wir von der Quelle des Lebens trinken, der Quelle der Zukunft, der Kraft und der Hoffnung. Die Geborgenheit in ihm vermittelt einen Halt, der weit über die Stabilisierung des eigenen Ichs hinausweist. Sobald wir beten, treten wir aus der Immanenz heraus, erhalten Anschluss an die Transzendenz und dürfen die Kräfte des Himmels empfangen. Der entscheidende Halt liegt nicht in mir selbst. Ich werde gehalten.

Der Weg in die Zukunft gleicht dem Weg Abrahams, der aufgerufen wurde, in ein unbekanntes Land zu ziehen. Wie er kennen wir dieses unbekannte Land der Zukunft noch nicht, aber wir wissen: Es wird anders aussehen als die uns bekannte Vergangenheit und die Gegenwart. Es werden „Abraham-Existenzen" gefragt sein, Menschen, die bereit sind, aufzubrechen in das Neue, Unbekannte. Als Christen steht uns dafür ein einzigartiges „GPS-System" zur Verfügung: Jesus als Kompass für die innere Ausrichtung, das Wort Gottes als Landkarte. Diese Orientierung hilft, den Weg durch die Umbrüche unserer Zeit zu finden. Die Beliebigkeit der Postmoderne, so nett sie auch sein mag, wird nicht tragen.

Herbert Lauenroth brachte nach einer treffenden Zeitanalyse diese Resilienz-Haltung mit einem Zitat von Henry Nouwen sehr packend zum Ausdruck: „Ein Springer muss springen, und ein Fänger muss fangen, und der Springer muss mit ausgestreckten Armen und offenen Händen darauf vertrauen, dass der Fänger da sein wird. … Denke daran, dass du Gottes geliebtes Kind bist. Er wird da sein, wenn du deinen langen Sprung machst. Versuche nicht, nach ihm zu greifen. Er wird nach dir greifen. Strecke einfach deine Arme und Hände aus – und vertraue, vertraue, vertraue!" [37]

Die Antwort des Glaubens auf die Herausforderung unserer

Zeit wird auch dadurch Gestalt gewinnen, dass wir den Menschen eine Heimat geben. Wir leben in der Zeit der Globalisierung. Die Welt ist zu einem großen Dorf geworden. Viele sind weltweit unterwegs und sei es nur virtuell. Doch inmitten der Globalisierung taucht die Sehnsucht nach Heimat plötzlich in neuer Weise auf. Menschen brauchen Heimat, gerade weil sie weltweit unterwegs sind. Sie brauchen einen Gegenpol, ein „Zuhause". In den Umbrüchen und Herausforderungen, in denen wir stehen, wächst die Sehnsucht nach einem Ort der Geborgenheit. Die Menschen suchen Heimat und tragfähige Beziehungen. Michael Hochschild greift als Soziologe dieses Thema auf, das für ihn in der gesellschaftlichen Wahrnehmung überraschend auftaucht.[38] Christliche Gemeinschaften werden als Heimat der Glaubenden eine neue Bedeutung gewinnen. Darüber hinaus dürfen wir die Menschen schon jetzt in der ewigen Heimat verwurzeln. Wer im Himmel seine innere Heimat hat, der kann überall auf der Welt zuhause sein.

IX. Schaffe eine Atmosphäre des Glaubens

„Schaffe eine Atmosphäre des Glaubens in Stadt und Land." So hörte ich das Reden des Heiligen Geistes vor einigen Jahren. Ich war verblüfft über diesen Auftrag und wusste zunächst nicht, was ich mit diesem Impuls anfangen sollte. Es war meine Überzeugung, dass weder ich noch andere Menschen in der Lage sind, eine Atmosphäre des Glaubens in einer Stadt oder einem Land zu schaffen. Es braucht das Eingreifen Gottes. Er allein kann das geistliche Klima verändern.

Dabei war mir der Auftrag, eine geistliche Atmosphäre zu schaffen, nicht unbekannt. Schon einmal, 1989, hatte ich in meiner persönlichen Gebetszeit unmissverständlich die Worte „Schaffe eine Atmosphäre des Glaubens!" gehört. Doch damals ging es um den CVJM Esslingen. Wochen zuvor hatte ich ein Buch über einen geistlichen Aufbruch an einer US-amerikanischen Uni gelesen und ahnte deshalb, in welche Richtung ich denken, beten und handeln sollte. Wir hatten zum damaligen Zeitpunkt im CVJM-Esslingen zwar eine großartige Jugendarbeit und eine ganze Reihe hochengagierter Mitarbeiterinnen und Mitarbeiter, aber die geistliche Atmosphäre insgesamt war im Wesentlichen auf das eine oder andere Gebet und ein paar Andachten in den Jugendgruppen beschränkt. Aber es gab auch Gruppen, in denen „regelmäßig" einmal jährlich eine Andacht stattfand, denn alles andere hätte einer „übertriebenen Frömmigkeit" entsprochen.

Deshalb verstand ich den Impuls aus dem Gebet sehr gut. „Schaffe eine Atmosphäre des Glaubens" bedeutete in dieser Situation für mich, nicht nur die strukturelle Ebene zu bedienen, sondern dafür zu sorgen, dass möglichst viele der Mitarbeitenden in eine lebendige Glaubensbeziehung eintreten konnten und dass es ihnen selbst ein Anliegen wurde, Kinder und Jugendliche für eine lebendige Beziehung zu Jesus Christus zu gewinnen. In der Mitarbeitergemeinschaft, zu der mit der Zeit mehr und mehr Jugendmitarbeiter hinzufanden, legten wir für diese geistliche Erneuerung die Grundlagen. Unser Ziel war, dass der Glaube nicht auf bestimmte Rituale oder Situationen begrenzt blieb, sondern allmählich ihr gesamtes Leben durchdrang. Ein persönlicher Austausch über die Bibel und eigene Glaubenserfahrungen bildete die Basis. Dazu kam das persönliche und gemeinschaftliche Gebet für Anliegen einzelner oder einer ganzen Gruppe. Dies geschah regelmäßig und wurde so zu einer Selbstverständlichkeit. Erfahrungen, die uns aus der Erneuerung durch den Heiligen Geist zuteil wurden, halfen uns, dass der Glaube nicht nur in den Kopf, sondern sehr wohl ins Herz und in den Alltag kam und dass eine hoffnungsvolle Erwartung unsere Gebete prägte. Es waren besonders die intensiven Gebetsabende an den Mitarbeiterwochenenden und persönliche Zeugnisse an den Mitarbeiterabenden, die wesentlich dazu beitrugen, dass über die Jahre eine erwartungsvolle Atmosphäre des Glaubens im CVJM entstand. Der CVJM erlebte von innen her eine Erneuerung.

Das erfasste auch die Strukturen und geschah etwa dadurch, dass ich als Leitender Referent bei Einstellungen von Jugendreferenten darauf achtete, dass neben der fachlichen und persönlichen Qualifikation auch der aktiv gelebte Glaube ein Kriterium war. Außerdem waren wir gemeinsam darauf bedacht, dass die Vertiefungsgruppen der Mitarbeitergemeinschaft von solchen Haupt- und Ehrenamtlichen geleitet wurden, bei denen wir eine Leidenschaft für den christlichen Glauben feststellen konnten. Sie sollten die Fähigkeit besitzen, junge Mitarbeitende in ihrem Glauben anzuleiten und mit ihnen Schritte des Glaubens einzuüben. Der Auftrag, eine Atmosphäre des Glaubens zu schaffen, zog sich also wie ein roter Faden durch viele Bereiche meines Dienstes. Es entwickelte sich aus der Mitte der Mitarbeitergemeinschaft heraus eine Atmosphäre des Glaubens, die mit der Zeit alle Arbeitsbereiche durchdrang.

Jetzt hörte ich also den gleichen Auftrag für Stadt und Land, aber seine Größe ließ es mir unmöglich erscheinen, ihn in irgendeiner Weise in konkrete Handlungsschritte herunterzubrechen und umzusetzen. Dennoch beschäftigte mich dieses Wort, weil ich mir sicher war, mich an dieser Stelle nicht verhört, sondern einen Auftrag Gottes empfangen zu haben. Nach seiner Bedeutung tastend, dachte ich seitdem vermehrt betend darüber nach und brachte das Anliegen gleichzeitig auf verschiedenen Ebenen mit anderen ins Gespräch. Wie kann es zu einer Veränderung der geistlichen Atmosphäre in unserem Land kommen? Was muss geschehen, damit es zu einem geistlichen Klimawandel kommt? Wenn es möglich war, in einem CVJM eine Atmosphäre des Glaubens zu bewirken, sollte dies nicht auch in Stadt und Land möglich werden?

Als wesentliche Faktoren für die Veränderung im CVJM Esslingen hielt ich folgende Punkte stichwortartig fest:

- Persönliche Glaubenserfahrungen der Hauptverantwortlichen
- Erfahrungen mit der Kraft des Heiligen Geistes
- Erwartungsvolles Gebetsleben
- Eine Fülle von Weichenstellungen im personellen und strukturellen Bereich
- Keine Kurzzeitaufgabe, sondern ein langfristiger Auftrag

Seit nahezu zehn Jahren beschäftigt mich nun dieses Wort und dieser Auftrag, und ich habe nicht den Eindruck, dass ich eine endgültige Antwort darauf gefunden hätte oder genau wüsste, wie eine Atmosphäre des Glaubens entstehen kann. Aber da und dort sehe ich Zeichen der Hoffnung aufleuchten und möchte meine Kraft und Zeit dafür investieren, sie zu unterstützen, im Vertrauen darauf, dass Stück für Stück eine positive

Klimaveränderung in Stadt und Land hin zu einer Atmosphäre des Glaubens möglich wird.

Solche Hoffnungszeichen werden für mich auf städtischer Ebene an einigen Stellen schon sichtbar. Könnte es sein, dass dort, wo die geistliche Leiterschaft einer Stadt regelmäßig zusammenkommt und im gemeinsamen Gebet für die Stadt einsteht, nach und nach eine solche Veränderung stattfindet? Ich denke hier z. B. an das Leitergebet in Augsburg und die geistliche Kraft des Gebetshauses und staune, dass es dort möglich war, zusammen mit dem Bürgermeister ein Miteinander der Christen auf dem Rathausplatz zu gestalten, an dem sich 2.000 Personen beteiligten. Oder mir steht das Gebetshaus in Freiburg vor Augen, auf dessen Initiative hin Verantwortliche aus verschiedensten Gesellschaftsbereichen und aus der Politik zum regelmäßigen Gebet zusammenkommen. Ein anderes Beispiel ist Karlsruhe mit der Initiative „Weihnachten neu erleben". Die ICF Karlsruhe, eine junge, dynamische Freikirche[39], behielt ihre erfolgreichste Aktion nicht für sich, sondern stellte sie dem Leib Christi in Karlsruhe zur Verfügung. So konnte „Weihnachten neu erleben" als ökumenische Initiative die ganze Stadt und die Region erreichen und zu einem großartigen Hoffnungszeichen werden, das nicht zu übersehen ist. Dies sind beispielhaft Zeichen der Hoffnung, dass eine Atmosphäre des Glaubens entstehen kann.

Ein anderes Hoffnungszeichen mit Blick auf das ganze Land sind für mich die deutschlandweiten Online-Gebete. Als wir 2017 den Trägerkreis für den CCD bildeten, luden wir unter anderem mit folgenden Worten ein:

> „Wir haben den Eindruck, dass wir auf eine Zeit des ‚Rüttelns und Schüttelns' zugehen, eine Zeit von Prüfung, Gericht und darin ganz neuen Aufbrüchen. Wir glauben, dass Gott uns jetzt zusammenruft, damit wir einmütig zusammenstehen und vorbereitet sind, wenn diese Ereignisse kommen werden."

Im Frühjahr 2020 trat Corona auf und weitete sich zur Pandemie aus. Uns allen wurde bald bewusst, dass eine Zeit der Erschütterung begonnen hatte, und wir fragten uns, ob wir bereits eine gemeinsame Antwort gefunden hätten. Beim *Treffen von Verantwortlichen* in den ersten März-Tagen 2020, einer der letzten Präsenz-Veranstaltungen, die vor dem ersten Lockdown möglich waren, hörten wir bei einem Gebetsabend zwei biblische Worte als prophetischen Ruf an uns:

> *„Blast das Horn auf dem Zion! Ruft die Menschen zum Fasten auf! Sie sollen sich alle zum Gottesdienst versammeln. Das ganze Volk soll kommen und sich darauf vorbereiten, dem heiligen Gott zu begegnen!"* (Joel 2,15-16a).

> *„Wenn ich es einmal lange Zeit nicht regnen lasse, wenn ich Heuschrecken ins Land schicke, damit sie die Ernte vernichten, oder wenn ich in meinem Volk die Pest ausbrechen lasse und sie rufen zu mir, dann will ich im Himmel ihr Gebet erhören. Wenn dieses Volk, das meinen Namen trägt, sich mir in Demut unterordnet, von seinen falschen Wegen umkehrt und nach mir fragt, dann will ich ihnen vergeben und ihr geplagtes Land wieder heilen"* (2. Chr 7,13-14; Hoffnung für alle).

Beide Worte sprachen mich an und fanden eine Resonanz in mir. Doch ich fragte mich gleichzeitig: Wie kann das ganze Volk zusammenkommen in einer Zeit der Pandemie, einer Zeit von Social-Distancing? Kurze Zeit später rief mich Fadi Krikor, ein nationaler und internationaler Leiter vom *„Father's House for all Nations"* an und teilte mir die Idee aus dem Gebetshaus Augsburg mit, zu einem großen Onlinegebet unter dem Thema „Deutschland betet gemeinsam" einzuladen. Ich konnte mit Freude zustimmen und wurde Teil des Initiatoren-Teams. Neben der inhaltlichen Gestaltung stellte sich uns vor allem die Aufgabe, das

Volk Gottes zu sammeln und Kirchen, Bewegungen und Initiativen für dieses gemeinsame Gebet zusammenzubringen. Jetzt trugen die in jahrzehntelanger Netzwerkarbeit, zuletzt beim *Christlichen Convent Deutschland,* gewachsenen Beziehungen reiche Frucht. Wir konnten in diesem Kairos-Moment als Volk Gottes zusammenstehen. Verantwortliche aus Kirchen, geistlichen Bewegungen und Initiativen fanden sich gemeinsam mit Personen aus Politik und öffentlichem Leben zum Gebet zusammen. Ca. eine Million Menschen trafen sich online, und es wurde für jeden, der es sehen wollte, deutlich, dass sich das Volk Gottes inmitten der Pandemie in Einheit versammelte und mit diesem Gebet eine der Antworten auf die Herausforderung der Pandemie gab. Für mich durfte ich darüber hinaus noch tiefer erkennen, warum Gott uns als *Christlichen Convent Deutschland* zusammengerufen hatte: damit genau dieses breite Netz bereits geknüpft war, als die Erschütterung kam.

Das zweite Online-Gebet, das unter dem Thema „Gemeinsam vor Pfingsten" im Mai 2020 stattfand, war eine eindrückliche Visualisierung der Vielfalt und Einheit völlig unterschiedlicher Kirchen, Gemeinschaften und Bewegungen, die jede auf ihre Weise und doch in großer Einheit um den Heiligen Geist baten. Welche Kraft ein solches Gebet haben kann, wurde spürbar, als der orthodoxe Metropolit sein Jahrhunderte altes Gebet um den Heiligen Geist neben der Vertreterin einer neuen Gemeinde sprach, eine junge Schwester aus dem katholischen Schönstatt-„Heiligtum" neben einem evangelikalen Leiter betete. Vom Kloster in Österreich bis zu den Reformierten in der Schweiz, von den „Kreativen" in Berlin bis zu evangelischen und katholischen Bischöfen und freikirchlichen Kirchenpräsidenten waren alle miteinander vereint in der Bitte: „Komm, Heiliger Geist!"

In meiner persönlichen Gebetszeit erschien mir nach diesem Online-Gebet ein inneres Bild: Ich sah den Chorraum einer mir vertrauten Kirche. In seiner Mitte stand eine Kinderwiege. Für mich war dies ein Zeichen, dass hier Neues geboren worden war. Noch zögerte ich bei dem Gedanken, aus einem Kairos Gottes eine regelmäßige Veranstaltung werden zu lassen. Aber wenn hier Neues geboren worden war, dann galt es, dieses Baby zu pflegen. So kam es, dass in mir die Weichen für die nächsten Schritte bereits gestellt waren, als aus dem Initiatoren-Team der Impuls kam, über weitere Gebete dieser Art nachzudenken. Einige Bischöfe konnten für die Arbeit im Initiatoren-Team gewonnen werden. Nicht zuletzt auf diese Weise wurde unser Anliegen von einer breiten ökumenischen Basis unterstützt. Es ist eine Freude, im sensiblen Hören auf die Stimme Gottes und aufeinander, diesen Weg gemeinsam weiterzugehen. Die großen Online-Gebete, die bisher stattgefunden haben, sind deshalb für mich eines der Elemente, die zu einer Atmosphäre des Glaubens in unserem Land beitragen.

Aufwachen!

Doch so hoffnungsvoll solche Zeichen auch sind, bis zu einem tiefgreifenden geistlichen Klimawandel und einer breiten Atmosphäre des Glaubens ist es noch ein weiter Weg. Nach wie vor schrumpfen die verfassten Kirchen erheblich, oder um es in den Worten der F.A.Z auszudrücken: „Die Evangelische Kirche schrumpft nicht, sie implodiert." [40] Und: „1970 waren 80 % der Hamburger evangelisch, 2015 sind es weniger als 30 % und bei den Schulkindern nur noch 16 %." Ich las das und dachte, bei uns in Württemberg ist die Situation ein bisschen besser, doch leider irrte ich mich. Die Zahlen vom November 2017 zeigen, dass in Stuttgart nur noch 24,6 % zur Evangelischen Landeskirche gehören und jährlich 1,3 % aus ihr austreten. Lange traute man sich in der Kirche nicht, dieser Wirklichkeit ins Auge zu schauen. Langsam beginnt es. Die Gemeinden müssen sich von Gemeindehäusern und Kirchengebäuden trennen. Dennoch spricht man lieber vom demografischen Wandel. Ja, der demografische Wandel ist ein Faktor. Es stimmt, dass in der Evangelischen Kirche mehr Menschen sterben als geboren werden. Aber die Kirchenaustritte sind der weitaus größere Faktor.

Das Problem der Kirche ist die Glaubenslosigkeit und der als Konsequenz erfolgende Austritt vieler Mitglieder. Die Generation, die mitten im Leben steht, hat die Kirche in großer Zahl verlassen, und noch ist kein Ende der Austrittsbewegung in Sicht. Wird die nächste Generation ohne Kirche aufwachsen? Mir ist diese Situation nicht gleichgültig und die offenkundige Abwärtsspirale der Kirche macht mich traurig und betroffen.

Ein (Alp)Traum

Zu diesem Szenario passend erzählte mir jemand, dem die Kirche wichtig ist, folgenden Traum:

> „Ich habe sehr klar und deutlich von einer großen Kathedrale geträumt, als wenn ich mittendrin wäre. Dieses Gebäude war mit Menschen gefüllt. Sie waren auf allen Emporen verteilt. Das Seitenschiff war eingerüstet. Die Heiligenfiguren waren verpackt und auf Paletten bereitgestellt zum Abtransport. Im Seitenschiff begann das Münster einzustürzen. Ich war erstaunt, dass keine Panik ausbrach. Die Menschenmenge verließ ruhig und geordnet durch die Ausgänge das Gebäude. Es war niemand da, der eingriff und sie zurückhielt. Die Menschen gingen in die Stadt und haben sich dort irgendwie verloren. Das Kreuz war noch wichtig. Wenn das Kreuz hinausgetragen wird, dann geht das Licht aus und es wird dunkel und leer."

Mag sein, dass dieser Traum nur die Sorge oder die Angst derjenigen widerspiegelt, die ihn geträumt hat. Mich macht an dem Traum die Tatsache betroffen, dass alles so geräuschlos abläuft und keiner eingreift. Wird nicht auch bei uns der Schrumpfungsprozess der Kirche geradezu fatalistisch hingenommen, ohne dass ernsthaft etwas dagegen unternommen wird? Warum ist keine tiefe Betroffenheit über die Situation erkennbar? Die Menschen verlassen geräuschlos die Kirche, doch kein Aufschrei, kein Aufwachen, keine Umkehr erfolgt. Es ist höchste Zeit, aufzuwachen! Wir brauchen einen geistlichen Klimawandel.

Im Fragen und Nachdenken, aus der Beobachtung und aus dem Dialog mit anderen ist das gewachsen, was ich etwas ausführlicher als oben, wo ich meine Erkenntnisse aus dem CVJM Esslingen beschrieb, in den folgenden sieben Punkten zum Thema „geistlicher Klimawandel" zusammenfassen will – wohl wissend, dass diese Punkte in keiner Weise vollständig sind.

Gott ist denkbar!

Eine Veränderung des Denkens ist für mich die erste und wichtigste Säule. Wenn es gelingen soll, eine Atmosphäre des Glaubens in unserer Kultur zu ermöglichen, dann braucht es eine neue „Denke", die die Wissenschaft aus der transzendentalen Obdachlosigkeit[41] befreit und die Dimension Gottes wieder als ein Grundelement in die Wissenschaft integriert.

„Um zu glauben im eigentlichen Sinn, habe ich wohl zu viele Philosophen gelesen", sagte Robert Habeck der „Bild am Sonntag".[42] Dieses Zitat eines Spitzenpolitikers zeigt eine Grundeinstellung, mit der viele junge Menschen Schule und Universität verlassen. Ein wesentlicher Aspekt liegt meines Erachtens in der Wissenschaft, für die die Transzendenz bedeutungslos wurde bzw. nicht mehr gedacht und schon gar nicht erfahren werden kann.

Ohne Frage war die Aufklärung für die Entwicklung der westlichen Welt wichtig. Aber sie brachte auch eine Engführung des Denkens mit sich, weil sie den Bezug zur Transzendenz geraubt hat. Es gilt, das Denken unserer Zeit aus dieser Gefangenschaft zu befreien. Das naturwissenschaftliche Weltbild des 19. Jahrhunderts mit seinem kausalen Ansatz ist längst überholt, und doch dominiert es nach wie vor Schulen und Universitäten.

Zu der beschriebenen Grundeinstellung kommt eine Geisteshaltung hinzu, in der es normal ist, die positiven Aspekte, die der christliche Glaube in den letzten 2.000 Jahren in unsere Kultur eingebracht hat, auf seine karitative Dimension zu reduzieren oder ganz zu verschweigen. Stattdessen werden Verzerrungen und fehlerhaftes Verhalten von einzelnen oder Kirchen überproportional ans Licht gehoben, um damit den Glauben an sich zu diskreditieren. „Seit den Anfängen der Aufklärung arbeiten sich die Freigeister am Christentum ab, verschweigen seinen Beitrag am humanistischen Fortschritt, zählen dafür penibel alle Delikte auf, echte und unterstellte.“ [43] Gerade in akademischen Kreisen ist eine undifferenzierte Christenphobie nach wie vor weit verbreitet. [44]

Welche prophetische Gestalt oder „Schule des neuen christlichen Denkens“ zerbricht die Götterbilder der Aufklärung und des säkularen Humanismus? Wo sind die christlichen Apologeten, die im Stimmengewirr der heutigen Philosophen und Soziologen in der Lage sind, dem christlichen Menschen- und Weltbild Gehör zu verschaffen? Wir brauchen in den Bereichen Bildung, Wissenschaft, Kultur und Medien eine Atmosphäre des Glaubens. Gott hat begonnen, Einzelne aus diesen Bereichen zu berufen. Sie erheben ihre Stimme, aber das Ziel einer neuen Kultur des Denkens, die aus der Enge des 19. Jahrhunderts und aus der negativen Betrachtung des historischen Christentums befreit, liegt noch vor uns. Wenn dieses Ziel erreicht werden soll, braucht es unser Gebet, aber auch die Arbeit daran, dass die Axiome in der Wissenschaft verändert werden. Eine Veränderung des Denkens in Schulen und Universitäten ist für mich ein Zentralschlüssel, um eine Atmosphäre des Glaubens in unserer Kultur wieder zu ermöglichen.

Die Erfahrbarkeit des Glaubens

In der heute gelehrten Theologie ist das Verhältnis zwischen Glauben und Denken (fides qua und fides quae: der Glaubensakt und Glaubensinhalt) weitgehend aus dem Gleichgewicht geraten. Es wird versucht, Glauben über den Intellekt zu vermitteln, ohne seine existentielle Ebene zu erreichen. Zwar ist die intellektuelle Durchdringung des Glaubens unbedingt wichtig, aber ohne die andere Dimension bleibt das fruchtlos. Die Menschen in der Postmoderne sind offen für Glaubenserfahrungen. Viele sehnen sich danach. Deshalb darf die Theologie nicht bei der Wissensvermittlung stehen bleiben, sondern muss Räume eröffnen, in denen der Glaube erfahrbar werden kann. Gleichzeitig bedarf die so gewonnene Erfahrung der theologischen Reflexion und biblischen Vertiefung, da sie sonst weder tragfähig noch lebensrelevant wird.

Helmut Aßmann beschreibt diesen Vorgang mit dem Bild eines „spirituellen Dreiecks".[45] Für ihn sind drei Elemente unverzichtbar für ein stabiles und lebendiges religiöses Leben:

- Die religiöse Erfahrung, die im eigenen Leben stattfindet
- Die theologische Lehre und Tradition, die von außen vorgegeben ist
- Die gelebte Gemeinschaft

„Ohne eigene religiöse Erfahrung ist alle Rede von Religion kraftlos".[46] „Wenn eine ganze Gesellschaft es sich zur Regel gemacht hat, über religiöse Dinge nicht oder nur in Abgrenzung zu reden, verlernt sie nach und nach in dieser Sache konkret zu sprechen."[47] Und: „Wird eine religiöse Erfahrung nicht als solche erkannt, bleibt es bei einem möglicherweise ungeheuren, aber letztlich ungedeuteten Erlebnis, das verblasst und die Bedeutung für das Leben verschwindet. Was nicht in Worte gebracht werden kann, kommt selbst nicht zur Klarheit, hat es schwer, auf die Ebene des Bewusstseins zu gelangen."[48] Und: „Die Gemeinschaft und der Einzelne stehen in einem gegenseitigen Beeinflussungsverhältnis. Die gelebte Gemeinschaft hilft dem Glauben zur Entfaltung und Vertiefung."[49]

Das Nazareth-Syndrom

Das vor allem in der westlichen Theologie vorfindliche „Nazareth-Syndrom", wie ich es nenne, verlangt nach einer neuen Ausrichtung der Theologie und nach der Überwindung des Paradigmas der Entmythologisierung aus dem 19. Jahrhundert, wenn in Deutschland wieder eine Atmosphäre des Glaubens entstehen soll.

Die geistlich-geistige Atmosphäre in Deutschland ist vor allem durch kritisches Denken geprägt. Dieses kritische, analytische Denken ist eine große Gabe und brachte große kulturelle Leistungen hervor. Leider machte sich dabei eine Atmosphäre breit, die den Glauben verdrängte und den Unglauben salonfähig machte.

Doch in einer solchen Atmosphäre war selbst Jesus in dem, was er für die Menschen tun konnte, beschränkt. Als er seine Heimatstadt Nazareth besuchte, stieß er dort auf Unverständnis und Ablehnung, weil die Menschen zu wissen meinten, wer er sei. Deshalb lesen wir im Markusevangelium: „Und er konnte dort nicht eine einzige Tat tun ... Und er (Jesus) wunderte sich über ihren Unglauben" (Mk 6,5f). Das nenne ich das „Nazareth- Syndrom" und sehne mich danach, dass sich die erwartungslose, negativ-kritische Atmosphäre in eine Atmosphäre des Glaubens verwandelt. Das fängt bei der Verkündigung an, wenn neben der intellektuellen Ebene verstärkt die Herz- und Existenz-Ebene angesprochen wird. Die kritisch reflektierende Ebene ist in unserer Kirche sehr ausgeprägt. Die Menschen werden aber dort hingehen, wo die Verkündigung in der Lage ist, in die konkrete Lebenssituation der Menschen hinein das Wort

Gottes zu verkündigen. Deshalb sind Gottesdienste als Orte der Gottesbegegnung und besondere Orte der Gottes-Gegenwart und Gottes-Erfahrbarkeit von enormer Bedeutung.

Haupt- und Ehrenamtliche sollten „Mystagogen" sein

„In der neueren römisch-katholischen Theologie bezeichnet Mystagogie eine besondere Einführung in den christlichen Glauben, die davon ausgeht, dass ein Gläubiger bereits Glaubenserfahrungen kennt, deren Bedeutungen ihm aber noch nicht umfassend klar sind." [50]

Diese Einführung in das Gottesgeheimnis hat weit mehr als die sachliche Information über den Glauben zum Inhalt. Sie setzt voraus, dass die Lehrenden selbst vom Gottesgeheimnis in Jesus Christus erfasst sind. „Seid brennend im Geist!" (Röm 12,11), ermutigt Paulus die Christen in Rom. Dahinter höre ich die Aufforderung an alle Christen, vom „wohltemperierten" Christentum zu einer Leidenschaft im Glauben zu kommen und diese zu leben und auszudrücken. Aber es wird nur dazu kommen, wenn die Menschen bei den Multiplikatoren eine aktiv gelebte Gottesbeziehung erkennen. Die Formen und Spiritualitäten dürfen dabei sehr verschieden sein. Entscheidend ist vielmehr, dass sie im Alltag gelebt werden, lebendig und authentisch sind. Ein solcher Glaube ist ansteckend. In einer Gesellschaft, die sich in einer Systemkrise gerade neu erfindet und in der nach Michael Hochschild „alles in Bewegung ist und Bewegung wird," [51] werden die Akzente zwischen Intellekt, Erfahrbarkeit und Gefühl neu justiert. Die Menschen suchen Freundschaft, Beziehungen und Orte der Hoffnung und Inspiration. Um ein Land zu verändern und zukunftsrelevant zu sein, braucht es deshalb eine Fülle solcher Hoffnungsorte. Es braucht geistliche Zentren, in denen durch die Begegnung mit anderen Menschen, die ihren Glauben authentisch leben, eine vertiefte Erfahrung des Glaubens möglich wird. Klöster waren über Jahrhunderte solche Orte.

Die Ausbreitung des christlichen Glaubens durch den Dreiklang Kloster, Schule und Krankenhaus war kein Zufall. Das Miteinander von christlichen Bewegungen und Kirchen könnte hier neue Impulse setzen.

Könnte es sein, dass Gott längst dabei ist, die „Boote ins Wasser zu lassen", indem er in den letzten Jahrzehnten eine Fülle von christlichen Gemeinschaften, Bewegungen und Zentren ins Leben rief? Sie alle sind für mich „Biotope der Hoffnung."

Neu denken – Buße tun

Das Biblische Wort „Methanoia", das mit Buße übersetzt wird, meint im ursprünglichen Sinn eine Umkehrung des Denkens. Genau jenes Umdenken im ursprünglichen Sinn meine ich, wenn es gilt, Kirche in unserer Zeit ganz neu zu denken. Es ist höchste Zeit, dass Verantwortliche der Kirchen zusammenkommen, den Schmerz über den Glaubensverlust in unserem Land Gott klagen und Buße tun über die Gottlosigkeit unserer Zeit. Ich sehne mich danach, dass Synoden und Bischöfe die Schuld der „Selbstsäkularisierung der Kirche" – so der frühere EKD-Ratsvorsitzende Bischof Wolfgang Huber – vor Gott bringen und in einen intensiven Prozess der Umkehr und des Umdenkens eintreten, der zu einer Neubelebung des Glaubens führt.

Gebet verändert die Atmosphäre

Paulus wird in seinen Briefen nicht müde, den Gemeinden das Gebet als Schlüssel für die Öffnung der Türen des Glaubens vor Augen zu malen. Weil er um die Kraft des Gebetes weiß, bittet er die Gemeinden in Thessaloniki und Ephesus um Gebet für seinen Dienst (siehe 2. Thess 3,1 und Eph 6,19). Genauso im Brief an die Kolosser, wenn er schreibt: „Betet zugleich auch für uns, dass Gott uns eine Tür für das Wort auftue und wir vom Geheimnis Christi reden können" (Kol 4,3).

Gebet verändert die Atmosphäre eines ganzen Landes grundlegend, wie wir in der Kirchengeschichte aus Erweckungszeiten lernen können. Ein gegenwärtiges Hoffnungszeichen sind die beschriebenen großen Online-Gebete, die durch die Corona-Krise im Jahr 2020 ausgelöst wurden, und eine Fülle von virtuellen Gebetsinitiativen auf lokaler, regionaler und nationaler Ebene, die in dieser Zeit entstanden sind.

Es braucht Mut und Unterstützung durch die Verantwortlichen der Kirchen, damit das Gebet wieder in der Mitte unserer Gesellschaft seinen Platz findet. Jede einzelne Initiative sollte unterstützt werden. Dabei hilft den Betenden immer wieder ein Blick in die unsichtbare Welt, um voll glaubendem Vertrauen an der Wirksamkeit des Gebetes festzuhalten, auch wenn im Augenblick nur wenig wahrnehmbar ist. Wie mutig erwarten wir, dass unser Herr durch unsere (gemeinsamen) Gebete etwas verändert? Ich freue mich über die Aufbrüche zu Gebet in unserem Land und in Europa. Wir sollten unsere Kirchen dafür weit öffnen.

Sprachfähigkeit und Mut über den Glauben zu reden

Das glaubensvolle Zeugnis der Christen ist gefragt. Wie können wir sie befähigen, ihre Glaubenserfahrungen im eigenen Umfeld mit Kollegen und Freunden zu teilen? „Religion ist Privatsache." Angesichts dieses weit verbreiteten „Glaubenssatzes" müssen wir uns bewusst machen: „Alle diese Stimmen zehren vom laizistischen Erbe jener Spielart der Aufklärung, die sich im strikten Gegenüber zum Glauben und zur Kirche positionierte."[52] Auch wenn bei uns in Deutschland ein anderer Grundkonsens besteht als z. B. in Frankreich, so dominiert diese Phrase doch unsere Gesellschaft.

Es braucht eine neue Freiheit im öffentlichen Raum, über den persönlichen Glauben zu sprechen, aber ohne Dominanz, die wiederum nur die Freiheit des anderen beeinträchtigen würde. „Religion ist keine Privatsache, sie darf aber nie zur Staatssache werden. Sonst gehen alle drei zugrunde."[53] Es braucht Christen in allen gesellschaftlichen Bereichen, die in der Lage sind, authentisch über ihren Glauben zu reden und die sich trauen, ihn ohne falsche Zurückhaltung und Scheu in den öffentlichen Diskurs einzubringen, insbesondere in den Bereichen Medien, Kultur, Politik und Wissenschaft.

Doch so entscheidend eine große Offenheit im Dialog ist – es bedarf ebenso des bekenntnishaften Bezeugens des Glaubens und der Einladung zu persönlichen Schritten des Glaubens. In Apostelgeschichte 4,29 beten die Apostel um diesen Freimut des Glaubens und verbinden ihn mit der Bitte: „Strecke deine Hand aus zur Heilung und lass Zeichen und Wunder geschehen". Es braucht Mut und Freimut (= Freiheit), Ermutigung und Schulung für die Christen, damit sie eine Sprachfähigkeit erlangen, die sie nicht unsensibel, aber offen über Dinge des Glaubens reden lässt. Auf diese Weise werden Christen adaptionsfähig in der gesellschaftlichen Kultur unserer Tage. Ein FOCUS-Bericht über die „MEHR-Konferenz" des Gebetshauses Augsburg im Januar 2018 beleuchtet dies, wenn er mit dem Kommentar schließt: „Die Kirche ist in der Postmoderne angekommen". Beim CCD 2018[54] erläuterte uns Johannes Hartl dazu seinen Ansatz unter den vier Stichworten: Spirituell – gut drauf – künstlerisch – empathisch. Doch zu diesen vier Haltungen gehört für ihn unverzichtbar das Wort Gottes als Basis und das Gebet. Genau diese tiefe Verankerung im Wort Gottes und im Gebet bei der gleichzeitigen Fähigkeit, in der heutigen Kultur zu leben und die Sprache der jungen Generation zu sprechen, macht diesen Ansatz so hoffnungsvoll.

Einheit

Über die Bedeutung der Einheit unter Christen habe ich ausführlich geschrieben und will dies nicht wiederholen. Ich bin überzeugt, dass die Einheit des Volkes Gottes eine neue Strahlkraft für das Evangelium bewirken wird. Jesus selbst verheißt sie in seinem letzten großen Gebet: „Ich habe ihnen die Herrlichkeit gegeben, die du mir gegeben hast, auf dass sie eins seien, wie wir eins sind“ (Joh 17,22). Ich sehne mich danach, dass diese Herrlichkeit, die in der Einheit der Christen liegt, in unserem Land sichtbar wird und damit auch die damit verknüpfte Verheißung: „damit die Welt glaubt...“ (Joh 17,21). Ich sehne mich nach der Strahlkraft des geeinten Volkes Gottes, die ansteckend ist, auf andere überspringt und eine Atmosphäre des Glaubens in unserem Land bewirkt.

„Der Regen kommt“

In den letzten Jahren habe ich jeweils sehr authentisch und für mich überraschend an verschiedenen Orten und von sehr unterschiedlichen Menschen diesen Satz als eine Erkenntnis gehört, die ihnen aus dem Gebet heraus erwachsen ist: „Der Regen kommt.“

Ohne unser eigenes Bemühen klein zu reden (uns ist von Gott eine gestaltende und verändernde Kraft in die Hand gelegt), wird es entscheidend darauf ankommen, dass der Heilige Geist die Atmosphäre in unserem Land und in der westlichen Welt verändert. Trotz aller eben beschriebenen Aspekte liegt das Entscheidende eben nicht in unserer Hand. Gott muss erneut seinen Geist senden, der wie ein frischer Regen eine Trockenperiode beendet und das geistliche Klima verändert. Deshalb bin ich so dankbar für die gemeinsame Bitte, wie wir sie z. B. bei „Gemeinsam vor Pfingsten“ in einer großartigen spirituellen Vielfalt gehört haben: „Komm, Heiliger Geist!“. Wir brauchen Gottes Eingreifen und dürfen anhaltend darum bitten (Lk 11,12), dass Gott eine Atmosphäre des Glaubens schenkt.

X. Ich habe die Umrisse einer neuen Gestalt der Kirche gesehen

1. Flottenverband

Die institutionelle und die charismatische Dimension der Kirche

„Ich habe die Umrisse einer neuen Gestalt der Kirche gesehen", schilderte mir Hubertus Blaumeiser[55] von der Fokolar-Bewegung seine Wahrnehmung vom *Miteinander für Europa* 2004 in Stuttgart. Wir waren gerade dabei, den Petersplatz in Rom zu verlassen und den Tag nachklingen zu lassen, zu dem Papst Benedikt XVI. an Pfingsten 2006 die geistlichen Bewegungen in der Katholischen Kirche eingeladen hatte. Es war eine beeindruckende Erfahrung, als ökumenischer Gast zusammen mit vielen Vertretern der katholischen Bewegungen oben auf der Tribüne in der Nähe des Papstes zu sitzen und diesen Tag mit ihm und hunderttausenden Mitgliedern der Bewegungen zu verbringen, die sich unten auf dem Petersplatz versammelt hatten. Papst Benedikt XVI. knüpfte damit an jenes große Treffen von Pfingsten 1998 an, zu dem Papst Johannes Paul II. die katholischen Bewegungen eingeladen hatte und das einer der Startpunkte für das Miteinander der Bewegungen geworden war. Nun blickten wir zusammen zurück und konnten die gewaltige Dynamik erkennen, die acht Jahre zuvor ausgelöst worden war und schließlich im *Miteinander für Europa* eine ihrer Ausdrucksformen gefunden hatte. Unter dieser Perspektive, die Hubertus Blaumeiser mit seiner Formulierung „Umrisse einer neuen Gestalt der Kirche" wählte, hatte ich die Ereignisse bisher nicht betrachtet. Aber diese Formulierung hat mich seitdem nicht mehr losgelassen.

Dabei war ich selbst einer derjenigen[56], die an den Umrissen der zukünftigen Kirche mit „gemalt" hatten. Wie weiter oben beschrieben, war es ein entscheidender Satz von Papst Johannes Paul II., der uns in Bewegung gesetzt hatte: Die petrinische und die marianische, die charismatische und die institutionelle Gestalt der Kirche ist gleich wesentlich (co-essential).

Wir als geistliche Bewegungen, so die Aussage des Papstes, sind für die Kirche also genauso wichtig wie die Institution mit ihrem ausgeprägten Amtsverständnis. Ich griff diese päpstliche Formulierung beim Kongress *Miteinander für Europa* 2004 auf und unterstrich sie durch ein Bild der Stadtkirche von Esslingen mit ihren beiden Türmen. Bei meiner Einführung als Leitender Referent im CVJM Esslingen hatte der damalige Dekan Klaus Scheffbuch mir ein Bild der Stadtkirche mit der Bemerkung überreicht, dass das Entscheidende in der Brücke liege, die die beiden Türme verbinde. Der eine Turm wurde damals von vielen der „CVJM-Turm" genannt, weil über Jahrzehnte CVJM-Pfadfindergruppen die Turmstube als Gruppenraum genutzt hatten und der CVJM-Posaunenchor sonntagmorgens von dort oben spielt. Bereits vor Jahrhunderten hatte man entdeckt, dass die beiden Türme auseinanderzubrechen drohten. Deshalb wurde die Brücke zwischen den beiden Türmen gebaut, um sie beieinander zu halten. Auf das Miteinander von CVJM und Kirche, so Klaus Scheffbuch, auf das Miteinander von Bewegung und Institution, so Papst Johannes Paul II., kommt es an.

Es war genau dieses Miteinander auf dem Kongress in Stuttgart, das Hubertus Blaumeiser ins Auge gesprungen war und das ihn eine zukünftige Gestalt von Kirche erkennen ließ. 50 Bischöfe und Kardinäle waren als Teilnehmer anwesend und unterstützten die Initiative, die von den geistlichen Bewegungen getragen wurde, spielten jedoch nicht die entscheidende Rolle. Bis heute kennzeichnet das offene, konstruktive Miteinander von Amt und Charisma, von Bischöfen und Verantwortlichen der Bewegungen, das *Miteinander für Europa*. Als Beispiel möge die schon erwähnte Begegnung mit Kardinal Reinhard Marx bei einem Vorbereitungsgespräch in München dienen, in dem er betonte, dass er diese Veranstaltung gerne auf den verschiedensten Ebenen unterstütze: personell, finanziell und durch seine aktive Mitwirkung. Die Verantwortung und Gestaltungskraft sollten jedoch ganz bei *Miteinander für Europa* bleiben. Erneut leuchtete ein Aspekt der künftigen Gestalt der Kirche auf: das vertrauensvolle Miteinander von Bischöfen und Laien, von Amt und Charisma.

Das eindrucksvolle und anschauliche Bild der Stadtkirche von Esslingen mit den beiden Türmen konnte allerdings auch auf falsche Fährten führen, wie folgende Gespräche rasch zeigten, die sich mit der Frage beschäftigten, welcher Turm der höhere oder der schönere wäre. Stand man damit nicht wieder vor der Machtfalle? Eine andere Grenze des Bildes liegt für mich darin, dass es ein statisches Bild von Kirche zeigt. Deshalb wählte ich in der Folgezeit lieber das Bild von Lotsenboot und Ozeanriese. Es gibt Stellen, da ist es hilfreich, wenn die Ozeanriesen nicht selbst den Weg durch gefahrvolle Gewässer suchen, sondern ein Lotsenboot vorausfährt, das schneller und wendiger ist. Gleichen die christlichen Gemeinschaften und Bewegungen nicht solchen kleinen, wendigen Booten?

In einem Traum, den ich Jahre zuvor als ein Reden Gottes empfand, war mir ein ähnliches Bild begegnet. Damals war ich in der inneren Spannung, ob die traditionellen Gottesdienste die Menschen von heute noch erreichen, oder ob vielfältige neue Modelle nötig wären. Mir standen solche Modelle vor

Augen, doch ich scheute mich, das Neue zu beginnen, denn ich wollte das Bisherige nicht zerstören – bis ich in diesem Traum sah, dass ein großes Schiff gestrandet war und die Menschen versuchten, sich schwimmend zu retten. Ich stand am Ufer, eine ganze Reihe von kleinen Booten waren dort befestigt und für mich gab es nur eines, dass ich alle zur Verfügung stehenden Menschen motivierte, mit den Booten hinauszufahren und die Menschen aufzunehmen. Für mich war dieser Traum der innere Startschuss, die „Boote ins Wasser zu lassen", selbst eine Gemeinschaft zu bilden und viele zu ermutigen, das ihrerseits zu tun, damit Menschen um das Wort Gottes gesammelt werden und Heimat finden können.

Wir leben in einer Zeit neuer Herausforderungen für die Kirche. Das große, schwerfällige Schiff Kirche braucht dafür viele Beiboote. Umrisse einer künftigen Gestalt der Kirche leuchten auf: Sie wird eher einem Flottenverband mit vielen großen und kleinen Schiffen gleichen als einem eindrucksvollen, aber wenig beweglichen Ozeanriesen. Auf das Miteinander der großen und der kleinen Schiffe kommt es an, wenn die Flotte die gefährlichen Gewässer durchkreuzen und ihr Ziel erreichen will. Es braucht die Funkverbindung untereinander und die Ausrichtung auf den einen Herrn der Kirche, um in dieselbe Richtung zu fahren und das Reich Gottes auszubreiten.

2. „Baut Zions!" – Orte der Gegenwart Gottes

„Baut Zions!" Dieser Impuls aus dem Gebet in der Woche der Stille 2007 war für mich sofort verständlich und ein konkreter Auftrag für die nächste Phase meines Dienstes. Mir war jedoch auch klar, dass ich ihn zu übersetzen hatte für all diejenigen, die nicht mit dieser Chiffre vertraut waren. Ich kannte den Satz von Christoph Blumhardt: „Wenn Gott etwas voranbringen will in seinem Reich, dann baut er ein Zion." [57] Gott hatte dem schwäbischen Pfarrer Johann Christoph Blumhardt (der Ältere), besondere Erfahrungen anvertraut. Zeichen und Wunder, Heilungen und Befreiungen, wie sie uns im Neuen Testament begegnen, waren in seiner Gemeinde geschehen. Er hatte gespürt, dass diese Art des Dienstes an den Menschen die Ortsgemeinde auf Dauer überfordern würde. Der „Zion", den Gott durch ihn gründete, hieß dann Bad Boll, ein Ort der Seelsorge und Heilung für Leib und Seele.

Von Zeit zu Zeit, wenn ich an die vielen geistlichen Gemeinschaften und Bewegungen dachte, die in den letzten Jahrzehnten entstanden waren, fiel mir dieser Satz ein, und ich fragte mich: Geht es heute vielleicht um etwas ähnliches wie bei Blumhardt? Sind die Gemeinschaften und Bewegungen nicht auch eine Art „Zion"? Als ich die Schönstatt-Bewegung in Vallendar besuchte und dort ihren Berg „Sion" kennenlernen durfte, wurde ich erneut an diesen Satz erinnert. Wie wahr, dachte ich. Gott hat sich hier ein „Zion" erbaut.

Was verbirgt sich unter der Chiffre „Zion"? Wir kennen den Begriff aus der Advents-Liturgie, wenn dort auf den kommenden Messias hingewiesen wird: „Du, Tochter Zion, freue dich sehr, und du, Tochter Jerusalem, jauchze! Siehe, dein König kommt zu dir, ein Gerechter und ein Helfer" (Sach 9,9). Tochter Zion und Tochter Jerusalem werden synonym verwendet, wobei „Tochter Jerusalem" die Stadt als Ganzes in den Blick nimmt, während „Tochter Zion" insbesondere auf die Zions-Burg, die David-Burg und den Tempel verweist. Ein Blick in die Bibel zeigt uns, dass dieser Begriff vor allem in den Psalmen und den Propheten und dort vor allem bei Jesaja verwendet wird. Jesaja entfaltet eine Zions-Theologie.

Der Zion ist

- ein Ort der **Erwählung** (Ps 78,86 und Ps 132,13)
- die **Wohnstatt Gottes** (Ps 74,2; 76,3; 99,2)
- ein Ort der **Gottesbegegnung** (Ps 9,2)
- ein Ort des **Schutzes** (Ps 46 u. 1. Kön 19,20ff)
- Ein Ort der **Freude und des Lebens**. „Freue dich und sei fröhlich, du Tochter Zion! Denn siehe, ich komme und will bei dir wohnen, spricht der HERR" (Sach 2,14).
- ein Ort des **Segens** (Ps 46, Hes 47)

Ist es vermessen, die Bedeutung dieses einmaligen Ortes mit seiner besonderen Segenstradition auf eine gegenwärtige Situation zu übertragen? Christoph Blumhardt hat sich nicht davor gescheut und der Gründer der Schönstatt-Bewegung, Pater Josef Kentenich, wohl auch nicht. In einem Gedicht greift Kentenich den Zions-Begriff auf und fragt, wofür der Berg Sion als Symbol heute steht:

> „BERG SION ist Symbol für das himmlische Jerusalem.
> Und das himmlische Jerusalem hat … Ableger hier auf Erden …
> BERG SION ist Symbol für einen Ort der Auserwählung.
> BERG SION ist Symbol für eine immanente Gottesbegegnung.
> BERG SION ist natürlich auch Symbol für einen Ort des Segens.
> BERG SION ist aber auch ein Ort des Gebets und ein Ort der Geborgenheit." [58]

In dieser symbolischen Bedeutung stand mir der Begriff „Zion" vor Augen, als ich im Gebet den Impuls empfing: „Baut Zions"! Ohne Zweifel will Gott in unserer Zeit Neues hervorbringen, und er tut dies u.a. dadurch, dass er viele geistliche Gemeinschaften, Zentren und Bewegungen ins Leben ruft. Doch er will es nicht ohne uns tun. So verstand ich den Impuls als eine Aufforderung, aktiv am Bau von Gemeinschaften und Bewegungen mitzuwirken und sie zu ermutigen, diese Dimension des Kirche-Seins zu leben. Auf diese Weise will ich mit dafür sorgen, dass sie sich wie ein Netzwerk von Orten der Hoffnung über unseren Kontinent verbreiten. Viele Gemeinschaften wissen um ihre besondere Berufung, und deshalb sind es auch Orte der Erwählung. Es sollen Orte sein, die der Gottesbegegnung Raum geben, die Heimat, Geborgenheit und Hoffnung vermitteln; Orte, an denen das Feuer des Glaubens hell lodern darf, Orte des Lebens, der Freude und des Segens.

Dort wird auch eine Sensibilität für die Schönheit der „Braut Christi" entstehen. Die „Zubereitung" der Braut Christi wurde für mich in jenen Tagen der Stille zu einem der inneren Aufträge, die mit diesen Zions-Orten verbunden ist.

Die Menschen sehnen sich nach solchen Orten der Hoffnung und der Gegenwart Gottes, in denen sie etwas spüren von der himmlischen Wirklichkeit. „Die Gegenwart Jesu ist die Attraktivität der Kirche."[59]

3. Netz statt Hierarchie

Jesus sagt: „Das Himmelreich gleicht einem Netz" (Mt 13,47). Wir leben in einer Zeit der Netzwerke. Das hierarchiefreie Miteinander der vielen ist gefragt. Für die künftige Gestalt der Kirche bedeutet dies, dass sehr verschiedene Ausdrucksformen, Spiritualitäten und Traditionen netzwerkartig durch verschiedene Knotenpunkte, kleinere und größere, verknüpft sein werden. Nicht Macht und Stellung, sondern Beziehung und Freundschaft werden diese Netzwerke prägen. Begegnung, Austausch und das gemeinsame Gebet werden ihre wesentlichen Elemente sein.

Im Netz der zukünftigen Gestalt von Kirche leuchten Knotenpunkte auf, an denen das Volk Gottes Hoffnung schöpft. Orte mit Strahlkraft, in denen authentisches christliches Leben ansteckend gelebt wird. Das Evangelium steht in der Mitte, die Kraft aus der Gottesbegegnung führt hin zu den Menschen, hinein in die Nöte unserer Zeit. An diesen Orten wird eine Gestalt des Volkes Gottes sichtbar, die Hoffnung ausstrahlt und ganze Regionen und Länder mit ihrer Hoffnung „ansteckt". Das können geistliche Bewegungen oder Zentren, Ortsgemeinden oder besondere Kirchen sein. Orte der Hoffnung werden die künftige Gestalt der Kirche prägen.

Noch ein anderer Gedanke bewegt mich. Könnte es sein, dass für die Entwicklung der Kirche ähnliches gilt wie für die Entwicklung eines Menschen? Als Kind lebt man in der Familie, ist geborgen und abhängig. Dann kommt die Pubertät; die Unabhängigkeit beginnt. Doch die reife Form des Lebens besteht nicht in der Unabhängigkeit, sondern in der freiwilligen gegenseitigen Abhängigkeit.[60] Im Bild des Netzes als zukünftiger Gestalt der Kirche findet sich diese freiwillige, gegenseitige Abhängigkeit selbständiger Kirchen wieder. Nach einer Phase, in der die verschiedenen „Abteilungen" der einen Kirche Jesu Christi ihre Identität oft genug in der konfliktreichen (pubertären) Abgrenzung suchten, könnte jetzt die eine Gestalt der Kirche heranreifen, die von dieser freiwilligen, gegenseitigen Abhängigkeit geprägt ist und auf einer Einheit im Geist beruht.

Im Gebet kam mir ein Bild aus der modernen Architektur in den Sinn. Ich sah, wie verschiedene Kirchengebäude durch eine Glasfuge miteinander zu einem einzigen Gebäude verbunden wurden. Anstelle sie abzureißen und durch ein großes modernes Gebäude zu ersetzen, sorgte man durch diese Fuge dafür, dass das neue Gebäude für den Betrachter von großem architektonischem Niveau war. Die Glasfuge steht für mich für gelebtes Vertrauen und Transparenz.[61] Kirchen, die sich auf diese Weise miteinander verbinden, werden wieder attraktiv für Menschen, die sich nach vertrauensvollen und transparenten Beziehungen sehnen.

In der künftigen Gestalt der Kirche wird deshalb die Gemeinschaft eine besondere Rolle spielen. Die Vielfalt der Charismen kommt in neuer Weise zur Entfaltung. Das Amt und die mündigen Glieder bringen je ihre Gabe in den Leib Christi ein und lassen ein Bild der Schönheit und Fülle erstrahlen. Dieses Zusammenklingen verträgt keine Machtansprüche und Machtausübung. Der Schlüssel im Zueinander liegt im gegenseitigen Dienen.

Natürlich werden Altar und Kanzel auch für die künftige Kirche ihre zentrale Bedeutung behalten. Und doch leuchtet der Aspekt der Gemeinschaft in besonderer Weise auf: „Wo zwei oder drei in meinem Namen versammelt sind, da bin ich mitten unter ihnen" (Mt 18,20). Dieses Wort von Jesus betonte Chiara Lubich immer wieder und unterstrich damit genau diese Gestalt von Kirche.

Auch im säkularen Bereich spielt das Nachdenken über Netzwerke und flache Hierarchien längst eine Rolle. So z. B. unter dem Thema „Die neuen Mächte".[62] Dort wird untersucht, warum Unternehmen wie Airbnb so erfolgreich sind und sie zeigen auf, wie sich auch in der Wirtschaft Machtstrukturen massiv verschieben. Weg von der „Alten Macht", die auf Autorität und Zentralisierung basiert, hin zur „Neuen Macht", die auf Community und Dezentralisierung basiert. „Old Power funktioniert wie eine Währung. Nur wenige verfügen darüber. Wenn man sie erst einmal errungen hat, hütet man sie eifersüchtig. Die Mächtigen verfügen über eine beträchtliche Menge, die sie einsetzen können. Die alte Macht ist abgeschottet, unzugänglich und von oben gesteuert. …

New Power funktioniert anders, nämlich wie die Strömung eines Flusses oder elektrischer Strom. Sie wird von vielen geschaffen. Sie ist offen, bietet Möglichkeiten der Beteiligung und wird von Gleichrangigen gesteuert. Sie lebt von den Beiträgen vieler … Das Ziel bei der neuen Macht besteht nicht darin, sie zu horten, sondern sie zu kanalisieren. … New-Power-Anhänger bevorzugen informelle, vernetzte und optionale Methoden, um etwas zu erledigen. Sie verzweifeln an jenen, die alle zwei Wochen an stundenlangen Sitzungen im ständigen beratenden Ausschuss zur mehrere Bereiche umfassenden Entscheidungsfindung auf hoher Ebene teilnehmen." [63]

4. Freundschaft – Ein Grundelement der neuen Gestalt der Kirche

„Die Partitur wird im Himmel geschrieben", hatte Chiara Lubich am Beginn des Miteinanders der geistlichen Bewegungen gesagt, und schon sehr früh vernahmen wir auf unserem gemeinsamen Weg die ersten Klänge dieser Musik. Dabei entwickelte das Stichwort Freundschaft einen ganz besonderen Klang. Das Netz zwischen den geistlichen Bewegungen wurde nicht mit einem strategischen Plan entworfen, sondern durch persönliche Beziehungen unter den Verantwortlichen geknüpft. In den Vorbereitungstreffen von *Miteinander für Europa* betonten wir immer wieder die Wichtigkeit der persönlichen Beziehungen und die große Bedeutung der Freundschaft der Verantwortlichen untereinander. Bewusst sahen wir zu deren Pflege bei unseren Vorbereitungstreffen besondere Zeiten vor, da wir davon ausgingen, dass nur so tragfähige Beziehungen entstehen konnten, die nötig sein würden, um unterschiedliche kulturelle und theologische Positionen verbinden zu können.

Im Hören darauf, „was der Geist den Gemeinden sagt", verdichtete sich bei der Suche nach einem Thema für das *Treffen von Verantwortlichen* 2011 „Freundschaft" als Impuls Gottes. Dadurch öffnete sich unser Blick für die Bedeutung der Freundschaft als Antwort Gottes auf ein tiefes Bedürfnis unserer Zeit. Es blieb nicht beim Nachdenken darüber, sondern wir überlegten auch, wie wir durch konkrete Schritte eine Kultur der Freundschaft unter uns entwickeln könnten.

Wir erkannten, dass sich eine solche Kultur der Freundschaft bis in das Gottesbild hinein auswirkt. Verschiedene Jahrhunderte waren von unterschiedlichen Christusbildern geprägt: der gute Hirte, der Gekreuzigte, der Auferstandene, der Herr (Pantokrator in frühen Kirchen) etc. Eine Meditation über die Ikone „Christus und Menas"[64] vergegenwärtigte uns bei jenem *Treffen von Verantwortlichen* Christus als Freund. „Christus und Menas" ist eine Ikone der Freundschaft. Sie zeigt die innige Beziehung beider und drückt damit aus, was Teresa von Avila mit den Worten beschreibt: „Mit ihm kann ich reden, wie mit einem Freund, obwohl er der Herr ist."

„Ihr seid meine Freunde" (Joh 15,14), sagte Jesus zu seinen Jüngern. Natürlich bleibt er der Kyrios, der Herr. Und doch nennt er uns „Freund". Es ist keine idealisierte Freundschaft, denn Jesus gibt sein Leben für seine Freunde. Aus den Wurzeln dieser Freundschaft wird die Gestalt der künftigen Kirche erwachsen. Anfänge davon zeigen sich in unserem Miteinander als Verantwortliche aus Gemeinschaften und Bewegungen. Daneben begegnet mir Freundschaft als Aspekt der künftigen Kirche auch im Miteinander mit einer ganzen Reihe von Bischöfen. Davon möchte ich einiges beispielhaft berichten.

Im Sommer 2004 wurde das Leitungsteam von *Miteinander für Europa* von Kardinal Miloslav Vlk zu einem Treffen der Bischöfe, in der Fokolar Spiritualität treffen, nach Rolle am Gen-Schweiz eingeladen. Sie hatten am Kongress in Stuttgart teilgenommen und suchten nun die vertiefte Begegnung mit uns. Im gegenseitigen Austausch über unsere Erfahrungen, Einsichten und Überzeugungen entstand eine Atmosphäre der Freundschaft und Brüderlichkeit, die sehr bemerkenswert war und uns alle erfasste. Wir wussten: Hier wurde Neues geboren. Die Herzen wurden miteinander verbunden, und ein langjähriger Weg der Freundschaft begann.

Im November desselben Jahres wurde ich zusammen mit Helmut Nicklas und Severin Schmid zu einem weiteren großen ökumenischen Bischofstreffen nach Istanbul eingeladen. Neben der Begegnung mit Persönlichkeiten wie Patriarch Bartholomäus I. lag für mich das Besondere dieses Treffens in der Art und Weise, wie diese Bischöfe Gemeinschaft pflegten. Geprägt durch das Charisma und die Spiritualität der Fokolar-Bewegung, war sie von einer sichtbaren Liebe und von Freundschaft gekennzeichnet. Es leuchtete eine Einheit auf, die die unterschiedlichen Traditionen nicht überspielte, sondern auf ein tragfähiges Fundament stellte. Unter dem Aspekt der Freundschaft leuchtete ein Bild der zukünftigen Einheit der Kirche auf.

Seit 2009 wurde ich fast jedes Jahr zu diesen ökumenischen Bischofstreffen eingeladen und in ihr Netz der Freundschaft hineingenommen. Mit Bischof Christian Krause, dem ehemaligen Präsidenten des lutherischen Weltbundes, entwickelte sich eine freundschaftliche Beziehung, ebenso zu Kardinal Miloslav Vlk. Für Kardinal Vlk war es dabei selbstverständlich, dass er meiner Einladung nach Esslingen folgte und an einem bewegenden Abend unter dem Thema: „Vom Fensterputzer zum Kardinal“ vor großem Publikum über Gottes Führungen in seinem Leben berichtete. Genauso wenig ließ er es sich nehmen, zu meiner Verabschiedung als Leitender Referent im CVJM Esslingen zu kommen. Auch ein Besuch in Prag und ein Kaffeetrinken in seiner Wohnung gehörten zum Ausdruck dieser Freundschaft.

Der zentrale Punkt dieser Bischofstreffen liegt in dem Bündnis der gegenseitigen Liebe, das die Bischöfe jedes Jahr in einem feierlichen Gottesdienst erneuern. Mit ihren verschiedenen, zum Teil sehr farbenfrohen Gewändern vermitteln sie bei den gemeinsamen Gottesdiensten ein recht eindrucksvolles Bild. Bischof Christian Krause nennt sie, durchaus sehr wertschätzend, die „bunten Bischöfe". Doch in der Mitte ihrer Buntheit und Vielfalt versammeln sie sich um Jesus Christus. Als ich den Wortlaut des Bündnisses (oder „Paktes", wie sie selbst sagen) zum ersten Mal hörte, verschlug es mir beinahe den Atem, so umfassend und tiefgreifend ist er formuliert:

> Im Namen Jesu vereint,
> versprechen wir uns fürs ganze Leben,
> dass wir vor allem und in allem einander lieben wollen,
> wie Jesus uns geliebt hat.
> Schenke uns, Vater, die Gnade,
> uns in deinem Geist so miteinander eins zu machen,
> dass das Kreuz des einen das Kreuz des anderen ist,
> die Freude des einen die Freude des anderen,
> die Sehnsucht des einen die Sehnsucht des anderen,
> damit alle eins seien und die Welt glaubt.

In Treue mit ihrer eigenen Kirche verbunden, machen sie sich auf eine Art und Weise miteinander eins, die mich innerlich berührte und mich denken ließ: So wird eine künftige Gestalt der Kirche aussehen! Sie wird so unterschiedlich und so bunt sein wie diese Bischöfe, sowohl äußerlich als auch von ihren Glaubensüberzeugungen her, und doch in der Liebe Jesu miteinander verbunden und miteinander eins. Ihre Einheit wird nicht in ihren Strukturen zu finden sein, sondern in der Liebe und im Geist Jesu.

Wenn ich Menschen das Bild der künftigen Gestalt der Kirche vor Augen male, dann darf dieser Mosaikstein nicht fehlen. Er ist für mich ein Juwel und gehört nicht in den verborgenen Winkel, sondern muss zur Ermutigung für viele sichtbar werden. Darum habe ich Kardinal Miloslav Vlk beim Kongress *Miteinander für Europa* 2016 in München gebeten, darüber ein kurzes Zeugnis abzulegen. Zwei Jahre später berichtete Bischof Christian Krause beim *Christlichen Convent Deutschland* darüber. Keiner der Anwesenden wird die Klänge aus der „himmlischen Partitur" vergessen. Wenn Bischöfe verschiedener Kirchen einander versprechen: „Dein Kreuz ist mein Kreuz, und deine Freude ist meine Freude", dann hört jede Konkurrenz auf, dann werden Lasten gemeinsam getragen und Freude geteilt. Das (Vor-) Bild der „bunten Bischöfe" fiel den Menschen tief ins Herz und motiviert sie, die Einheit im Geist mit Hingabe zu suchen.

Als besonderen Ausdruck der Freundschaft möchte ich von meiner Verabschiedung von Bischof Armando Bortolaso aus dem Libanon berichten. Das Bischofstreffen hatte in jenem Jahr in Jerusalem stattgefunden. An seinem Ende verabschiedete sich Bischof Armando mit einer solch warmen Herzlichkeit von mir, dass sie mir bis heute eindrücklich in Erinnerung geblieben ist. Mit Worten konnten wir uns nicht verständigen, was auch nicht nötig war, weil er auch ohne Worte durch sein strahlendes Gesicht und seine Umarmung so viel an Freundschaft ausdrücken konnte, dass ich um seine besondere Wertschätzung wusste. Ob er ahnte, dass es unsere letzte Begegnung sein würde? Als ich beim nächsten Bischofstreffen nach ihm fragte, wurde mir gesagt, dass er inzwischen in die Ewigkeit gegangen sei. Er selbst war nicht mehr da, aber die Freundschaft zu diesem orientalischen Bischof bleibt unauslöschlich in meiner Erinnerung. Sie hält die Sehnsucht nach der künftigen Kirche in mir wach, in der Liebe und Freundschaft eine tiefere Rolle spielen als kulturelle und theologische Prägungen. Markus Spieker bringt es prägnant auf den Punkt, wenn er schreibt: „Die Kathedralen des 21. Jahrhunderts werden Freundeskreise sein. Orte, an denen sich Menschen freundschaftlich miteinander und mit Gott verbinden.“[65]

5. Bereit zum Aufbruch – Das Volk Gottes ordnet sich neu

Beim 100-jährigen Jubiläum von Schönstatt zeichnete die Natur sehr eindrucksvoll ein Bild des Künftigen an den Himmel. Als während der Abschlussveranstaltung die Ergebnisse zusammengefasst wurden, konnten wir die himmlische Regie dazu über unseren Köpfen bestaunen. Über uns sammelten sich hunderte von Kranichen, um sich für ihre Reise in den Süden zu formieren. Die Botschaft, die durch das imposante Bild der sich sammelnden Kraniche in den Himmel geschrieben wurde, empfanden wir alle wie einen Aufruf Gottes: Volk Gottes, ordne dich neu und sei bereit zum Aufbruch!

Genau in dieser Haltung waren wir zu jenem 100-jährigen Jubiläum zusammengekommen. Wir wollten nicht beim Rückblick bleiben, sondern nach vorn schauen und fragen: Wohin und in welcher Weise will Gott uns in die Zukunft führen?

Mit dem Bild der Zugvögel wurde uns eine Antwort zuteil und eine weitere Vorstellung der künftigen Gestalt der Kirche geschenkt. In ihr werden nicht einige wenige Macht und Leitung ausüben. Wie aus dem scheinbar unübersichtlichen Chaos eines Vogelschwarms unter stetig wechselnder Führung sich immer wieder neu ein geordneter Zug formiert, wird in der künftigen Gestalt der Kirche die Leitung in flexibler Weise wahrgenommen werden und nicht mehr in starren Hierarchien.

Beim CCD 2019 griff Gerhard Kehl (Jordan Stiftung Kempten) das Bild des Vogelschwarmes auf, stellte es durch ein Video plastisch vor Augen und führte dann weiter aus:

„Ich fliege nicht, wann ich will, sondern achte auf den Heiligen Geist und auf die anderen, die neben mir fliegen. Der Impuls loszufliegen kommt vielleicht von anderen. Der Impuls zum Richtungswechsel kommt vielleicht von denen, die neben mir fliegen.

Es darf keine Hemmungen geben, mitzufliegen. ‚Wenn der mitfliegt, flieg ich nicht mit!' können wir uns nicht leisten. Ich suche mir nicht aus, neben wem ich fliege.

Es gibt einen Platz für mich im Vogelschwarm, aber mit jeder Bewegung ändert sich mein Platz. Mal bin ich ganz vorne, mal links, mal mittendrin und mal ganz hinten.

Knotenpunkte sind Freundschaften und Bündnisse – sie senden zunehmend die Signale des Aufbruchs und des Richtungswechsels für den Vogelschwarm.

Mir scheint, Gott erwartet von mir als geistlichem Leiter eine Selbstlosigkeit und Bereitschaft, mich auf die Bewegungen des Heiligen Geistes einzulassen, auch wenn sie meine Pläne durchkreuzen und meinen Erfahrungshorizont sprengen."

Im Anschluss daran stellten wir uns im großen Kreis auf, und jeder erhielt eine Feder. Mit ihr in den Händen sprachen wir gemeinsam das folgende Gebet:

Danke für die Zeit, in der wir leben.
Danke für das, was unter uns gewachsen ist.
Danke für das Neue, das du unter uns schaffst.
Danke, dass du dein Reich unter uns baust mit Liebe,
Freude, Freundschaft und Vollmacht.
Ich gebe mein Recht auf, zu fliegen, wann ich will.
Ich werde auf den Himmel achten.

Ich werde auf die anderen achten.
Ich gebe dir meine Jahresplanungen.
Vergib mir, wo ich mich geweigert habe, neben dem anderen (komischen) Vogel zu fliegen.
Ich bin bereit für Versöhnung.
Ich bin bereit für Beziehung und Freundschaft.
Ich bin bereit für tragfähige Bündnisse.
Ich will mitfliegen. Ich bin bereit, mich einordnen zu lassen.
Ich suche nicht meinen Vorteil.
Ich baue nicht mein Reich.
Ich werde selbstlos mitgehen, wenn du dich bewegst.
Ich bin ein geistlicher Leiter, der das ganze Bild sieht.
Ich bin zur Nachfolge berufen.
Ich werde dem ganzen Leib dienen.
Ich werde mich einfügen.
Ich werde nicht aus der Reihe tanzen.
Ich werde nicht herausstechen.
Ich werde nicht meine Ehre suchen.
Ich werde auf die anderen achten.
Ich lasse mir meinen Platz zuweisen.
Ich werde Gelegenheiten nutzen, nichts zu sagen.
Ich werde unterstützen, was ich nicht angestoßen habe.
Ich werde Impulse geben, ohne dafür bekannt zu werden.
Ich werde ein Teil von Gottes Bewegungsabläufen in unserer Zeit und in unserem Land sein.
Ich werde in einer Formation mit allen anderen Vögeln fliegen.
Ich werde mich nicht abhalten lassen, mitzufliegen.
Ich fliege Seite an Seite mit anderen Vögeln, unabhängig davon, wie der Vogel neben mir aussieht, unabhängig von Anbetungsstil, Frömmigkeitsstil, Führungsstil,

> Spiritualität, Theologie, Sprache, Alter, Größe, Geruch, Essgewohnheit, Biorhythmus, Flügelschlag, Schnabelart, Federkleid und unabhängig von meinen Verletzungen, Enttäuschungen oder Erwartungen.
> Wir wollen gemeinsam fliegen, Seite an Seite, jeder mit seiner Berufung." [66]

Der Ruf des Heiligen Geistes, sich neu zu ordnen, ist unüberhörbar. Sind wir bereit zu „fliegen"?

6. Veränderte Ausdrucksformen

Jede Zeit bringt ihre besonderen Ausdrucksformen des Glaubens hervor. In den enormen Veränderungsprozessen unserer Tage, die ich oben beschrieben habe, wird die Sehnsucht und Notwendigkeit nach veränderten Formen und einer Gestalt von Kirche, die dem heutigen Empfinden der Menschen entspricht, unübersehbar. Wie kann es gelingen, Stilmittel und Ausdrucksformen unserer Zeit in die Gottesdienstgestaltung und die Ausgestaltung unseres Gemeinde- und Gemeinschaftslebens einfließen zu lassen, ohne mit den veränderten Formen zugleich die bewährten und vom Evangelium vorgegebenen Inhalte über Bord zu werfen?

Wenn der Glaube nicht nur eine intellektuelle Sache bleibt, wird er unsere Existenz berühren und die Art und Weise, wie Menschen sich heute ausdrücken, beeinflussen. Umgekehrt werden die Ausdrucksformen unserer Zeit dem Inhalt des Evangeliums eine veränderte Gestalt geben. Mit anderen Worten: Wie kann die Inkulturation des Evangeliums in unsere Zeit gelingen? Eine Antwort auf diese Frage wird nicht leicht zu finden sein, weil dieser Prozess auf eine Kultur trifft, die mehr und mehr ihre gemeinsamen Ausdrucksformen verliert und in unendlich viele Milieus zersplittert. Am Beispiel der Musik, die schon immer ein wichtiger Ausdruck des Glaubens war, lässt sich eine der herausfordernden Aufgaben für die Kirche erkennen, angesichts der gewaltigen Veränderung im Musikempfinden der heutigen Menschen, die kaum einen Zugang zu den Jahrhunderte alten Liedern finden. Wie können völlig unterschiedliche Stile zusammengebracht werden, bzw. was wären die verbindenden Elemente?

Aber natürlich sind die Veränderungen viel radikaler, wie wir in Kap. VIII z. B. in den Ausführungen von Michael Hochschild gesehen haben. Wenn Klaus Henning vom „Ende des Zeitalters der Vernunft" spricht und betont, dass die Kommunikation mit Bildern und Mythen wiedergekommen ist und die menschliche Kommunikation zunehmend mehr dominiert als menschliche Vernunft[67], dann beschreibt er damit eine der Veränderungen der Spät- bzw. Postmoderne, die den Glauben direkt berührt. Atmosphäre, Stimmigkeit und Authentizität werden wichtiger als Wahrheit. Die Form, in der etwas präsentiert oder angeboten wird, lässt den Inhalt in den Hintergrund treten. Für mich war und ist es ein gewaltiger Lernprozess, diese Kultur zu verstehen, weil ich völlig anders geprägt bin. Im Dialog mit der jungen Generation lerne ich mehr und mehr, sie zu begreifen und ihre Andersartigkeit zu akzeptieren, wenn sie mir sagen: „Ich kann die Botschaft und die Wahrheit, die du mir sagen willst, nicht hören, weil die Art und Weise, wie du sie präsentierst, in keiner Weise meiner Kultur entspricht". Wahrheit wird relativ, weil Beziehung und Stimmigkeit in den Vordergrund treten. Werte, die uns bisher wichtig waren und die wir als Ausdruck des Evangeliums erkannt haben, werden relativ, weil sie nicht in die Zeitströmung passen. Hier entstehen Fragen, auf die keine einfachen Antworten zu finden sind.

Dass wir veränderte Formen benötigen, dürfte unstrittig

sein. Spannend wird es jedoch dann, wenn wir konkrete Veränderungen vornehmen. In meinen Leiterschaftsschulungen verwendete ich deshalb zur Beschreibung eines Veränderungsprozesses gerne das Bild des Fahrrads. Um auf dem Zweirad fahren zu können, ist es wichtig, dass es sowohl ein flexibles Vorderrad als auch ein stabiles Hinterrad besitzt. Andersherum ist es auch möglich, aber deutlich anspruchsvoller. Wir brauchen Flexibilität in Form und Gestalt und Stabilität in den Inhalten und Werten.

Als ich diese Thematik einmal mit einem Bischof bewegte, machte ich die spitze Bemerkung: Leider erlebe ich es in der Kirche oft genau umgekehrt: Die Formen sind starr, und der Inhalt des Evangeliums wird der Zeitströmung angepasst. Die Reaktion darauf war heftig und ich merkte, dass ich einen wunden Punkt berührt hatte: Was ist das richtige Verhältnis zwischen dem Verharren in den Formen und dem Ringen um eine aktuelle, angemessene Ausdrucksweise des ewigen Evangeliums? Was ist zeitbedingt und damit der Veränderung unterworfen, und was ist der unveränderliche Kern? Es gehört eine bestimmte Form (der Liturgie) dazu, dass sich Menschen beheimatet fühlen (Übrigens haben auch die „freien" Charismatiker ihre Form der „Liturgie"). Doch was machen wir, wenn die meisten Menschen unserer Tage diese schöne Form der Liturgie als dermaßen befremdlich empfinden, dass ihnen dadurch der Zugang zur Gottesbegegnung in den Gottesdiensten verwehrt bleibt?

In einer künftigen Gestalt der Kirche werden sich Formen finden, die den Menschen heute entsprechen. Johannes Hartl sprach beim CCD 2018 und 2019 in leidenschaftlichen Referaten von vier Elementen, die für die Menschen von heute enorm wichtig sind: Sie sehnen sich nach **Spiritualität**, nach einer Berührung mit dem Göttlichen. Es benötigt **Empathie**, um ihnen gerecht zu werden, und sie sehnen sich nach **Schönheit** und **Freude**.[68] Doch all das klinge sehr nach Beliebigkeit der Postmoderne, merkte er an und zeigte dann auf, wie durch Wort Gottes und Gebet genau jene Stabilität entsteht, von der ich im Bild des festen Hinterrades beim Fahrrad gesprochen hatte.

Zu den veränderten Ausdrucksformen gehört auch die Digitalisierung. Die Corona-Pandemie brachte einen riesigen Schub in diesem Bereich, weil Gottesdienste in Realpräsenz teilweise nicht mehr oder nur sehr eingeschränkt möglich waren. Es eröffneten sich eine Fülle von Möglichkeiten, die Menschen zu erreichen. Auch in der Zeit nach der Pandemie werden die digitalen Formate nicht einfach wieder verschwinden, sondern die Palette des christlichen Lebens bereichern. Möge es gelingen, die digitale Gestalt und hybride Formen als *eine* Ausdrucksform der Kirche aktiv weiterzuentwickeln.

7. Von der „Partitur des Himmels" zum Klang der Musik des Künftigen

Der Heilige Geist bringt zu jeder Zeit die Gestalt hervor, die das Volk Gottes befähigt, in seiner Zeit zu leben und die Menschen zu erreichen. Schon leuchten die Umrisse einer zukünftigen Gestalt des Volkes Gottes unter uns auf, und wir vernehmen Klänge der himmlischen Partitur. Sie verleiht uns Mut, Freundschaft mit Jesus und untereinander zu leben, die Netze zu knüpfen und mit dem Bündnis der gegenseitigen Liebe einander zu dienen. An dieser zukünftigen Gestalt der Kirche mitzubauen, sehe ich als einen der Aufträge Gottes für mein Leben. Dabei ist mir die charismatische Dimension der Kirche in besonderer Weise anvertraut. Soweit es an mir liegt, will ich das Volk Gottes mutig ins Neue führen und im Zusammenspiel mit vielen anderen Instrumenten etwas vom Klang des Künftigen hörbar werden lassen.

Im persönlichen und gemeinschaftlichen Hören auf die Stimme des Heiligen Geistes, in der „Spurensuche" und im Wahrnehmen der Zeitenstimmen dürfen wir immer wieder neue Takte der himmlischen Partitur erkennen. Was wir jetzt schon von dieser Musik vernommen haben, lässt uns die Melodie des Künftigen erahnen.

Bei allem Schmerz um schwindende Zahlen und den Glaubensverlust gilt die Verheißung, dass die Pforten der Hölle die Gemeinde nicht überwinden werden (Mt. 16,18). Auch wenn wir vieles loslassen müssen, Jesus selbst ist Herr und Haupt seiner Gemeinde. Der Zuspruch, den wir beim *Treffen von Verantwortlichen* 2019 erhalten haben, ist mir dabei wichtig:

> **„Macht euch keine Sorgen über den Zerbruch, das Ärmer- und Bedeutungsloser-Werden der Kirche. Gott wird Neues schaffen! Seid offen, macht euch bereit, lasst euch überraschen!"**

Das Entscheidende können wir nicht machen, sondern Gott selbst bringt das Neue hervor, wie er es in Jesaja 43,19 verheißen hat: „Siehe, ich will Neues schaffen, jetzt wächst es auf. Erkennt ihr's denn nicht?" Das schenkt mir Hoffnung. Von einigen Hoffnungszeichen des Neuen berichtet dieses Buch.

XI. Staunen

Wir haben einen redenden Gott. Er spricht auch heute noch konkret zu uns: zu einzelnen, zu Gemeinschaften und zu seinem ganzen Volk. Voller Staunen schaue ich auf das Abenteuer, mich auf dieses Reden Gottes und seine Führung eingelassen zu haben und freue mich daran, dass es noch nicht zu Ende ist, denn immer wieder ermutigt mich der Heilige Geist, neue Schritte zu wagen.

Staunend und voller Dankbarkeit und Freude schaue ich auf die vielen Führungen Gottes in meinem Leben und kann es kaum fassen, welch weiten Horizont er meinem Leben geografisch, kulturell, theologisch und geistlich verliehen hat. Gott führte mich zu einem Leben mit großer Perspektive. Ich staune, mit welch großartigen Menschen er mich zusammengeführt hat und bin dankbar für den Reichtum an Freundschaften, die mich mit vielen Menschen innerlich tief verbunden haben. Gemeinsam dürfen wir das Reich Gottes ausbreiten und mitwirken an Gottes Handeln heute. Dass Gott mir dafür einen großen Gestaltungsspielraum und Gestaltungskompetenz eingeräumt hat, ließ mein Leben eine Dimension erreichen, über dessen Reichtum ich nur staunen kann.

Manchmal waren die Führungen Gottes für mich sehr herausfordernd, verlangten viel Mut und immer wieder Gehorsam Gott gegenüber, wenn mir der Sinn der einen oder anderen Führung zum Zeitpunkt einer Entscheidung in keiner Weise verständlich war. Aber eigentlich war es mir nie eine Frage, dass ich Jesus nachfolgen will, ganz gleich welche „äußeren" Nachteile daraus entstehen. Seit Jahrzehnten ist mir eine Übersetzung von Micha 6,8 zum Leitmotiv geworden: „Aufmerksam, besonnen und wachsam den Weg mit Gott gehen, der mir seinen Weg bahnt." [69]

Staunen über die Gnade

Manches in dem Beschriebenen klingt sehr aktiv, und über Langeweile kann ich mich wirklich nicht beklagen. Doch was so aktiv aussieht, ist letztlich doch nur Ausdruck der Gnade Gottes. So kann Paulus in Philipper 2,13 schreiben: „Denn Gott ist's, der in euch wirkt beides, das Wollen und das Vollbringen, nach seinem Wohlgefallen." Und in Epheser 2,10 schreibt er: „Denn wir sind sein Werk, geschaffen in Christus Jesus zu guten Werken, die Gott zuvor bereitet hat, dass wir darin wandeln sollen."

Der Glaube an Jesus wurde mir von frühester Kindheit an geschenkt. Es gibt keinen Moment, an dem er nicht als Selbstverständlichkeit zu meinem Leben gehörte. Meine Herzensberührung durch das Passionslied „Eines wünsch ich mir vor allem andern" [70] ist eine meiner frühesten Glaubenserfahrungen, an die ich mich erinnern kann. Es ist ein Lied, das den Blick auf Jesu Tat am Kreuz richtet und dazu einlädt, dauerhaft auf den Gekreuzigten zu schauen. Besonders die 4. Strophe wurde für meine kindliche Seele zu einem mit tiefer Hingabe vollzogenen Gebet:

> „Ich bin dein; sprich du darauf ein Amen; treuster Jesu,
> du bist mein! Drücke deinen süßen Jesus-Namen,
> brennend in mein Herz hinein…"

Sicher wurde das Lied nicht für eine Kinderseele geschrieben. Mich prägt es bis heute. Das Gebet wurde Realität, der Name Jesu ist geradezu in meinem Herzen eingeschrieben, er selbst hat ihn dort „eingebrannt". Ich bin so dankbar für diese frühkindliche Prägung und staune über die Gnade Gottes.

Das Staunen führt mich zur Dankbarkeit. Die Dankbarkeit führt ins Lob und die Anbetung Gottes. Über all dem, was er mir schenkte, gebe ich ihm die Ehre.

Soli Deo Gloria.

Dank

Mein Dank gilt den Menschen, die mich auf meinem Weg begleiteten. Beim Schreiben dieses Buches erinnerte ich mich an viele wertvolle Freundschaften und Wegbegleiter. Leider konnte ich nur einen Bruchteil von ihnen erwähnen.

Ein besonderer Dank gilt Wolfgang Kemper, der mit seiner sprachlichen und inhaltlichen Leidenschaft zum Gelingen beigetragen hat. Über Wochen hinweg überarbeitete er in aller Frühe am Morgen Kapitel für Kapitel und dann, wenn ich mit der Arbeit begann, fand ich das neueste Kapitel überarbeitet in meinem Posteingang oder erhielt seinen Anruf. Genauso herzlich bedanke ich mich bei Gundula Rudloff, die bereit war, das Lektorat zu übernehmen und in feiner Weise dem Buch den entscheidenden Schliff gegeben hat sowie bei Hans-Hermann Riedel, der das Buch aus der CVJM Perspektive gegengelesen hat und Sr. Dr. Nicole Grochowina für die Überprüfung der Fußnoten.

Der Dank gilt vor allem meiner Familie, die mich mit Rat und Tat unterstützte: meiner Frau Margarete als Gegenüber in der ganzen Entstehungsgeschichte, meinen Kindern Rebekka und Michael für ihre Begleitung und ihr konstruktives Mitdenken und auch meinen Enkelinnen Emma und Annelie, die mich beim Schreiben und in grafischen Überlegungen unterstützten. So wurde die Entwicklung des Buches zu einem kleinen Familienunternehmen.

Eine starke Ermutigung erfuhr ich durch Willi Stier, der mir als ehemaliger Verleger in einer entscheidenden Phase geholfen hat, dass das Buch jetzt in dieser Weise Gestalt gefunden hat. Der Dank gilt Michael Lyngbye, der nicht nur als Grafiker tätig war, sondern bei dem alle Fäden für die Fertigstellung zusammenliefen. Nicht zuletzt bedanke ich mich bei Henning Dobers und dem GGE-Verlag sowie dem Patris Verlag für die Veröffentlichung des Buches.

Bei Kardinal Walter Kasper bedanke ich mich für die langjährige Wegbegleitung und für die Freundschaft, die daraus entstanden ist. Gemeinsam liegt uns die Einheit des Volkes Gottes am Herzen. Es ist für mich eine besondere Freude, dass er sofort bereit war, ein Vorwort zu diesem Buch zu schreiben.

Staunend darf ich auf so viele Führungen Gottes in meinem Leben zurückschauen, von denen in diesem Buch nur ein kleiner Ausschnitt beschrieben werden konnte. Mit einer unendlichen Dankbarkeit Gott gegenüber möchte ich dieses Buch abschließen.

Personenregister

In diesem Buch wird von vielen Begegnungen erzählt. Dieses Personenregister enthält kurze Informationen über einige dieser Personen, ohne Anspruch auf Vollständigkeit.

Friedrich Aschoff, Pfarrer i.R. der Evangelisch-Lutherischen Kirche in Bayern, langjähriger Pfarrer in Kaufering, 16 Jahre lang Vorsitzender der Geistlichen Gemeinde Erneuerung in der Evangelischen Kirche (GGE). Er initiierte die Aktion „Versöhnungswege“ und war einer der Initiatoren von *Miteinander für Europa.*

Patriarch Bartholomäus I., mit bürgerlichem Namen Dimitrios Archondonis, seit 1991 griechisch-orthodoxer Ökumenischer Patriarch von Konstantinopel mit Sitz in Phanar in Istanbul. Er ist der 270. Nachfolger des Apostels Andreas. Der Patriarchenstuhl von Konstantinopel ist der Erste und somit sein Inhaber primus inter pares unter den anderen Oberhäuptern autokephaler orthodoxer Kirchen.*

Landesbischof Prof. Dr. Heinrich Bedford-Strohm, 2004-2011 Professor für Systematische Theologie, seit 2011 Landesbischof der Evangelisch-Lutherischen Kirche in Bayern und Vorsitzender des Rates der EKD 2014-2021.

Patriarch Nersès Bédros XIX. (1940-2015), stammt aus Kairo und war von 2009-2015 Patriarch des armenisch-katholischen Patriarchats von Kilikien mit Sitz in Beirut/Libanon.

Wilhelm Bläsing, Generalsekretär des CVJM München (1961-1972) und des CVJM Stuttgart (1977-1983). Er war der Gründer des *CVJM-Verbundes* und einer der Initiatoren des *Treffens von Verantwortlichen.*

Dr. Hubertus Blaumeiser, deutscher katholischer Theologe, Mitarbeiter des Weltzentrums der Fokolar-Bewegung, Leiter der internationalen Zeitschrift „Ekklesía“.*

Armando Bortolaso (1926-2019), aus der Ordensgemeinschaft der Salesianer Don Boscos war ein römisch-katholischer Ordensgeistlicher. Er war melkitischer Erzbischof von Aleppo, und Ignazio Bedini SDB, Bischof von Isfahan.*

Piero Coda, Professor für trinitarische Theologie und Ontologie und Koordinator der Abteilungen Theologie, Philosophie und Humanwissenschaften am Sophia-Universitätsinstitut von Loppiano.

Henning Dobers, Pfarrer der Evangelisch-Lutherischen Kirche Hannovers, seit 2011 erster Vorsitzender der Geistlichen Gemeinde-Erneuerung in der Evangelischen Kirche (GGE). Er ist einer der Initiatoren des *Christlichen Convent Deutschland* (CCD).

Bischof Dr. Gerhard Feige, römisch-katholischer Bischof von Magdeburg, seit 2012 Vorsitzender der Ökumenekommission der Deutschen Bischofskonferenz und Mitglied im Päpstlichen Rat zur Förderung der Einheit der Christen.

Albert Frey, Songwriter, Lobpreisleiter, Musikproduzent und Autor. Er leitet Lobpreis-Seminare und Lobpreiskongresse.

Landesbischof Dr. Johannes Friedrich, 1999-2011 Landesbischof der Evangelisch-Lutherischen Kirche in Bayern und leitender Bischof der Vereinigten Evangelisch-Lutherischen Kirche Deutschlands VELKD (2005-2011).*

Fritz Gaiser (1932-2019), 1975-1984 Leitender Referent des Evangelischen Jugendwerkes in Württemberg, 1984-1995 Direktor der Evangelistenschule Johanneum in Wuppertal.

Sr. PD Dr. Nicole Grochowina, Ordensschwester der evangelischen Communität Christusbruderschaft Selbitz und Historikerin, Privatdozentin und Projektmitarbeiterin am Lehrstuhl für Neuere Kirchengeschichte II, Lehrbeauftragte am Lehrstuhl Frühe Neuzeit (beide: Friedrich-Alexander-Universität Erlangen/Nürnberg).

Dr. Johannes Hartl, katholischer Theologe, Philosoph, Buchautor, Referent und Gründer des Gebetshauses Augsburg.

Walter Heidenreich, Gründer und Präsident der Freien Christlichen Jugendgemeinschaft (FCJG) in Lüdenscheid sowie Leiter des Missionszweiges HELP international e.V.

Prof. Dr.-Ing. Klaus Henning, Kybernetiker und Informationswissenschaftler. Er war bis 2009 Inhaber des Lehrstuhls Informationsmanagement im Maschinenbau und Leiter des Zentrums für Lern- und Wissensmanagement an der RWTH Aachen. Heute ist er selbständiger Unternehmensberater (https://henning4future.com), Mitglied des Vorstands des Instituts für Unternehmenskybernetik und Mitglied des Stiftungsrats von Opportunity International Deutschland.*

Dr. Rolf Hille, Pfr. i.R. der Evangelischen Landeskirche in Württemberg. Von 1989-1995 Studienleiter am Albrecht-Bengel-Haus in Tübingen, 1995-2009 dessen Rektor. Vorsitzender der Theologischen Kommission der World Evangelical Alliance, 1994-2000 Vorsitzender der Deutschen Evangelischen Allianz, 2008-2016 Direktor für ökumenische Angelegenheiten der WEA.**

Prof. Dr. Michael Hochschild, Soziologe, Forschungsdirektor und Professor für postmodernes Denken am Time-Lab, Paris (Institut d'Etudes et de Recherches postmodernes). Hochschild ist Herausgeber der Institutsreihe „Time-Lab Studies".

Metropolit Dr. Serafim Joanta, lehrte ab 1985 am Orthodoxen Theologischen Institut „St. Serge" in Paris. 1990 empfing er die Bischofsweihe und wurde Weihbischof von Sibiu/Rumänien. Seit 1994 ist er Rumänisch-Orthodoxer Erzbischof und Metropolit für Deutschland, Zentral- und Nordeuropa.

Papst Johannes Paul II. (1920-2005), bürgerlich Karol Józef Wojtyła, war von 1978-2005 bis zu seinem Tod Papst der römisch-katholischen Kirche. Er war der erste Slawe auf dem Stuhle Petri. Ihm wird eine maßgebliche Rolle bei der Beendigung des Sozialismus in seinem Heimatland Polen zugeschrieben.*

Br. Dr. Franziskus Joest, promovierter evangelischer Theologe, lange Jahre Prior des Bruderzweiges der Jesus-Bruderschaft Gnadenthal.

Landesbischof Dr. h.c. Frank Otfried July, seit 2005 Landesbischof der Evangelischen Landeskirche in Württemberg, einer der Vizepräsidenten des Lutherischen Weltbundes von 2010-2017 und seit 2018 Vorsitzender des Deutschen Nationalkomitees des Lutherischen Weltbundes.

Kardinal Walter Kasper, lange Jahre Professor für katholische Theologie in Münster und Tübingen, zehn Jahre Diözesanbischof von Rottenburg-Stuttgart und von 2001-2010 Präsident des Päpstlichen Rats für die Förderung der Einheit der Christen. Am 31. Oktober 1999 war er in Augsburg einer der Unterzeichner der Gemeinsamen Erklärung von Lutheranern und Katholiken zur Rechtfertigungslehre.***

Gerhard Kehl, Gründer und Leiter der Jordan-Stiftung in Kempten. Er ist Organisator von christlichen Großveranstaltungen.

Wolfgang Kemper, Pfr. i.R. der Evangelischen Kirche im Rheinland war lange Jahre als Pfarrer in einer Kirchengemeinde und an einer kaufmännischen Berufsschule tätig. Er gehört zum *Treffen von Verantwortlichen.*

Kardinal Kurt Koch, promovierter Schweizer Theologe. Er war Honorarprofessor an der Theologischen Fakultät der Universität Luzern, 1996-2010 Bischof von Basel, seit 2010 Kurienkardinal der römisch-katholischen Kirche und Präsident des Päpstlichen Rates zur Förderung der Einheit der Christen.

Landesbischof Dr. h.c. Christian Krause, Generalsekretär des Deutschen Evangelischen Kirchentages (1985-1994), Landesbischof der Evangelisch-Lutherischen Landeskirche in Braunschweig (1994-2002) und Präsident des Lutherischen Weltbundes (1997-2003), Unterzeichner der Gemeinsamen Erklärung von Lutheranern und Katholiken zur Rechtfertigungslehre am 31. Oktober 1999 in Augsburg. Er gehört zum Moderatoren-Team der ökumenischen Bischöfe, die sich in der Spiritualität der Fokolarbewegung treffen.

Fadi Krikor, Architekt und Unternehmer, geboren in Aleppo, Syrien, Gründer mehrerer Immobilien- und Architekturgesellschaften in Deutschland und den USA sowie eines international agierenden Energie- und Infrastrukturunternehmens. 2014 kam er auf wundersame Weise dazu, ein Kloster zu kaufen und gründete darin den globalen geistlichen Dienst „Father's House for all Nations".

Herbert Lauenroth lebt und arbeitet als Referent im Ökumenischen Lebenszentrum Ottmaring. Er war einige Jahre Sprecher der Fokolarbewegung in Deutschland und gehört dem internationalen Studienzentrum der Fokolar-Bewegung/Rom an. Er begleitete und gestaltete den Weg von *Miteinander für Europa* von Anfang an mit.

Dr. Matthias Leineweber, katholischer Pfarrer und Schulseelsorger in Würzburg. Er ist geistlicher Begleiter von Sant'Egidio in Deutschland, Mitglied im europäischen Leitungskomitee von *Miteinander für Europa.*

Frère Alois Löser, wuchs in Stuttgart auf. Er trat 1974, 19-jährig, der Communauté de Taizé bei. Im August 2005 wurde er als Prior der ökumenischen Bruderschaft von Taizé und Nachfolger des Gründers Roger Schutz eingesetzt.

Dr. h.c. Chiara Lubich (1920-2008), Gründerin der Fokolar-Bewegung (kirchlich anerkannt als „Opus Mariae"), die heute in 182 Ländern verbreitet ist, und deren Präsidentin sie bis zu ihrem Tod 2008 war. Nach Papst Johannes Paul II., einem engen Freund der gebürtigen Trientnerin, steht im Zentrum der „Spiritualität der Gemeinschaft" das Geheimnis der Gottverlassenheit Jesu (Mt 27,46). Erst von ihm her lassen sich die gegenseitige „Liebe" (Joh 15,12) und „Einheit" (Joh 17,21) auf umfassende Weise bezeugen. Chiaras besondere Leidenschaft galt der Ökumene sowie dem interreligiösen Dialog. Sie gab den wesentlichen Anstoß zum *Miteinander für Europa.*

Dr. Michael Marmann (1937-2019), römisch-katholischer Ordenspriester. Er war von 1990-2003 Generaloberer des Säkularinstituts der Schönstatt-Patres und damit zugleich Vorsitzender des Generalpräsidiums der internationalen Schönstatt-Bewegung. Er war einer der Initiatoren von *Miteinander für Europa.**

Helmut Nicklas (1939-2007), langjähriger Leitender Referent des CVJM München (1972-1996) und Leiter des *Treffens von Verantwortlichen* von 1990-1999. Gemeinsam mit Chiara Lubich war er einer der Initiatoren von *Miteinander für Europa.*

Kardinal Reinhard Marx, 1996-2002 Professor für Christliche Gesellschaftslehre an der Theologischen Fakultät in Paderborn, seit Februar 2008 Erzbischof von München und Freising. Von 2012-2018 war er Präsident der Kommission der Bischofskonferenzen der Europäischen Gemeinschaft (ComECE), von 2014 bis März 2020 Vorsitzender der Deutschen Bischofskonferenz.*

Prof. Dr. Lothar Penners, Schönstattpater, von 2003 bis 2015 Bewegungsleiter der deutschen Schönstatt-Bewegung. Er war Inhaber einer Professur für Humanwissenschaften und Philosophie an der Philosophisch-Theologischen Hochschule Vallendar und gehört zum Team von *Miteinander für Europa.*

Weihbischof Thomas Maria Renz, seit 1997 Weihbischof im Bistum Rottenburg-Stuttgart. Er ist Mitglied der ADVENIAT-Kommission und der Kommission Weltkirche der Deutschen Bischofskonferenz. Er unterstützt den *Christlichen Convent Deutschland* (CCD) im Trägerkreis und ist einer der Initiatoren von *„Deutschland betet".*

Prof. Andrea Riccardi, Prof. em. für Neuere Geschichte, Geschichte des Christentums und Religionsgeschichte („Universität Rom III"). Gründer der Gemeinschaft Sant'Egidio. Minister in der Regierung Monti. Mitinitiator von *Miteinander für Europa*. Vorsitzender der Dante-Alighieri-Gesellschaft.

Thomas Römer, Pfarrer der Evangelisch-Lutherischen Kirche in Bayern, Leiter der „Matthäusdienste" in München. Von 2001-2021 war er einer der Leitenden des CVJM München und verantwortlich für die Gemeinschaft der Mitarbeiterinnen und Mitarbeiter. Seit 2005 gehört er zum Leitungskomitee von *Miteinander für Europa.*

Dr. Heinrich Christian Rust, Pastor i.R. des Bundes Ev.-Freik. Gemeinden, Theologe und Autor. Von 2003-2019 war er Pastor der Braunschweiger Friedenskirche. Als Dozent für Spiritualität, Pneumatologie, Gemeindeaufbau und Leiterschaft ist er beim Institut für Weltmission und Gemeindeaufbau (IGW), der Akademie für Christliche Führungskräfte und in der Bibelschule des Glaubenszentrums Bad Gandersheim tätig.*

Klaus Scheffbuch, von 1977-1999 Dekan im Kirchenbezirk Esslingen, 1972-1995 Mitglied der Landessynode der Evangelischen Landeskirche in Württemberg.

Prof. Dr. Dr. Thomas Schirrmacher, reformierter Theologe, Ethiker, Religionssoziologe und Menschenrechtsexperte. Er ist Professor für Systematische Theologie. Seit 2021 ist er Generalsekretär der Weltweiten Evangelischen Allianz (WEA), die 600 Mio. evangelische Christen vertritt.

Severin Schmid, von 1996-2008 Sprecher der Fokolar-Bewegung in Deutschland (Ottmaring bei Augsburg) und von Anfang an Mitverantwortlicher für den Prozess *Miteinander für Europa*. Von 2008-2021 war er am Zentrum der Fokolar-Bewegung in Rocca di Papa (Rom), zunächst für den Bereich der Ökumene, später im Generalrat der Bewegung.

Präses Dr. h.c. Nikolaus Schneider, von 2003-2013 Präses der Evangelischen Kirche im Rheinland. Von 2010-2014 war er Ratsvorsitzender der EKD und damit höchster Repräsentant der Evangelischen Kirche in Deutschland.*

Dr. Markus Spieker, Autor, Journalist, promovierter Historiker. Er war ARD-Korrespondent in Berlin. Zwischen 2014 und 2018 leitete er das ARD Studio in Neu-Delhi und war als Korrespondent für Südasien zuständig. Seit seiner Rückkehr nach Deutschland ist er beim MDR in Leipzig tätig.*

Hartmut Steeb, Generalsekretär der Deutschen Evangelischen Allianz von 1988-2019. Er war Mitinitiator und Mitgründer des Evangelisationswerks ProChrist und des Gemeinde-Ferien-Festivals „SPRING". Er war Mitinitiator der „Micha-Initiative". Steeb engagiert sich auch besonders in Fragen der öffentlichen Verantwortung der Christen und des Lebensschutzes und der Familienpolitik.*

Dr. Sam Stephens, Präsident des YMCA Salem/Indien und Präsident der India Gospel League, einer schnell wachsenden Gemeindewachstums-Bewegung in den Dörfern Indiens. Er war Vizepräsident der Welt Allianz der YMCA von 2006-2010.

Kardinal Miloslav Vlk (1932-2017), promovierter Archivar und tschechischer Geistlicher. Von 1978-1989 wurde ihm jegliche priesterliche Tätigkeit untersagt, deshalb arbeitete er acht Jahre als Fensterputzer in Prag. 1991 wurde er römisch-katholischer Erzbischof von Prag und 1994 zum Kardinal ernannt. Er war von 1993-2001 Präsident des Rates der europäischen Bischofskonferenzen. 1994 wurde er Moderator der Bischöfe, die mit der Fokolar-Bewegung verbunden sind.

Dr. Maria Voce, von 2008-2021 Präsidentin der Fokolarbewegung. Von 1978-1988 lebte sie im Fokolar in Istanbul, wo sie Beziehungen auf ökumenischer und interreligiöser Ebene aufbaute.

Heinrich Walter, römisch-katholischer Geistlicher und Schönstattpater. Er war von 2003-2015 Generaloberer des Säkularinstituts der Schönstatt-Patres und damit zugleich Vorsitzender des Generalpräsidiums der internationalen Schönstattbewegung.

Keith Warrington, langjähriger Mitarbeiter bei Jugend mit einer Mission (JMEM). Er stammt aus Neuseeland. Keith Warrington berät und begleitet Verantwortliche in Kirche und Gesellschaft.

Sr. Anna-Maria aus der Wiesche (1952-2020), 18 Jahre Priorin der Communität Christusbruderschaft in Selbitz und Pfarrerin der Evangelisch-Lutherischen Kirche in Bayern. Von 2002-2006 war sie Mitglied der Synode der bayerischen Landeskirche. Über Jahrzehnte war sie in der internationalen Ökumene, u.a. im Lutherischen Weltbund, aktiv.

Bischof Prof. Dr. Ulrich Wilckens (1928-2021), Professor für Neues Testament und von 1981-1991 Bischof des Sprengels Holstein-Lübeck in der Nordelbischen Evangelisch-Lutherischen Kirche. Später war er der Beauftragte des Rates der EKD für Kommunitäten und geistliche Gemeinschaften.

Erzbischof Dr. Robert Zollitsch, von 2003-2014 Erzbischof der Erzdiözese Freiburg. Von Februar 2008 bis März 2014 war er Vorsitzender der Deutschen Bischofskonferenz.

* Quelle: www.wikipedia.de

** Quelle: http://drhille.blogspot.com/p/lebenslauf.html

*** Quelle: http://www.kardinal-kasper-stiftung.de

Anmerkungen

1 Die Evangelistenschule Johanneum ist eine seminaristisch-theologische Ausbildungsstätte in Wuppertal, in der junge Männer und Frauen zum hauptamtlichen Verkündigungsdienst in der evangelischen Kirche und mit ihr verbundenen Werken und Verbänden ausgebildet werden.

2 Der CVJM-Verbund ist eine Erneuerungsbewegung innerhalb der AG der CVJM Deutschlands, die verbindliche Mitarbeitergemeinschaften als geistliche Mitte eines CVJM betont. Als Ausdruck der charismatischen Erneuerung wird dem Heiligen Geist und den Gaben des Geistes viel Raum gegeben. Der Schwerpunkt dieser Initiative liegt auf der Begleitung der Verantwortlichen, um sie für ihre Arbeit zu schulen und zu begleiten.

3 Vgl. Anmerkung 2

4 Vgl. „Das letzte Abendmahl" von Giacomo Raffaelli. Es findet sich in der Minoritenkirche in Wien. [http://www.minoritenkirche-wien.info/daten/mkschatze.htm, Zugriff: 30. Dezember 2021]

5 Das *Treffen von Verantwortlichen* ist ein Netzwerk von Leiterinnen und Leitern christlicher Gemeinschaften, Bewegungen und Initiativen, das seit 1969 Verantwortliche aus unterschiedlichem konfessionellem Hintergrund zu einem jährlichen dreitägigen Treffen einlädt. Sie suchen die Einheit am Leib Christi. Das gemeinsame „Hören, was der Geist den Gemeinden sagt" (Offenb. 2,7), der persönliche Austausch und das Gebet füreinander sowie das gemeinsame Gebet für unser Land, die Kirchen etc. bilden dabei die Schwerpunkte.

6 Jährlich treffen sich ca. 50 Bischöfe verschiedener Kirchen, die in der Spiritualität der Fokolar Bewegung leben. Sie treffen sich meist an Orten mit einer besonderen Herausforderung, an denen sie Zeichen der Einheit setzen.

7 Vgl. das Gründungsdokument unter https://de.wikipedia.org/wiki/Pariser_Basis [Zugriff 30. Dezember 2021]

8 Vgl. Vom Konflikt zur Gemeinschaft. Gemeinsames lutherisch-katholisches Reformationsgedenken im Jahr 2017. 4. Aufl. Leipzig 2016.

9 Die evangelischen Kirchen erkennen an, dass sich das Papstamt 500 Jahre nach dem Thesenanschlag verändert hat bzw. sich im Zuge der einen Kirche neu definiert. Vgl. hierzu Gedanken aus „Weckruf Ökumene": Walter Kasper, Ulrich Wilckens: Weckruf Ökumene. Was die Einheit der Christen voranbringt. Würzburg 2017. Die hier geäußerten Gedanken könnten für diesen Prozess hilfreich sein.

10 Vgl. Hubertus Brantzen: Spurensuche, Einführung in einen geistlichen Weg. 2. Aufl. Vallendar 2011.

11 Vgl. außerdem https://www.spurensuche.info/ [Zugriff: 30. Dezember 2021].

12 Vgl. Ursula Schmidt, Manfred Schmidt: Hörendes Gebet: Grundlagen und Praxis. 10. Aufl. Hamburg 2017, 190-192.

13 Vgl. https://axis-web.de/hoerendes-gebet/#Hinweise [Zugriff: 30. Dezember 2021].

14 Vgl. Peter Knauer (Übers.): Ignatius von Loyola. Geistliche Übungen. 4. Aufl. Würzburg 2008, 28

15 Vgl. Helmut Lamparter: Prophet wider Willen. Der Prophet Jeremia. Stuttgart 1982, 151.

16 Vgl. Johannes Paul II.: Ansprache bei der Begegnung mit den kirchlichen Bewegungen auf dem Petersplatz (Rom, 30. Mai 1998), in: Laici offi. I Movimenti nella Chiesa. Atti del Convegno modiale die Movimenti ecclesiali. Vatikanstadt 1999, 219-224.

17 Vgl. Johannes Paul II.: Ansprache bei der Begegnung mit den kirchlichen Bewegungen auf dem Petersplatz (Rom, 30. Mai 1998), in: L'Osservatore Romano/dt. 1998, 15.

18 Vgl. Eröffnungsrede von Gerhard Proß beim Kongress „Miteinander Reichtum entdecken und teilen“ 2004 in Stuttgart. Unveröffentlichtes Manuskript im Archiv von *Miteinander für Europa*.

19 Vgl. Gerhard Proß (Hg.): Miteinander auf dem Weg. Esslingen 2007, 118.

20 Vgl. die Abschlussbotschaft von Stuttgart, in: Nicole Grochowina, Herbert Lauenroth, Lothar Penners (Hg.): Prophetie im Prekären. Reflexionen zum „Miteinander in Europa“. Münster 2019, 99.

21 Vgl. Sr. Anna-Maria aus der Wiesche: Geistlicher Reichtum im Leben der Bewegungen, in: Gerhard Proß (Hg.): Miteinander auf dem Weg, 45ff.

22 Vgl. P. Lothar Penners: Innen- und Außenseite unserer Spiritualitäten, in: Gerhard Proß (Hg.): Miteinander auf dem Weg, 53ff.

23 Vgl. Br. Franziskus Joest: Referat beim *Miteinander für Europa*-Kongress 2007, in: Gerhard Proß (Hg.): Miteinander auf dem Weg, 21ff

24 Das Zitat findet sich hier: https://www.together4europe.org/de/category/europa/#ftn2 [Zugriff: 30. Dezember 2021].

25 Vgl. Anmerkung 20.

26 Zu diesem Team gehörten: Sr. Anna-Maria aus der Wiesche, Thomas Römer, Gerhard Proß, P. Lothar Penners, P. Heinrich Walter, Herbert Lauenroth, Matthias Leineweber. Meist waren vier bis fünf Mitglieder aus diesem Team bei einer Begegnung dabei.

27 Die Dokumentation des Ereignisses in München 2016 findet sich im PDF-Format auf der internationalen Website: https://www.together4europe.org/

download/eventi/monaco_2016/MfE_doku2016_DEUTSCH_WEB150dpi.pdf; [Zugriff: 30. Dezember 2021]. Für das Zitat: Dokumentation, 136.

28 Ebd., 138.

29 Dokumentation, 121.

30 Offenbarung 2,7; 2,11; 2,17; 2,29; 3,6; 3,13; 3,23: „Wer Ohren hat, der höre, was der Geist den Gemeinden sagt!" Dies ist die Aufforderung, die der Auferstandene Herr an jede der sieben Gemeinden der Offenbarung wiederholt.

31 Texte und Videos zum CCD auf: https://www.christlicherconvent.com/downloads [Zugriff: 30. Dezember 2021]. Zum Hören vgl. den Beitrag von Heinrich Christian Rust, der hier als PDF-Download bereitsteht.

32 Michael Hochschild: Die neue Heimat der Bewegungen, in: www.christlicherconvent.com/download/ CCD 2019 [Zugriff: 30. Dezember 2021].

33 Sr. Anna-Maria aus der Wiesche: Die Antwort des CCD auf die Herausforderung unserer Zeit, in: www.christlicherconvent.com/download/ CCD 2019 [Zugriff: 30: Dezember 2021].

34 Klaus Henning: KI und inverse Gutenberg-Revolution, in: www.christlicherconvent.com/download/CCD 2019 [Zugriff: 30. Dezember 2021].

35 Vgl. ebd.

36 Alexander von Schönburg: Kommentar, in: BILD-online (16. April 2019): https://www.bild.de/news/ausland/news-ausland/bild-kommentar-zu-notre-dame-warum-mehr-brannte-als-nur-ein-gebaeude-61291560.bild.html [Zugriff: 30. Dezember 2021].

37 Herbert Lauenroth: Europa im „Zeitalter der Angst", in: Dokumentation, 66-70.

38 Vgl. dazu Michael Hochschild, Die neue Heimat. Finesse oblige! Münster 2019.

39 Zu ICF vgl. https://www.icf-karlsruhe.de/de/ [Zugriff: 30. Dezember 2021].

40 Daniel Deckers: Das Hamburger Wunder, in: F.A.Z. (14. März 2015), in: https://www.faz.net/aktuell/politik/inland/mitgliederschwund-der-kirchen-nordische-gottheit-13479761.html [Zugriff: 30. Dezember 2021].

41 Der marxistische Literaturtheoretiker Georg Lukács verwendet den Begriff der „transzendentalen Obdachlosigkeit" bereits 1920. Georg Lukács: Theorie des Romans. Berlin 1920, 24.

42 Dieser Satz stammt aus einem Interview von Robert Habeck mit BILD-online vom 27.04.2019 und gibt nicht seine ganze Antwort auf die ihm gestellte Frage wieder. Diese lautete: „Um zu glauben, im eigentlichen Sinn, habe ich wohl zu viele Philosophen gelesen. Ich bin auch nicht in einer Kirche. Aber die Mitleidsethik des Christentums ist wichtig für mich. Ich bin sozusagen ein

weltlicher Christ." Zum Interview vgl. https://www.bild.de/bild-plus/politik/inland/politik-inland/gruenen-chef-robert-habeck-im-interview-was-ihn-zum-weinen-bringt-61521826.bild.html [Zugriff: 30. Dezember 2021].

43 Markus Spieker: Übermorgenland. Eine Weltvorhersage. 3. Aufl. Basel 2019, 281.

44 Vgl. ebd., 282.

45 Helmut Aßmann: Glaube leben – Leben lernen. Eine Anleitung zum geistlichen Leben. Hannover 2012, 22.

46 Ebd., 23.

47 Ebd., 25.

48 Ebd.

49 Ebd., 38.

50 „In der neueren römisch-katholischen Theologie bezeichnet Mystagogie eine besondere Einführung in den christlichen Glauben, die davon ausgeht, dass ein Gläubiger bereits Glaubenserfahrungen kennt, deren Bedeutungen ihm aber noch nicht umfassend klar sind. Karl Rahner hat dafür den Begriff der mystagogischen Katechese geprägt. Dies findet sich im Wikipedia-Artikel „Mystagogie" unter https://de.wikipedia.org/wiki/Mystagogie [Zugriff: 30. Dezember 2021].

51 Michael Hochschild: Die Zukunft geistlicher Bewegungen. Wie bleiben Bewegungen beweglich? Münster 2016, 201.

52 Alexander Kissler: Religion als Privatsache, in: https://www.die-tagespost.de/kultur/feuilleton/religion-als-privatsache-art-195872 [Zugriff: 30. Dezember 2021].

53 Ebd.

54 Vgl. zum Treffen des CCD vom 25.-27. Juni 2018 in Kirchheim Hessen: https://www.christlicherconvent.com/ [Zugriff: 30. Dezember 2021].

55 Dr. Hubertus Blaumeiser ist katholischer Theologe, Mitarbeiter des Weltzentrums der Fokolar-Bewegung und Leiter der internationalen Zeitschrift „Ekklesia".

56 Vgl. Gerhard Proß: Die Rolle der geistlichen Bewegungen (Kongress *Miteinander für Europa* 2004), in: https://miteinander-wie-sonst.org/fileadmin/miteinander/inhaltsdateien/Texte_und_Dokumente/ [Zugriff: 30. Dezember 2021]

57 Christoph Blumhardt d. J.: Predigten und Andachten aus den Jahren 1888 bis 1896. Erlenbach, Zürich, Leipzig 1925.

58 Text von P. Kentenich am Sionsheiligtum der Schönstatt-Patres (Berg Sion);

zu finden unter: http://www.schoenstatt-fathers.org/schoenstatt-fathers/de/spiritualitaet/sion [Zugriff: 30. Dezember 2021].

59 Johannes Hartl: Beitrag auf dem CCD 2019 [Mitschrift].

60 Vgl. Stephen R. Covey: Die 7 Wege zur Effektivität. Prinzipien für persönlichen und beruflichen Erfolg. 57. Aufl. Offenbach 2018.

61 Vgl. Anmerkung 27, in: ebd., 30f.

62 Vgl. dazu Jeremy Heimans, Henry Timms: Die neuen Mächte – New Power: Warum vernetzte Ideen und Bewegungen die alten Machtstrukturen verändern – und wie wir dies für uns nutzen können. München 2018.

63 Ebd. Das Zitat findet sich hier: https://beste-wirtschaftsbuecher.com/die-99-besten-wirtschaftsbuecher/die-neuen-maechte-new-power-heimans/ [Zugriff: 30. Dezember 2021].

64 „Die Ikone Christus und Abbas Menas, auch bekannt unter dem Titel Jesus und sein Freund, oder Ikone der Freundschaft, ist eine koptische Ikone des 8. Jahrhunderts n. Chr. aus Bawit; das Original befindet sich heute mit der Signatur E 11565 im Louvre." https://de.wikipedia.org/wiki/Christus_und_Abbas_Menas [Zugriff: 30. Dezember 2021].

65 Markus Spieker: Übermorgenland, 307.

66 Vgl. Gerhard Kehl: Impuls Vogelschwarm, in: https://www.christlicherconvent.com/downloads/CCD 2019 [Zugriff: 30. Dezember 2021].

67 Klaus Henning: KI und inverse Gutenberg- Revolution.

68 Vgl. Verkündigung von Johannes Hartl, in: www.christlicherconvent.de/downloads/CCD 2018 [Zugriff: 30. Dezember 2021].

69 Hans Walter Wolff übersetzt „demütig sein vor deinem Gott" in der Weise, dass er das Wort Demut noch mit Aufmerksamkeit, Besonnenheit und Wachsamkeit ergänzt. Vgl. Hans Walter Wolff: Mit Micha reden: Prophetie einst und jetzt. München 1978, 214. Ähnlich bei E. Jüngel: Wachsam mitgehen mit dem Herrn, der dir seinen Weg bahnt, in: ders.: Der Wahrheit zum Recht verhelfen. Stuttgart 1977, 46.

70 Evangelisches Gesangbuch, Nr. 546

Bildnachweise

Schutzumschlag: Autorenfoto © Anita Krämer Fotografie

S. 88: Das letzte Abendmahl (Detail). Foto © Johann Werfring

S. 188: Deesis Mosaik, Hagia Sophia. Foto © Till Niermann

S. 223: Miteinander für Europa, München 2016. Fotos © Volker Graf

S. 272: Stadtkirche Esslingen 2005. Foto © Pitopia, Klaus-Peter Huschka

Über den Autor

Gerhard Proß, Jahrgang 1950, verheiratet, zwei erwachsene Kinder. Beruflich hat er die Ausbildung zum Industriekaufmann absolviert und einige Jahre in diesem Beruf gearbeitet. Der Berufung in den hauptamtlichen Verkündigungsdienst folgte eine theologische Ausbildung im Johanneum in Wuppertal. Als CVJM Sekretär wirkte er in Kirchheim/Teck und als Jugendreferent im Kirchenbezirk Tübingen. Von 1984 bis 2012 war er Leitender Referent des CVJM Esslingen.

Gerhard Proß ist Leiter verschiedener christlicher Netzwerke:

- Von 1991-2016 leitete er den *Verbund* in der AG der CVJM Deutschlands.
- In den Jahren 1991-1999 war er Vorsitzender des Vertrauensrates und von 1992-2004 Mitglied des Vorstandes (Mitgliederversammlung) im Johanneum in Wuppertal.
- Er ist Mitinitiator (1999) und Moderator von *Miteinander für Europa,* einem Netzwerk von ca. 300 christlichen Gemeinschaften und Bewegungen aus ganz Europa.
- Seit 2000 leitet Gerhard Proß das *Treffen von Verantwortlichen* in Deutschland.
- Beim *Christlichen Convent Deutschland* (CCD) und auch bei der Initiative *Deutschland betet* ist er einer der Initiatoren und Teil des Leitungsteams.

Er ist seit Jahrzehnten Berater verschiedener CVJM, geistlicher Gemeinschaften und Bewegungen sowie Sprecher bei CVJM Konferenzen in Südamerika, Indien und Togo und bei ökumenischen Bischofstreffen.

Geistliche Gemeinde-Erneuerung (GGE)

„Kirche im Geist des Erfinders"

Die Geistliche Gemeinde-Erneuerung in der Evangelischen Kirche in Deutschland („GGE") ist ein Netzwerk von Christen, die sich dafür einsetzen, dass Menschen die lebensverändernde Kraft des Heiligen Geistes erfahren können.

Wir träumen von einer lebendigen Kirche, die in dieser Kraft lebt. Wir glauben, dass die notwendige Erneuerung der Kirche zunächst bei jedem Einzelnen persönlich beginnt, sich in Gemeinden ausbreiten kann und schließlich Auswirkung auf die ganze Kirche hat. Auf unterschiedliche Weise tragen wir deshalb dazu bei, dass in Kleingruppen, Gemeinden und Netzwerken eine offene Willkommenskultur für den Heiligen Geist eingeübt und gelebt wird.

Wir sind überzeugt, dass die gegenwärtigen Herausforderungen der Kirche letztlich geistliche Ursachen haben. Strukturreformen können nur äußerlich helfen. Sie erfassen aber nicht den Kern der weit verbreiteten Geistvergessenheit in Kirche, Theologie und Gesellschaft. Ohne den Heiligen Geist jedoch wird der Glaube anstrengend, bleibt Gott fern und verliert die Kirche ihre Vollmacht.

Unser Traum ist eine inspiriende **„Kirche im Geist des Erfinders"**, die nicht hinter ihren Möglichkeiten zurück bleibt. Eine vitale Kirche, die sich dem Wirken des Heiligen Geistes öffnet. Eine attraktive Kirche, die Strahlkraft hat.

Hier kommen Sie mit uns in Kontakt:
GGE deutschland
Schlesierplatz 16, 34346 Hann. Münden
05541–954 68 61, info@gge-deutschland.de
www.gge-deutschland.de

Ausgewählte Publikationen

Swen Schönheit,

Komm, Geist Gottes!

Wie eine Einladung alles verändert

ISBN: 978-3-9818340-3-1

18,– €, 212 Seiten, Klappbroschur

Im GGE-Verlag schreiben unterschiedliche Autoren zu Themenfeldern wie Glauben, Kirche und Gesellschaft.

www.gge-verlag.de

GEISTESGEGENWÄRTIG

Zeitschrift für Erneuerung in der Kirche, 4 x im Jahr neu, Format DIN-A4, 32+ Seiten.

Die konfessions- und denominationsübergreifende Zeitschrift richtet sich an alle, denen die Erneuerung der Kirche auf dem Herzen liegt.

Die Zeitschrift kann kostenlos (inkl. Versand) bezogen werden unter www.gge-deutschland.de/publikationen

Die GGE nimmt regelmäßig Stellung zu aktuellen Themen

Klicken – Klarsehen – Kommentieren auf

www.gge-blog.de

Die GGE führt Seminare durch und lädt zu Tagungen ein

Das aktuelle Programm finden Sie auf

www.gge-seminare.de

Im GGE-Netzwerk „Theologie & Kirche“ treffen sich hauptberuflich Verantwortliche in der Kirche

Weitere Infos auf

www.gge-deutschland.de/netzwerk-theologie-und-kirche

Ausgewählte Publikationen

Christian Feldmann,

Gottes sanfter Rebell

Joseph Kentenich und die Vision von einer neuen Welt

2. Auflage, ISBN: 978-3-87620-425-3

13,95 €, 196 Seiten, kartoniert

Alexander Awi Mello,

Das seelsorgliche Gespräch

Grundhaltungen nach Joseph Kentenich

ISBN: 978-3-87620-235-8

9,80 €, 167 Seiten, kartoniert

Der Patris Verlag veröffentlicht nicht nur Bücher sondern auch zwei Zeitschriften um diese ganzheitliche Weltanschauung bekannt zu machen.

basis – Zeichen der Zeit deuten

erscheint zehn Mal im Jahr zu einem Thema:

• Autoren aus unterschiedlichen Bereichen des Lebens nehmen Stellung • Meditationen • Porträts von Persönlichkeiten und Heiligen • Anregungen zur Selbstreflexion • und vieles mehr

Einzelpreis: 3,80 € – Jahresabonnement: 34,50 € zzgl. Porto

REGNUM

erscheint vier Mal im Jahr als eine wissenschaftliche Zeitschrift, in der das Gespräch Schönstatts mit anderen gesellschaftlichen und kirchlichen Gruppierungen gepflegt wird und Beiträge zu aktuellen Diskussionen dokumentiert werden.

Einzelpreis: 7,50 € Jahresabonnement: 29,50 € zzgl. Porto